JN056466

①アジア諸地域の繁栄と日本①

▌西・南アジアのイスラーム帝国 ▌

①3つのイスラーム帝国

　16世紀以降の西アジア・南アジアでは、オスマン帝国・サファヴィー朝・ムガル帝国の３つのイスラーム帝国が繁栄

　特徴：多数の民族を統合し、国内外の流通も盛んで、国際性が豊か

②オスマン帝国の繁栄

　オスマン帝国は1453年にコンスタンティノープルを征服し、（①　　　　　　　　　　）帝国を滅ぼす

　⇨16世紀半ばの（②　　　　　　　　　　　　　　）の時に最盛期を迎える

　＊コンスタンティノープルは帝国の首都になり、やがてイスタンブルと呼ばれる

　政策：┌　a　官僚制度の整備・イスラーム法にもとづく政治

　　　　│　b　キリスト教徒・ユダヤ教徒の共同体に自治を認める

　　　　│　c　（③　　　　　　　　　　　　　　　）：フランスなどのヨーロッパ人に領内での

　　　　└　　　居住と通商の自由を公認

　⇦（④　　　　　　　　　）包囲の失敗（1683年）により領土は縮小に転じる

③イランの動向

　イランでは16世紀後半にサファヴィー朝が最盛期を迎える

　特徴：┌　a　イスラーム教の（⑤　　　　　　　　　）を国教とする

　　　　│　b　首都の（⑥　　　　　　　　　　　　）は美しいモスク・宮殿・庭園を誇る

　　　　└　c　生糸を輸出、ヨーロッパ諸国とも外交・通商

　⇨サファヴィー朝衰退後、イランにはナーディル＝シャーがアフシャール朝を建国し、さらにテヘランを首都とした（⑦　　　　　　　　　　）がおこる

④ムガル帝国の盛衰

　インドでは16世紀にムガル帝国が成立

　⇨第３代皇帝（⑧　　　　　　　　）が中央集権的な統治機構を整備、非ムスリムに課せられていた

　　（⑨　　　　　　　　）を廃止

　＊ヨーロッパ諸国もインド各地に貿易拠点を築き、インド綿織物を東南アジアやヨーロッパに輸出

　⇨17世紀後半、（⑩　　　　　　　　　　　）の時代に帝国は最大の版図となるが、ヒンドゥー教寺院の破壊や（⑨　　　　　　　　）の復活を命じたため、非ムスリムの反発をまねく

　　⇨（⑩　　　　　　　　　　）の死後、帝国は解体へ向かう

▌東南アジア ▌

・ヨーロッパ勢力の進出

　16世紀以降、ポルトガル・スペイン・オランダ・イギリスなどヨーロッパ勢力が進出

　⇨東南アジアは東アジアからインド洋にかけての海域でおこなわれた（⑪　　　　　　　　　）の中継地として栄える

　＊タイのアユタヤ朝は国際貿易からの利益を財政基盤とする典型的な（⑫　　　　　　　　）

・オランダ・スペインの活動

　オランダ：オランダ東インド会社がマルク（モルッカ）諸島の（⑬　　　　　　　　　）を独占的に入手、日本などアジア各地に商館を設置

まえがき

　本書は、教科書『歴史総合 近代から現代へ』（山川出版社）に準拠した学習ノートです。「歴史総合」は2022（令和4）年度から始まった新しい科目で、将来の社会の形成者となるみなさんが、現代的な諸課題の形成に関わる「近現代の歴史」を主体的に考察し、構想できるように配慮しています。現代の諸課題を考察するために「近代化」「国際秩序の変化や大衆化」「グローバル化」といった大きな変化に対して、みなさんが課題意識をもって学習することが大切です。

　歴史は、「過去」「現在」「未来」をつなげて考えていく学問です。「過去」を知ることで、「現在」おきているできごとを理解できます。そして、「未来」を豊かにするために何をしていけばよいか考えることができます。「過去」を理解するための歴史学習の要は、「なぜ、そうなったのか」「どうして、そのとき人々はその道を選んだのか」といった疑問を大切にして、その後、そのできごとにどう対応したのか、その結果どうなったのか、そして、今後はどうしていくか、といったダイナミックな歴史の流れ、動きを理解するところにあります。そして、そのなかにみなさんが生きていることを感じてほしいのです。

　世界の紛争、戦争、社会の問題はどうしておきたのか。そして、どのようにして解決してきたのか。世界の平和と世界の人々がみな幸せに暮らせる社会をつくっていくのが私たちです。歴史を学び、よりよい未来を一緒に考えていきましょう。

歴史総合ノート編集部

『歴史総合 近代から現代へ　ノート』の使用法

1. 授業の予習の際、机に教科書と『歴史総合 近代から現代へ　ノート』を並べ、教科書を参照しながら穴埋め問題を解いてみましょう。直接、空欄に埋めてもよいですし、欄外に書いてもいいでしょう。漢字は丁寧に間違いのないように注意しましょう。
2. 穴埋めになっていない重要事項や、授業で先生が「ここは大切」と指摘した箇所は、マーカーなどでチェックしましょう。
3. 地図・グラフ・写真・史料(資料)に関する問題を随所に入れました。歴史の内容を理解するための手がかりになります。
4. 本書には、多くの余白・記述欄といったスペースがあります。先生が説明したことや、疑問に思って調べたことなどをどんどん「自分のことば」で書いていきましょう。そうすると、唯一の自分のノートになります。
5. 学習の基本は「教科書」です。教科書を読み込んで、本書の問題・課題に答えていくことで、学習が深まります。そして、なにより「繰り返し(反復)」が大切です。何度も、本書を開いて、そして、正確に理解できるまで復習を重ねてください。

目　次

スペイン：拠点を築いた(⑭ 　　　　　　)がメキシコのアカプルコと結ばれ、ラテンアメリカで生産
　　　された(⑮ 　)の一部が(⑭ 　　　　　)経由で中国に流入

Question　下の写真をみて、以下の問いに答えてみよう。

(1)この建物を築いたのは16世紀イランの王朝である。なぜこのような壮麗な建物を築くほど繁栄することができたのだろうか。この王朝がおこなった外交・通商政策に注目して考えてみよう。

....
....
....
....

(2)この建物が築かれたイランの当時の首都は、その繁栄から何と呼ばれたのだろうか。

....

1 アジア諸地域の繁栄と日本②

明の朝貢体制と東アジア

１東アジアの国際関係の特徴

　東アジアの国際関係の特徴：中国の王朝を中心とする朝貢関係が結ばれてきたこと

　⇨14世紀半ば、漢人による中国支配を復活させた明は、周辺諸国と積極的に朝貢関係を結ぶ

　＊ムスリムの宦官（①　　　　）を東南アジア・インド洋に派遣、諸国に朝貢をうながす

２朝貢関係の特徴

　中心国が周辺国に対し大国の度量を示すため、貢物の数倍の価値がある返礼品を与えることが一般的

　⇨明から与えられる銅銭・生糸・絹織物などが周辺国の経済を活性化させる

　⇨対外交易を政府の管理する朝貢貿易に限定したため、民間の自由な貿易は阻害

16〜17世紀の東アジア

１朝貢体制の動揺

　16世紀以降、世界的な商業の活発化が東アジアの朝貢体制を動揺させる

　⇨中国東南部沿岸では、中国人や日本人の入りまじる商人集団が密貿易や略奪行為をおこない、中国
　　側から「（②　　　　　）」と呼ばれる

　⇨明は民間による海上貿易の禁止を緩和するが、日本との直接の貿易は許さなかったため、日中の双
　　方に拠点を築いた（③　　　　　　　　　）人が貿易の担い手になる

２明の周辺地域の動向

　　a　日本：織田信長・（④　　　　　　　　　）の政権を経て江戸幕府が成立、（④　　　　　　　　　）
　　　　　　は日本の統一後、朝鮮侵略（文禄・慶長の役）をおこなう

　　b　東北部：（⑤　　　　　）人の政権が成長、17世紀初めに新たな王朝（後金、のちの清）を建てて
　　　　　　明に対抗、朝鮮を服属させる

　⇨明は農民反乱によって滅亡し、1644年に清が中国本土の支配をはじめ、北京を首都とした大帝国を
　　築く

清の政治と経済

１清の政治

　清の前半には康熙帝をはじめとした有能な皇帝が続く

　⇨清の皇帝は、武芸を重んじる北方民族のリーダー、学問を重んじる中国王朝の皇帝、（⑥　　　　
　　　　　）仏教の支援者など様々な側面を兼ね備え、帝国の統合をはかる

　＊漢人の住む中国本土では、中央集権的な官僚制度や、官僚を儒学の試験で登用する（⑦　　　　）な
　　ど、従来の漢人王朝の制度が継承される

　⇨漢人男性に（⑤　　　　　）人の風習である（⑧　　　　　）を強制したり、清に逆らう言論を弾圧した
　　りするなど、きびしい政策もとられる

２清の経済

　特徴：明に比べて自由放任的

　　　⇨中国の商人による海外貿易やヨーロッパ船の来航によって、茶や生糸の対価として（⑨　　）が
　　　　流れ込み、国内商業の発展を支える

　　　＊18世紀半ば、ヨーロッパ船の来航は（⑩　　　　）1港に限定されるが貿易額はその後も増大

⇨18世紀には政治の安定のもと人口が急増、トウモロコシやサツマイモなどの新作物が山地の開墾を
うながし、人口増を支える

⇦開墾による環境破壊と自然災害の増加が社会不安を生み出し、18世紀末には四川を中心とする山間
部で（⑪　　　　　　　　　　　　）がおこる

Question　下の絵をみて、以下の問いに答えてみよう。

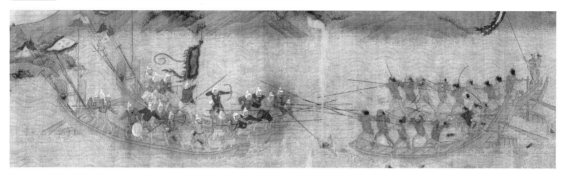

⑴この絵は、明軍と倭寇の戦いの様子を描いたものである。中国側は、当時の「倭」をどのようにとら
えていたのか、服装などから考えてみよう。

....

⑵倭寇の活動に対し、倭寇の襲撃を受けた明や朝鮮は、日本側に取り締まりを求めたが、徹底されなか
った。その理由を、日本の国内情勢に注目して考えてみよう。

....
....
....
....
....
....
....
....
....
....
....
....
....
....
....
....

1 アジア諸地域の繁栄と日本③

幕藩体制下の日本

[1]幕藩体制の構造

　1603年、（①　　　　　　　　　　　）が征夷大将軍となり、江戸幕府を開く

　＊江戸の幕府が各地に城をかまえる大名家を従える幕藩体制が確立

　　a　大名の領国支配：家臣団を城下に集住させ、百姓から村ごとに年貢を徴収する

　　b　将軍と大名の主従関係：領地の支配を認められるかわりに、（②　　　　　）をつとめる

[2]江戸時代初期の対外関係と大名統制

　Ⅰ　1609年、対馬の（③　　　　　）を通して朝鮮との講和を実現

　　　⇨対馬藩に朝鮮との通交・貿易の独占を認める

　Ⅱ　1635年、諸大名に対して（④　　　　　　　　）を義務化

　Ⅲ　1639年、ポルトガル船の来航禁止

　Ⅳ　1641年、平戸にあったオランダ商館を（⑤　　　　）の出島に移転

　　　⇨以後、（⑤　　　　）にオランダ・中国の商船のみが来航する

[3]江戸幕府の宗教統制

　江戸幕府はキリスト教を厳禁する

　⇨（⑥　　　　　　　　）を制度化し、すべての人が仏教寺院の檀家となることを義務づける

江戸時代の経済

[1]対外貿易

　（⑤　　　　）のほか対馬・琉球を通じて貿易がおこなわれる

　　a　輸入品：中国産の（⑦　　　　）・絹織物、東南アジア産の（⑧　　　　）、朝鮮の人参

　　b　輸出品：初めは（⑨　　　）、やがて（⑩　　　）、鉱物資源が不足すると（⑪　　　　）

[2]（⑫　　　　　）と商品生産

　　a　（⑫　　　　　）の繁栄：江戸・京都・大坂、江戸幕府による直轄支配

　　b　（⑬　　　　　）・（⑭　　　　　）の商品化：衣食住の水準を向上させる

　　c　輸入品の国産化：18世紀以降に（⑦　　　　）・（⑧　　　　）・人参で展開

[3]経済構造

　諸大名は大坂や江戸に蔵屋敷をおき、（⑮　　　　　　　）や特産物を領国から送って売却する

　⇨幕府が鋳造させた貨幣を獲得、舟運・流通や金融・通信の発達をもたらす

[4]商品経済と幕藩体制

　　a　幕府や藩の財政悪化⇨商品の生産と流通に利益を求める

　　b　幕府や藩の財政補填⇨幕府は金貨改鋳による差益を獲得、諸藩は藩札を発行

　　c　民衆生活と商品経済⇨貧富の格差の拡大、一揆や騒動の頻発

琉球とアイヌ

[1]琉球王国

　　a　琉球王国とその文化：中国に朝貢する独立国、日中両方の影響を受けた文化が展開

　　b　薩摩藩による支配：1609年、薩摩の（⑯　　　　　　）が征服し、支配下におく⇨貢納させる一
　　　方で、中国への朝貢貿易も継続させる

c　産物と貿易：日本向けの（⑧　　　　　）を生産⇔蝦夷地などで産した（⑰　　　　　）・（⑪　　　　　）を中国に輸出

2　アイヌの人々

　　a　アイヌの人々とその文化：独自の言語をもつ、狩猟・漁労を中心とする生活文化を築く

　　b　松前藩による支配：1604年、和人の（⑱　　　　　　　　）が蝦夷ヶ島の支配権を保証される⇨アイヌとの交易独占権を認められ、家臣に交易権を知行として与える

　　c　産物と交易：鮭・鰊・（⑰　　　　　）などの海産物を産出、交易は18世紀に和人商人による請負となる

Question　下の図をみて、以下の問いに答えてみよう。

日本の対外関係

(1)幕藩体制下の日本は、周辺諸国・諸民族とのあいだにどのような関係を築いていたのだろうか。

....

....

....

....

(2)俵物が生産されてから、海外に輸出されるまでの流通をまとめてみよう。

....

....

....

....

....

....

....

....

....

....

....

....

....

....

....

....

....

....

....

....

....

....

....

2 ヨーロッパにおける主権国家体制の形成とヨーロッパ人の海外進出①

▌近代の前提 ▌

①「世界の一体化」

　1500年頃の世界：隣接する地域との貿易や交流はあったものの、基本的には地域ごとに完結

　⇨18世紀初めまでには、アメリカ大陸産の（①　　　　）が中国に大量にもち込まれるなど、世界の諸地域
　　間の地域的な結びつきが強まる（＝「世界の一体化」）

　＊「世界の一体化」は西ヨーロッパ諸国が推進、競って国際貿易を拡大

・ヨーロッパ諸国の国内情勢

　[　a　政治面：小国家が合同したり消滅したりする一方、存続した国々では中央政府に権力が集中、
　　　　本格的な（②　　　　　）が成立
　　b　思想面：宗教改革がおこり、キリスト教が分裂する一方、自然科学が発達し、人間の幸福の増
　　　　大に関心が向けられる

②近代化への道

　18世紀末以降のヨーロッパ諸国・アメリカ合衆国は、政治革命を実現し国民国家を築き、産業革命に
　よる工業化を開始し、アジア・アフリカへ進出して本格的な近代化を進める

　＊本格的な近代化の前提である16世紀から18世紀半ば頃までの時代を、ヨーロッパ史では（③
　　　）と呼ぶことがある

▌主権国家体制の形成 ▌

①16世紀から17世紀の世界

　[　a　アジア：明や清、オスマン帝国・サファヴィー朝・ムガル帝国などの大国が栄える
　　b　ヨーロッパ：ローマ帝国の後継国家を自任してきた（④　　　　　　　　　　　）が弱体
　　　　化⇨イギリス・フランス・スペイン・オランダなど中規模の国々が台頭

②ヨーロッパ中規模諸国の動き

　[　a　国内：君主が諸侯（貴族）の力をおさえて（⑤　　　　　　）化を進める
　　b　対外：ほかの国々と形式上対等な立場で外交関係を結ぶ
　⇨こうしたヨーロッパの国家構造と国際秩序を（⑥　　　　　　　　　）と呼ぶ

③ドイツ・フランスの動き

　[　a　ドイツ：（④　　　　　　　　　　　　　　）の皇帝と、帝国内のプロイセンやオーストリアな
　　　　ど領邦の諸侯のあいだで権力が分立⇨16世紀の宗教改革と17世紀の長期にわたる戦争の結
　　　　果、皇帝の権力が弱体化し、領邦国家が独自に発展
　　b　フランス：（⑦　　　　　　　）の時代に、君主が貴族の力をおさえつつ、全国議会を開かず
　　　　に権力を自身に集中して統治する体制が築かれる

④イギリスの動き

　地主を中心とする全国議会の力が強い

　Ⅰ　（⑧　　　　　　　　　　　　）（17世紀半ば）
　　　⇨君主政を廃止し、共和政に移行（その後君主政が復活）

　Ⅱ　（⑨　　　　　　　）（1688～89年）
　　　⇨権利の章典によって国王と議会が共同で統治にあたる原則が確立され、立憲君主政が開始
　　　　⇨議会の権力が増すと、君主は権力を有力議員に代行させるようになり、議院内閣制が成立

⑤オランダ・ヴェネツィア・ジェノヴァ

貴族が中心となって国をおさめる(⑩　　　　　　　　)をとる

＊独立後のアメリカ合衆国や革命期のフランスが人民を主体とする共和国を築くなど、今日の世界に
　数多く存在する共和国の先例となる

⑥ロシア

17〜18世紀にオスマン帝国と戦って領土を黒海沿岸に広げ、バルト海にも進出してヨーロッパ諸国と
直接の関係をもちはじめる

＊東方でもシベリアを経て極東に到達し、清と通商を開く

Question　下の史料をみて、以下の問いに答えてみよう。

権利の章典（しょうてん）

　議会の上下両院は……イギリス人の古来の権利と自由をまもり明
らかにするために、次のように宣言する。
1．王の権限によって、議会の同意なく、法を停止できると主張す
　る権力は、違法である。
4．国王大権❶と称して、議会の承認（しょうにん）なく、王の使用のために税
　金を課することは、違法である。
6．議会の同意なく、平時に常備軍（じょうびぐん）を徴募（ちょうぼ）し維持することは、違
　法である。
8．議員の選挙は自由でなければならない。
9．議会での言論の自由、および討論・議事手続きについて、議会
　外のいかなる場でも弾劾（だんがい）されたり問題とされたりしてはならない。
13．あらゆる苦情の原因を正し、法を修正・強化・保持するために、
　議会は頻繁（ひんぱん）に開かれなければならない。
❶君主がもつとされた特別の権限。

(1)権利の章典で、議会は国王のどのよ
うな権力の行使を禁止しているだろう
か。

(2)権利の章典に記された立憲君主政の
原理は、現在の日本にはどのように継
承されているだろうか。

2 ヨーロッパにおける主権国家体制の形成とヨーロッパ人の海外進出②

宗教改革と科学革命

1 宗教改革

16世紀から17世紀にかけて、西ヨーロッパでは現世の利益を追求しがちだった（①　　　　　　　　）

教会への抗議の動きとして、（②　　　　　　　　　　　　　　）諸派が登場

- a　（①　　　　　　　　　　　）：神に救われるためには聖職者による導きと個人の善行が必要
- b　（②　　　　　　　　　　　　　　　）：聖書や礼拝の言語をラテン語から諸国の日常語に変更し、

　　真の信仰は信徒がみずから聖書を読んで得るものとする

2 キリスト教のヨーロッパ外への広がり

（①　　　　　　　　　　　　　）の改革で誕生した（③　　　　　　　　　　　）が、ヨーロッパの海外進出と

連携し、中南米や日本などアジア諸地域に布教

3 自然科学の発達

17世紀のヨーロッパでは自然科学が発達し、後世に多大な影響を与える

- a　望遠鏡・顕微鏡の使用：観察の対象となる自然界そのものが拡大、自然界の諸現象にひそむ法
　　則を科学者が追求し、新たに解明された法則が検証を経て確認されるようになる
- b　科学協会・アカデミーが各国で創設

＊一連の変化を（④　　　　　　　　）と呼ぶ

ヨーロッパ人の海外進出

1 航海熱の高まり

原因：
- a　貿易路開拓の必要：地中海貿易ではアジア産の（⑤　　　　　　　　）が重宝されたが、東地
　　中海を勢力下においた（⑥　　　　　　　　　　　）帝国がアジア産品に高い税を課した
- b　「黄金の国」の探索：（⑦　　　　　　　　　　　　　）の『世界の記述』（『東方見聞録』）
　　以来、「黄金の国」がどこかにあると信じられる
- c　キリスト教布教の熱意

⇨15世紀から16世紀にかけての「（⑧　　　　　　　　　　　）」を切り開いたのはポルトガル・（⑨

　　　　　　）で、イギリス・フランス・オランダが続く

2 南北アメリカへの影響

- a　北　米：イギリスからの入植者は自給自足型の経済を営む
- b　中南米：（⑨　　　　　　　　　　）人が先住民の文明を征服して財宝を略奪、銀山を開発して銀を
　　ヨーロッパに輸出⇨ヨーロッパ人が入植してプランテーションを開き、（⑩
　　　　　　）・コーヒーなどをもち込んでヨーロッパ市場向けの大規模生産を開始

⇨伝染病や過酷な労働で先住民の人口が激減、西アフリカから大勢の黒人が奴隷として送り込まれる

　　⇨アフリカの人口は大きく減少、社会は荒廃

3 ヨーロッパへの影響

- a　新農作物の流入：中南米からジャガイモやサツマイモ、トマトなどの農作物がもたらされる
- b　銀の流入：ヨーロッパ経済を活発化させる
- c　砂糖の大量供給
- d　新市場として「新世界」の植民地が重要になる

⇨経済的に一体化しつつあった世界の一角に、「大西洋世界」が出現

4 アジアの繁栄

ヨーロッパ人の進出は、アジアの政治秩序や文化にはただちに大きな影響はおよばない

＊ヨーロッパ人がおこなったのは植民地支配ではなく、貿易拠点の確保であったため

＊（⑤　　　　　　　　）だけでなく、茶・陶磁器・綿織物・絹などをヨーロッパ人はもち帰ったが、かわりとなる有力な商品をもたなかったため、対価として銀が支払われ、アジアに銀が集中する

Question　下の地図をみて、以下の問いに答えてみよう。

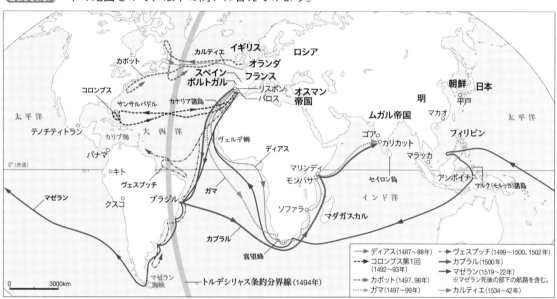

(1)ヨーロッパが海外進出を開始した頃の南北アメリカとアジア地域には、どのような国家が存在していたか、調べてみよう。

(2)ヨーロッパ人が海外進出を開始した理由について、貿易面から考えてみよう。

1 ヨーロッパ経済の動向と産業革命

▌ ヨーロッパ経済の動向 ▐

① 海外交易の変化

- a　地中海貿易圏の比重低下：(①　　　　　　　　　　)・イギリスが台頭
- b　北東ヨーロッパが穀物供給地に変化⇨領主による農民への統制強化
- 　＊その後の、東西ヨーロッパの違いに影響

② 重商主義政策

各国政府が、貿易に関する特別な権利を認められた会社を保護

⇨外国産品に(②　　　　　)をかけ、貿易から他国の船を排除し、排他的な経済圏成立をめざす

　⇨17～18世紀にヨーロッパ経済は大きく成長

　⇨18世紀後半に産業革命がおこり、貿易にかわり工業がヨーロッパ経済の主役に

▌ 産業革命の前提とイギリスの特殊性 ▐

① 産業革命の前提

インド航路の開拓⇨インド産(③　　　　　　　)がイギリスで人気に

⇨(④　　　　)織物業が打撃を受け、18世紀初め、インド産(③　　　　　　　)の輸入を禁止

　⇨原料を輸入して国内で製造しようとする動きが発生(輸入代替化)

② イギリスの特殊性

- a　広大な海外市場を獲得：七年戦争後、(⑤　　　　　　)貿易を大規模に展開
  - ＊武器などの工業製品をアフリカ西部へ、(⑥　　　　　)をアメリカ大陸のプランテーションへ、
  - (⑦　　　　)・タバコなどをヨーロッパへ
- b　機械工学の伝統：(⑧　　　　)革命が裏打ち
- c　豊富な資源：(⑨　　　　　)・(⑩　　　　)にめぐまれていた

▌ 産業革命と社会の変化 ▐

・産業革命の進行

炭鉱で使用されていた蒸気機関を、製造業へ転用

⇨化石エネルギーを動力源にした経済活動がはじまり、生産力が急増

・産業革命と社会

- a　労働力：工場主は、(⑪　　　　　)や(⑫　　　　　　)を低賃金で雇う
- b　従来の職人の抵抗：安価な製品が手工業品を圧倒⇨一部の職人が(⑬
  - 　　　)運動へ
- c　労働形態の変化：職人の自律的作業から、(⑭　　　　　　)によって管理される作業へ
- d　家庭と職場が分離

▌ 産業革命の世界的影響 ▐

① 新たな国際的分業体制の成立

- a　イギリスの繁栄：安価なイギリス製品の輸出⇨各地の手織り綿工業は打撃を受け、インドやア
  - メリカ合衆国南部は原料供給地へ⇨イギリスは「(⑮　　　　　　　　　　　)」と呼ばれる
- b　他国の対応：西ヨーロッパ諸国・アメリカ合衆国北部は自国の産業革命をすすめる

②工業化の進展とその影響

- a　国内では消費者は大量生産の恩恵を受ける⇔(⑯　　　　　　)と労働者間の経済格差が発生
- b　公害の発生
- c　軍事革命：高性能の銃砲を大量生産⇔ヨーロッパが軍事的優位に立ち、アジアやアフリカを植民地化

▌交通手段・通信手段の革新 ▌

①交通手段の発達

- a　(⑰　　　　　　)の実用化⇔大洋横断が可能に
- b　(⑱　　　　　)敷設ブーム⇔イギリスは技術と車両を世界各地へ輸出

②通信手段の発達

(⑲　　　　)を利用した通信技術が実用化⇔大西洋横断電信網・アメリカ大陸横断電信網が完成

＊交通革命・通信革命は原料や商品の大量輸送や情報伝達の迅速化を実現

⇨「世界の(⑳　　　　　　)」がいっそう進行

Question　下の写真をみて、以下の問いに答えてみよう。

インドの綿織物
(18世紀後半)

(1)インド産の綿織物がイギリスで人気となった点について、教科書を参考に考察してみよう。

....

....

(2)インド産綿織物に対抗して、イギリスでは18世紀後半に産業革命のなかで綿製品の大量生産がおこった。では19世紀後半の日本では、綿産業(綿花・綿糸・綿織物)の輸出入に関してどのような動きがみられたか、教科書65ページ、82ページ、83ページのグラフを参照して、まとめてみよう。

....

....

....

....

....

....

....

....

....

....

....

....

2 アメリカ独立革命とフランス革命①

▌イギリスの台頭 ▌

①イギリスと「世界の一体化」

　　主権国家体制のもと、ヨーロッパでは戦争が頻発したが、（①　　　　　　　　　　　　）（1756〜63年）が転機

　　⇨イギリスは、ヨーロッパでフランスなどに勝利し、北アメリカ大陸やインドでは領土を拡大

　　　　⇨中国から茶を輸入して一部を北アメリカ大陸に再輸出し、インドに綿工業製品を輸出してインド

　　　　　で栽培させたアヘンを中国に輸出することで、本格的にアジアを「世界の一体化」に組み込む

②18〜19世紀の西洋世界

　　アメリカ独立革命と、フランス革命およびナポレオンのヨーロッパ支配により、大きな変化を経験

▌北アメリカ大陸のヨーロッパ植民地 ▌

「大航海時代」以降、現在のアメリカ合衆国およびカナダ地域の大西洋沿岸部を中心に、イギリス・フ

ランス・オランダが植民地を建設

⇨オランダが脱落し、フランスも（①　　　　　　　　　　）で敗れてその植民地はイギリス領に編入、イギ

　　リス植民地は18世紀に人口増加

　　┌　a　　北東部：林業・漁業に加えて海運業が発達

　　└　b　　南東部：黒人奴隷を用いた（②　　　　　　　　　　　　　　）でタバコや米を栽培・輸出

　　⇨イギリスの北アメリカ植民地は、（①　　　　　　　　　　）後に本国の約3分の1の経済規模に成長

▌アメリカ独立革命 ▌

①本国との対立

　　イギリス本国の北アメリカ植民地に対する統制は、貿易統制を除くとゆるやか

　　⇨（①　　　　　　　　　）後の財政赤字に対応するために本国政府が植民地に直接に課税（＝（③

　　　　））

　　⇨植民地は本国議会に議員を送っていないため、「（④　　　　　　　　　　　　　　　　　　　）」

　　　　とのスローガンを掲げて抵抗し、撤回させる

　　　　⇨本国が中国茶の販売権を東インド会社に独占させたため、一部の植民地の人々は運び込まれた茶

　　　　　を船から強奪し、港に廃棄（＝（⑤　　　　　　　　　　　　　　　　））

②独立戦争の勃発

　　港を軍事封鎖する本国政府の強硬姿勢に対し、植民地側は各代表による（⑥　　　　　　　　　）を設置

　　⇨1775年に偶発的な戦闘が開始、植民地側は翌76年に（⑦　　　　　　　　　）を発し、連合軍を組織

　　　　⇨（⑧　　　　　　　　　　　）を連合軍の総司令官に任命、独立戦争は長期化するも、フランスやス

　　　　　ペインなどからの援軍や、ロシアなどがイギリス海軍の活動を牽制したことで、イギリスは孤立

　　　　　⇨植民地側が勝利して1783年にアメリカ合衆国として独立が承認される

③合衆国憲法

　　（⑦　　　　　　　　　）はすべての人間が神によって平等につくられ、生命、自由、（⑨

　　　　　）などのゆずることのできない権利を明記

　　⇨「自由」は、すでにイギリスの名誉革命でも宣言されていたが、人類一般を対象に「平等」をもと

　　　　なえた点で画期的

　　＊実際には女性は政治的な権利をもたず、南部の社会は奴隷制にもとづく大規模農園が基盤

⇨アメリカ合衆国は（⑦　　　　　　　　　　）の理念にもとづいて憲法を制定

- a　統治制度の特徴：世界初の大統領制国家、立法・行政・司法の（⑩　　　　　　　）、各州の権力と中央政府の権力が分立する（⑪　　　　　）を樹立
- b　当初の領土：発足直後のアメリカは大陸の東部のみを領土とする国であり、領土が太平洋岸に達するのは19世紀半ば

Question　下の史料をみて、以下の問いに答えてみよう。

アメリカ独立宣言

　われわれはつぎのことが自明の真理であると信ずる。すべての人は平等につくられ、神によって、一定のゆずることのできない権利を与えられていること。そのなかには生命、自由、そして幸福の追求が含まれていること。これらの権利を確保するために、人類のあいだに政府がつくられ、その正当な権力は被支配者の同意に基づかねばならないこと。もしどんな形の政府であってもこれらの目的を破壊するものになった場合には、その政府を改革しあるいは廃止して人民の安全と幸福をもたらすにもっとも適当と思われる原理に基づき、そのような形で権力を形づくる新しい政府を設けることが人民の権利であること。以上である。　　　　　（江上波夫監修『新訳世界史史料・名言集』）

(1)アメリカ独立宣言で与えられているとされた権利はどのようなものだろうか。

(2)アメリカ独立宣言を名誉革命の権利の章典と比較すると、どのような違いがみてとれるだろうか。

2 アメリカ独立革命とフランス革命②

▌フランス革命 ▌

1 アメリカ独立革命の波紋

　アメリカの独立は、イギリスにとっては豊かな植民地の喪失であり、身分制および君主制のもとにあったヨーロッパ諸国には、自由や平等などの普遍的な理想を掲げる国家の誕生が衝撃をあたえる

　⇨フランスをはじめとするヨーロッパ諸国の革命へと継承

2 フランスでの革命

　a　革命前：アメリカ独立戦争で植民地側を支援し、その戦費で巨額の財政赤字⇨国王ルイ16世は聖職者や貴族などの免税特権をもつ身分に課税を検討⇨抵抗にあい、約170年ぶりの全国議会である（①　　　　　　　）の開催で事態の打開をはかる

　b　勃発：1789年に（①　　　　　　　）が開催されたが、平民身分のうちの富裕層であるブルジョアジー出身の議員がみずからを真の国民の代表であると宣言し、独自の議会を設置⇨国王の鎮圧の動きに対し、民衆が蜂起（＝②　　　　　　　　　　）の襲撃）

　c　結果：国王や特権身分が譲歩して新議会を承認⇨新議会は同年に（③　　　　　　　　　）を発し、国民主権、人間の自由、法や権利における平等、私有財産の不可侵などを理想とする

3 革命の継続と戦争

　a　立憲体制の確立：フランス革命で、当初はイギリス型の立憲君主政を定めた憲法を制定⇨周辺諸国は革命の波及を恐れ、革命を妨害する動きをみせる

　b　革命防衛戦争：革命政府はオーストリア・プロイセンと戦争を始め、フランス革命は戦争と同時に進行⇨革命の世界市民主義的な性格は喪失、フランス国家の利益を追求

　c　共和政の成立：革命政府は当初苦戦し、ルイ16世を廃位・処刑⇨（④　　　　　　　　　）が成立し、（⑤　　　　　　　）を導入して軍事力強化⇨戦争遂行のために経済を統制し、政府の施策に反対する者を弾圧・処刑する（⑥　　　　　　　）を展開

4 革命から帝政へ

　フランスは、自由・平等の理想を広める大義のもとに周辺諸国の征服を開始、（⑥　　　　　　　　　）の体制は放棄されるも、王政復古の動きもあり、国内政治は不安定

　⇨イタリアやエジプトへの遠征で名声を得たナポレオン＝ボナパルトが、クーデタで新政府を樹立、新憲法を定めて革命の終結を宣言しつつ、実質的な独裁権力を掌握

　　⇨1804年に国民投票で皇帝ナポレオン1世として即位、帝政に移行（＝（⑦　　　　　　　　　））

　　＊ナポレオンは、同年に（⑧　　　　　　　）を公布し、（③　　　　　　　　　）で理想とされた原則を法で現実化

▌ナポレオンのヨーロッパ支配 ▌

1 ヨーロッパ大陸での覇権

　フランスは、征服した周辺地域を併合、もしくはそこにフランス型の傀儡国家を建設

　⇨神聖ローマ帝国を解体し、オーストリア・プロイセン・（⑨　　　　　　）・スペインなどの大国も従わせて、ヨーロッパ大陸で覇権を獲得

2 ナポレオン時代の終焉

　Ⅰ　ナポレオン、大陸諸国にイギリスとの貿易を禁止（＝（⑩　　　　　　　　　））

　　背景：イギリスへの上陸作戦を計画したが、海戦で敗北したため、経済的に服従させる方針に転換

⇨ヨーロッパ外部に広大な市場をもつイギリスへの効果は小さく、むしろ大陸諸国が苦しむ

Ⅱ　封鎖令を無視したため、ナポレオンは大軍を率いて（⑨　　　　　　　　）に遠征

　　⇨大敗して権力の柱である軍事力を失う（1812年）

Ⅲ　（⑪　　　　　　　　　　）が各地で始まり、敗れたナポレオンは退位（1814年）

　　⇨翌年、戦後の混乱に乗じてナポレオンは再び皇帝の座につくが（百日天下）、諸国の同盟軍との

　　　（⑫　　　　　　　　　　　　　　　）で敗北し、流刑となって死去

Question　下の地図をみて、以下の問いに答えてみよう。

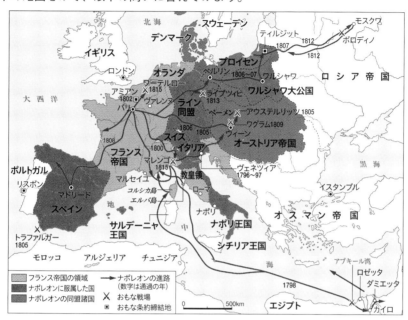

(1)ナポレオンは、なぜロシアに遠征をしたのだろうか。

(2)フランス革命の理念に注目して、ナポレオンの支配に対し、諸国が反発した理由を考えてみよう。

③ 19世紀前半のヨーロッパ①

ウィーン体制の成立

1 ウィーン体制：（①　　　　　　　　　　）後のヨーロッパ国際秩序

　　　　　　　　イギリス・フランス・ロシア・プロイセン・オーストリアが主要国として参加して

　　　　　　　　1814〜15年に開かれた（②　　　　　　　　　　　　）により決定

2 ウィーン体制の特徴

　　a　フランスの国境線は革命戦争前に戻され、多くの国で旧王朝が復活⇔（③

　　　　　　　　　　）は再建されず、（①　　　　　　　　　　　　）支配期の変化も部分的に追認

　　b　イギリスが海外に新たな拠点、プロイセンも新領土を獲得、オーストリアがイタリア半島に支

　　　　配を広げるなど、主要国の思惑を反映

　　c　対内的には保守的な性格、対外的にはイタリアやドイツの分断状況を維持していく体制⇒自由

　　　　主義・ナショナリズムの諸勢力から敵視される

自由主義

1 ブルジョアジー・知識人の動き

　ウィーン体制：ほとんどの国が、君主を主権者とする政治体制をとる

　⇒君主の権力を憲法で制限し、議会を開設してブルジョアジーや知識人の政治参加を実現しようとす

　　る（④　　　　　）主義の運動が各国で高揚

2 革命の試み

　一部の（④　　　　　）主義者はフランス革命を神聖視、改革ではなく、革命によって目的達成を試みる

　⇒ウィーン体制下の諸国で、革命の試みが頻発

　　a　フランス：1830年に（⑤　　　　　）革命が成功⇒国民主権の原則のもとで、立憲君主政が確立

　　b　ドイツ西部諸国・ベルギー：革命の結果、立憲君主政に移行

　　c　スペイン：数度の憲法制定と停止の末、国民主権と立憲君主政が確立される

3 （④　　　　　）主義の原理・理念

　個人の能力の自由な発揮を理想とし、家柄・身分にもとづく特権廃止をとなえる

　＊能力と財産をもつ者(市民)の優位を認める⇒民衆(農民や職人、工場労働者)には不利に働くことも

　⇒すべての成人(男性)に政治参加の権利を与えようとする（⑥　　　　　）主義とは区別

ナショナリズム

1 ナショナリズム

　フランス革命期・（①　　　　　　　　　　　）支配期、権利および法における平等の理想が諸国に広め

　られる

　　a　（⑦　　　　　）主義の誕生：それぞれの国で、身分・団体・地域差などの内部の差異を解消して

　　　　たがいに等しい権利をもち、共通の法に服し、同一の言語を話す均質な人々を主役とする社

　　　　会を築こうとする動き(＝ (⑦　　　　　)主義)が始まる

　　　　＊一律な（⑧　　　　　）教育の登場：次世代の国民を形成する働きをもち、この動きをあと押し

　　b　（⑨　　　　　）主義の高揚：フランスの支配を受けた国々では、同じ言語や文化をもつ人々が、

　　　　自らの政治的な自由を求めつつ国境による分断を乗り越えて１つにまとまろうとする意識

　　　　(＝ (⑨　　　　　)主義)も高まる

⇨（⑦　　　　　　）主義・（⑨　　　　　　）主義の２つをナショナリズムと呼び、その原理のもとに形成される国家を（⑩　　　　　　　　　）と呼ぶ

② （⑩　　　　　　　　）・ナショナリズムの特徴
- a　（⑩　　　　　　　　　　）：国民共同体が忠誠心の最大の対象とされ、個々の国民は、一定の政治参加権をもつことと引きかえに、国家の命令に服すべき存在となる
- b　ナショナリズム：地域社会や職業集団など民衆の伝統的な世界を解体、（④　　　　　）主義と相容れない性格をもつ

③ ナショナリズムの影響
- a　オスマン帝国からの（⑪　　　　　　　　　　）の独立運動：ヨーロッパ諸国の援助で成功（1829年）
- b　（⑫　　　　　　　　　　）のオランダからの独立：イギリスの援助を受け実現（1830年）
- c　（⑬　　　　　　　　　）のロシアからの独立運動、（⑭　　　　　　　　　　）のイギリスからの独立運動、北イタリア諸国のオーストリアからの独立運動：いずれも宗主国に弾圧されて失敗

Question　下の絵をみて、以下の問いに答えてみよう。

「民衆を導く自由の女神」

(1)中央の女性がもつ旗は、何の旗だろうか。

....

....

(2)この絵は、どのような場面を描いたものなのだろうか。

....

....

....

....

....

....

....

....

....

....

....

....

....

....

....

....

....

③19世紀前半のヨーロッパ②

1848年革命とウィーン体制の崩壊

1 1848年革命

　自由主義・ナショナリズム・民衆の要求が一挙に噴出した革命

・革命の流れ

　　Ⅰ　イタリア諸国で反乱（1月）⇨イタリア諸国はフランスやベルギーの憲法を手本とする憲法を公布

　　Ⅱ　フランスに波及（2月）

　　Ⅲ　（①　　　　　　　　　　　　）・オーストリアなどドイツ諸国に波及（3月）

　　＊これらの革命はどれも自由主義の要求を掲げて始まるが、それぞれの国の社会状況の違いを受け、
　　　異なる結末を迎える

2 イタリア

　ローマやヴェネツィアで一時的に共和国が建国されるなど、革命が急進化するが、オーストリアなど
　の干渉により、ほとんどの国で革命以前の体制が復活

　　⇨イタリアの解放と統一を掲げる（②　　　　　　　　　　　　）王国は、オーストリアとの戦争には
　　　敗れたが、憲法と議会は存続させる

　　＊イタリアの解放と統一という課題は19世紀後半にもちこされる

3 ドイツ

　　┌ a　（①　　　　　　　　　　）：革命の結果、議会が開設され、国王の権力が強い憲法を制定
　　│ b　オーストリア：憲法が制定され、議会の開設も約束されたが、君主がどちらも破棄。国内のハ
　　└　　　ンガリー地域での民族独立運動を、ロシア軍の力を用いて鎮圧

　　＊連邦方式による統一ドイツ国家の建設の試み：（③　　　　　　　　　　　　　　　　　　）
　　　（全ドイツ議会）の設置、憲法案も制定

　　⇨ロシア軍を後ろ盾にしたオーストリアの圧力により、結局挫折

4 フランス

　　フランスの（④　　　　　　　　　）は1848年のヨーロッパ革命で最大の成果となる

・（④　　　　　　　　　）後の動き

　　Ⅰ　パリの民衆の蜂起を受け立憲君主政が倒れる

　　　　⇨共和政（＝（⑤　　　　　　　　　　））を樹立、史上はじめて国政における男性普通選挙を制度化

　　Ⅱ　ナポレオン1世の甥に当たるルイ＝ナポレオンが大統領に選ばれる

　　　　＊他国に先がけて国民国家の形成に成功

　　Ⅲ　1852年、ルイ＝ナポレオンが国民投票により皇帝に即位（＝（⑥　　　　　　　　　））

　　　　⇨フランス（⑦　　　　　　　　　）の始まり

　　　　＊（⑥　　　　　　　　　　）はロシアの勢力拡大に対抗し、イタリア統一運動を支援

　　　　　⇨ウィーン体制は完全に崩壊

5 イギリス

　ヨーロッパ大陸部との直接の関わりを避けつつ、革命ではなく改革で政治・社会問題に対応

　　┌ a　議会の改革：19世紀を通じて選挙権が徐々に拡大
　　│ b　自国の農業を保護するための輸入関税（（⑧　　　　　　　　））や重商主義的な規制を撤廃し、（⑨
　　│　　　　　　　　　　）体制に移行⇨工業製品を輸出するため、インドで支配地を増やしたほか、
　　└　　中国や日本などの地域に（⑨　　　　　　　　　　　）を強いる

▌資本主義と社会主義 ▶

19世紀前半のヨーロッパ各国では、工業化の進行により生じた（⑩　　　　　）と（⑪　　　　　）の
格差が問題となり、（⑪　　　　　）は（⑫　　　　）をつくり、雇用や賃金を守ろうとする

　┌ a　一部の知識人：当時の経済体制を（⑬　　　　　　　）と呼びはじめ、その害悪を是正するた
　│　　め の対抗理論を模索⇨総じて（⑭　　　　　　　）と呼ばれる
　│ b　（⑮　　　　　）・（⑯　　　　　　　）：（⑩　　　　　　）同士が競争を強いられ
　│　　ているため、利益拡大のため（⑪　　　　　）階級の賃金をおさえることが、（⑬
　│　　　　　　　）の根本的な問題点と主張
　│　　＊解決するためには個別に賃金を上げるだけでは不十分であり、私的所有権の一部を制限しつ
　│　　　つ、土地や工場・銀行などを公有化するための社会革命が必要と主張
　└　　＊『（⑰　　　　　　　）』（1848年）を公刊し、労働者階級の国際的な連帯を訴える

Question　　下の史料を読んで、以下の問いに答えてみよう。

『共産党宣言』

今日までのすべての社会の歴史は階
級闘争の歴史である。……支配階級
は共産主義革命を前に恐れおののく
がよい。プロレタリアは鉄鎖以外に
失うものを何ももたない。得るもの
は全世界である。万国のプロレタリ
ア団結せよ。

（江上波夫監修『新訳世界史史料・名言集』）

(1)この文章は、誰に向かって訴えたものだろうか。

　　　　　　　　　　　　　　　　　　　　　　

(2)この文章の作者は、(1)の人々に対して、どのようなことを訴え
ているのだろうか。

4 19世紀後半のヨーロッパ①

▌クリミア戦争 ▐

1 (①　　　　　　　　　　)戦争

オスマン帝国の国力低下を好機ととらえたロシアは、1853年、黒海・バルカン半島への進出をめざす
南下政策のもと、帝国内のギリシア正教徒保護を名目に、同国と開戦(＝(①　　　　　　　　　)戦争)

⇨ロシアの突出を望まないイギリスとフランス、イタリア統一のために国際的地位を高めることをは
かる(②　　　　　　　　　　　)が、オスマン帝国の側につき参戦

⇨蒸気機関を備えた軍艦を主力とするイギリス・フランス側に、帆船を主力とするロシアは大敗

⇨(③　　　　　)条約(1856年)でロシアは黒海の中立化を受け入れる

2 列強体制の崩壊

列強はナポレオン戦争以来、はじめて戦火をまじえる

⇨列強が協調してヨーロッパの現状を維持しようとする体制は崩壊

⇨列強は自国の利害を第一に、それぞれが国力の増進や、国内体制の整備に注力

▌イギリスの繁栄 ▐

1 「(④　　　　　　　　　　　　　　)(イギリスの平和)」

19世紀半ば〜後半にかけてのイギリスの絶頂期。(⑤　　　　　)をはじめとする植民地から、商品
作物や天然資源などの富が本国にもたらされる

＊自由貿易体制のもと、ラテンアメリカもその影響下におかれる

＊第1回(⑥　　　　　　　　)が1851年に首都ロンドンで開催、本国の工業製品のほか植民地の
産品も大々的に展し、イギリスの繁栄を誇示

2 国内の状況

a　議会制の確立：17世紀末以降、議会が政治の中心をなす議会制が確立

＊1860年代、保守党と自由党とが議会選挙を争い、勝者が交互に政権を担当する、古典的な
(⑦　　　　　　　)制が成立。当初は資産をもつ層だけが選挙権を有したが、1880年代
までの一連の選挙法改正により、都市労働者の多くが、ついで農業労働者も選挙権を得る

b　工場労働者や炭鉱労働者の労働時間の制限、労働組合の合法化

c　初等教育の公的整備

⇨(⑤　　　　　)人をはじめとする植民地の非白人系の人々はきびしい差別を受け続ける

▌フランス第二帝政と第三共和政 ▐

1 第二帝政の展開

(⑧　　　　　　　　　　)：伯父ナポレオン1世にならって「フランス国民の皇帝」であろうとし、
伯父と同様の栄光をめざし、経済面と軍事面での成功を追求

政策：a　イギリスと通商条約を結び、自由貿易の原則にもとづき国内産業の成長をはかる

b　公共住宅を建設するなど、労働者に対する政策にもある程度配慮

c　(①　　　　　　　　)戦争や第2次アヘン戦争などの対外戦争に積極的に参戦

d　1870年、(⑨　　　　　　　　　　　　　)戦争(ドイツ＝フランス戦争)
に敗北⇨(⑧　　　　　　　　　)自身が捕虜となり、第二帝政は崩壊

⇨国内で新たに臨時政府が成立し、共和政が復活(＝(⑩　　　　　　　　))

2 (⑩ 　　　　　　　　　　)の展開

臨時政府：1871年、ドイツ軍に降伏

　　　　　⇨パリの民衆や社会主義者、独自に自治政府(⑪ 　　　　　　　　　　　　)を打ち
　　　　たてる（＝史上初の革命的自治政府）

　　　　　⇦臨時政府軍によって鎮圧され、2カ月で滅ぶ

＊王党派と共和派の対立が続くが、75年に共和国憲法が制定、公教育の整備や政教分離の徹底など、
　フランス革命の精神を模範とする国民国家の整備が進展

Question　下の写真をみて、以下の問いに答えてみよう。
　　　　　　(1)この女性は、どのようなことをした人物なのだろうか。

ナイティンゲール

　　　　　　(2)彼女の活動が後世の人々から高い評価を受けているのは、彼女の活動の
　　　　　　どのような点か、考えてみよう。

4 19世紀後半のヨーロッパ②

イタリアの統一

小国の立ち並ぶイタリアでは統一して国民国家をつくろうとする気運が高まる

⇨（①　　　　　　　　　　　　　　　　　　　　　　　　）統治下の（②

　　　　　　　　　　）が自由主義者の首相（③　　　　　　　　　）のもとで近代化を進めて台頭

・イタリア統一の展開

　Ⅰ　統一の最大の障害であったオーストリアとの戦争に勝利して領土を拡大（1859年）

　Ⅱ　「（④　　　　　　　　　　　　　　）」出身の（⑤　　　　　　　　　　　　）が両シチリア王国占領

　　　⇨イタリア統一を果たすため、占領地を（②　　　　　　　　　）王にゆずる

　Ⅲ　（⑥　　　　　　　　　　　　）成立（1861年）

　　　国王：（①　　　　　　　　　　　　　　　　　　　　　　）

　　　⇨70年、イタリア統一を実現（近代化の進んだ北部と、農業地帯である南部の経済格差は残る）

ドイツの統一

┌　a　フランクフルト国民議会の挫折⇨ドイツ統一の主導権は自由主義者から、プロイセンの保守的支
│　　　　配層である（⑦　　　　　　　　　）に移る
│　b　（⑦　　　　　　　　　）出身のプロイセン首相ビスマルク：「（⑧　　　　　　　　　）」をとなえ、
└　　　　軍備増強と武力によるドイツ統一を推進

・ドイツ統一の展開

　Ⅰ　デンマーク戦争（1864年）

　　　⇨シュレスヴィヒ・ホルシュタイン両州をめぐり、オーストリアとともに戦って勝利

　Ⅱ　（⑨　　　　　　　　　　　　　　　　　　　　）戦争（1866年）

　　　⇨両州の管理をめぐってオーストリアと戦って勝利

　Ⅲ　プロイセンを盟主とする北ドイツ連邦の成立（1867年）

　　　⇦ナポレオン3世、強大なドイツの出現をおそれ、ドイツ統一の阻止をはかる

　Ⅳ　ナポレオン3世、ビスマルクの挑発を受け、プロイセンと開戦（プロイセン＝フランス戦争）

　　　⇨南ドイツ諸国もプロイセン側に立ち、プロイセン側の圧勝

　Ⅴ　ドイツ帝国の成立（1871年）

　　　⇨占領下のヴェルサイユで、プロイセン国王がドイツ皇帝（⑩　　　　　　　　　　　　）
　　　　として即位

ビスマルクの政治

①帝国の統治

　┌　a　ドイツ帝国：ドイツ諸国による連邦国家、プロイセン国王がドイツ帝国皇帝を兼ねる
　└　b　帝国議会：男性普通選挙制にもとづくが、皇帝が大きな権限をもち続ける

　＊実際の政治の主導権は、帝国宰相ビスマルクが握る

・ビスマルクの政治

　┌　a　南部のカトリック勢力を帝国安定の脅威とみなし、「（⑪　　　　　　　　　）」によっておさえ
　│　　　　込みをはかる
　└　b　（⑫　　　　　　　　　　　　　）を制定して社会主義者を弾圧、一方で、いち早く（⑬

　　　　　　　　　　　　　　　）を整備（＝「アメとムチ」）
　　　背景：工業化の進展にともなう労働運動の伸張
　　　　　　⇨マルクスの考え方に立脚する社会主義政党（のちの（⑭　　　　　　　　　）党）が成立
②ビスマルク外交
　ビスマルクは外交面で、フランスの孤立と安定した国際関係の維持が、ドイツの安全保障に不可欠であると考え、列強間の関係の調整に力を注ぐ（＝ビスマルク外交）
　　a　ドイツ・オーストリア・ロシアによる三帝同盟成立（1873年）
　　b　（⑮　　　　　　　　　　）条約の締結（1878年）：ブルガリアをオスマン帝国内の自治国とし、ロシアはバルカン半島の権益の多くを手放す
　　　背景：ロシアがロシア＝トルコ（露土）戦争に勝利（1877年）⇨翌年のサン＝ステファノ条約でブルガリアを保護国とし、バルカン半島で勢力拡大
　　　　　⇔オーストリア・イギリスが反対し、ロシアと対立
　　　　　⇨ビスマルク、「公正な仲介者」を自称し、列強代表を集めて（⑮　　　　　　　　　）会議を開催。サン＝ステファノ条約を破棄、新たに（⑮　　　　　　　　）条約を締結
　　c　ドイツ・オーストリア・イタリアによる（⑯　　　　　　　　　）成立（1882年）
　　⇨一連の同盟関係を築き、ヨーロッパの安定と自国の安全保障をはかる

Question　下の絵をみて、以下の問いに答えてみよう。

ドイツ帝国の成立

(1)このドイツ皇帝の戴冠式は、どこでおこなわれているのだろうか。

……………………………………………………………………

(2)なぜ、ドイツ皇帝の戴冠式がこのような場所でおこなわれているのだろうか。

……………………………………………………………………

……………………………………………………………………

……………………………………………………………………

……………………………………………………………………

……………………………………………………………………

……………………………………………………………………

……………………………………………………………………

……………………………………………………………………

……………………………………………………………………

……………………………………………………………………

……………………………………………………………………

……………………………………………………………………

……………………………………………………………………

……………………………………………………………………

……………………………………………………………………

4 19世紀後半のヨーロッパ③

ロシアの近代化

（①　　　　　　　　　　　　　）の敗北をきっかけに、皇帝（②　　　　　　　　　　　　　　　　　　　）
を中心にロシアで大規模な改革が始まる

- a　（③　　　　　　　　　　　　）（1861年）：貴族である領主の支配から農民を解放
  - ＊土地が有償のため、農民は土地と引きかえに国家に多額の債務を抱え、経済的に苦しいまま
- b　自治体の設置、司法の独立、工業化

⇨皇帝は強大な権限を保持し続け、身分制もそのまま残存

　⇨急進的な革命をめざす知識人や青年の一部は農民のあいだで社会主義の宣伝をおこない、テロリズ
　　ム（暴力主義）も肯定

　　⇨1881年、皇帝（②　　　　　　　　　　　　　）が暗殺され、改革は挫折

国際的諸運動の進展

19世紀後半のヨーロッパでは国境をこえた連帯や協調が活発に追求される

- a　（④　　　　　　　　　　　　　　　　　　　　）結成（1864年、指導者：（⑤
　　　　　　））：ロンドンに集まった各国の社会主義者により結成、パリ＝コミューンを支持したことな
　　　　　どから各国政府の弾圧を受け、76年に解散
- b　赤十字条約：スイスの（⑥　　　　　　　　　　）の発意
- c　郵便・電信に関する国際組織がつくられる
- d　国際オリンピック大会の開始（1896年）

19世紀の文化・科学と社会の変容

①文化

- a　イギリス ┌ （⑦　　　　　　　　　　）：「最大多数の最大幸福」をとなえ、功利主義を打ちたてる
　　　　　　 └ リカード：自由放任的な経済政策をとなえる
- b　ド イ ツ ┌ （⑧　　　　　　　　　）：進歩における国家の役割を強調
　　　　　　 ├ （⑨　　　　　　　　）：近代歴史学の基礎を築く
　　　　　　 └ （⑤　　　　　　　　　）：『資本論』において資本主義体制の批判的分析をおこなう

②科学

　19世紀のヨーロッパ：今日の社会の基礎となるような、著しい科学の発展がみられる

　＊19世紀の科学の発展：17世紀の科学革命以来の成果のうえに成り立つ

　　　　　　　　　　　　大学や研究所などで、より組織だったかたちで進められる

- a　（⑩　　　　　　　　　）：『種の起源』で進化論を提唱⇨社会に大きな衝撃を与える
- b　（⑪　　　　　　　　　）・コッホ：細菌学を発展
- c　（⑫　　　　　　　　　）：Ｘ線を発見
- d　電信・電話の実用化、鉄道・蒸気船の開発⇨遠隔地間の通信や移動が飛躍的に容易になる
- e　ヨーロッパ人によるアフリカ・中央アジア・極地の探検
- f　医学・衛生学の発展：都市労働者の生活条件をある程度緩和
- g　保存技術の発達：運輸手段の進歩とともに、食生活に改善をもたらす

Question 下の絵をみて、以下の問いに答えてみよう。

(1)この絵は、どのようなことを風刺しているのだろうか。

　　　　　　　　　　　　　　　　　　　　　　　　　　　　　　

　　　　　　　　　　　　　　　　　　　　　　　　　　　　　　

(2)この風刺画が出された当時、人間の祖先について、ヨーロッパでは、どのような考え方が一般的だったのだろうか。

5 19世紀のアメリカ大陸①

大西洋移民

「新大陸」発見から18世紀末まで、多数のヨーロッパ人が南北アメリカ大陸に入植

- a　メキシコ以南（ラテンアメリカ）：入植者は単身の男性が多い⇨先住民の（①　　　）や、連れてこられたアフリカ系との人種混交が進む
- b　北アメリカ：家族移民が多く、先住民との混血はわずか

⇦ヨーロッパ移民よりもはるかに多数の（②　　　　）が、アフリカから南北アメリカに送り込まれる

　⇨ヨーロッパ各国で（②　　　）貿易が禁止されると、移民はヨーロッパ系がほとんどを占めるようになる

　＊交通革命に加え、ラテンアメリカ諸国の独立やアメリカ合衆国・カナダの西方への拡大にともない、19世紀には、18世紀までと比較にならないほど多くの人々が大西洋を渡る

ラテンアメリカ諸国の独立

スペイン・ポルトガルなどの植民地だった地域は、1830年までにカリブ海諸島を除くほぼ全域が独立

①独立運動のおもな担い手：富裕な地主階層（（③　　　　　　　　　　）＝入植者の子孫）

　原因：
- a　植民地のエリート層として先住民やアフリカ系の（②　　　）を支配
- b　本国から派遣された植民地官僚に政治権力を握られ、不満をつのらせる
- c　本国の重商主義による貿易統制にも反対

　　⇨同じように複雑な人種構成をもちながら、ヨーロッパ系移民の子孫を主役として新国家を築いて繁栄しているアメリカ合衆国の例は、独立という選択肢を身近なものとする

②独立運動の展開

　（④　　　　　　　　　）軍がスペイン・ポルトガルに侵入した結果、両国の政治体制が大きく動揺したことをきっかけに、独立運動が展開

- a　ポルトガルの植民地：ポルトガル王室、植民地のブラジルに脱出⇨（④　　　　　　）戦争後に国王が帰国した一方、皇太子はブラジルに残り、独立を宣言
- b　スペインの植民地：（⑤　　　　　　　）らの活躍で、独立戦争が有利に進む⇨新独立国は、一時期のメキシコを除きすべて共和国となる

③独立運動を取り巻く国際環境

- a　イギリス：スペイン・ポルトガルによる植民地への貿易規制が撤廃され、自由貿易のもとで輸出が増えることに期待を寄せ、運動を支援
- b　アメリカ合衆国：（⑥　　　　　　　　　）を発する⇨南北アメリカ大陸とヨーロッパの相互不干渉をとなえ、ヨーロッパ諸国の動きを牽制

アメリカ合衆国の拡大

①アメリカ合衆国の拡大：独立後から急速に領土を西に拡大

- a　フランスから（⑦　　　　　　　　）地域を購入⇨領土を一挙に倍増
- b　オレゴン地域をイギリスと共同統治とし（のちに南部を編入）、その後テキサスを編入
- c　アメリカ＝メキシコ（米墨）戦争（1846〜48年）：（⑧　　　　　　　　　）地域を獲得
　　⇨大陸を横断する国家となる

②都市の成長

　19世紀半ばの（⑨　　　　　　　　　　　）は、ロンドンやパリにつぐ世界有数の人口規模に

　原因：大量の移民が急速な領土と都市の拡大を可能とする

　　　　＊19世紀後半には東アジアからの移民が始まり、19世紀初めから19世紀末にかけて、合衆国の
　　　　　人口は約15倍に増加

　⇔急激な領土拡張と人口増にともない、先住民は居住地を奪われ西部に（⑩　　　　　　　　）させら
　　れる

Question　下の絵をみて、以下の問いに答えてみよう。

「涙の旅路」

(1)移動させられているのは、どのような人々なのだ
ろうか。

　　　　　　　　　　　　　　　　　　　　　　　　

　　　　　　　　　　　　　　　　　　　　　　　　

(2)彼らはなぜ、移動させられているのだろうか。

5 19世紀のアメリカ大陸②

南北戦争

1 国内の対立

・独立直後の対立

アメリカ合衆国独立後、連邦政府と州政府のどちらに大きな権限を認めるかが重要な争点に

当初は連邦派が優位⇨反連邦派(その一部がのちの(①　　　　　)党に)が主流となる

・南北の対立(19世紀)

- a 北部:(②　　　　　　　　　　　　　　)戦争(1812〜14年)の際にイギリスとの貿易
がとだえる⇨産業革命を実現
- b 南部:北部およびイギリスでの綿工業の発達を受け、奴隷制にもとづく(③　　　　)栽培を経
済の柱とする

⇨南部と北部のあいだの対立が深刻な問題となる

2 戦争の勃発

国土の西への拡張にともなって新設される州に奴隷制を認めるか否かが問題となり、奴隷制を容認す
る南部と反対派が大勢を占める北部で激しい対立を引きおこす

⇨奴隷制反対派は(④　　　　)党を結成、(⑤　　　　　　　　　)を大統領に当選させる

⇨(⑤　　　　　　　　　)は南部の懐柔を試みるが、南部諸州は連邦を脱退、新国家(⑥

　　　　　　)を結成して、(⑦　　　　　)戦争(1861〜65年)が始まる

3 戦争の展開

- a 戦争当初:有能な指揮官と士気の高い兵士をもつ南部が優勢
⇨北部の対応:
  - ・西部住民の支持を得るため開拓者優遇政策をとる
  - ・国際世論に訴えるため、(⑧　　　　　　　　　　　)を発する
- b 戦争後半:工業力にすぐれる北部が鉄道を活用、ライフル・機関銃・装甲船などの新兵器を用
いる⇨多くの被害者を出し、最終的に北部の勝利に終わる

南北戦争後のアメリカ合衆国

・西部

(⑨　　　　　　　　　　　)をはじめとする交通革命の恩恵を受け、農業が発達

⇨アメリカ合衆国は世界最大の農業国となる

・北部

(⑦　　　　)戦争後、工業がいっそうの発展をとげる

⇨工業化の波は南部にも浸透、アメリカ合衆国は世界最大の資本主義国への道を歩みはじめる

・南部

(⑦　　　　)戦争後、奴隷を解放

⇨法的に平等な権利が認められる一方、経済的な地位は低くとどまる

＊南部の白人:旧奴隷の政治参加阻止を目的として、様々な活動をおこなう

⇨新たなかたちで(⑩　　　　　　　)の問題が発生

＊クー＝クラックス＝クラン(KKK):白人至上主義団体(秘密結社)、南北戦争終結後の1865年に南
部で白人が結成

下の史料を読んで、以下の問いに答えてみよう。

リンカンの演説

87年前、われわれの祖先は、自由を胸にいだき、すべての人は平等につくられているとの信条に身をささげ、この大陸に新しい国家を建設したのであります。今やわれわれは、一大国内戦争に従事して、その国家が、あるいはまた、同じ思想を胸にいだき同じ信条に身をささげるあらゆる国家が、永続し得るか否かの試練を受けているのであります。

……ここで戦った人々がかくもりっぱにここまでおし進めてきた未完の事業に、この地で献身すべきであります。……また、人民の、人民による、人民のための政治が、この地上より消滅することのないようにすべきであります。

(江上波夫監修『新訳世界史史料・名言集』より、一部改変)

(1)この演説は、どのような状況下でなされたものだろうか。

(2)この演説は、聴衆にどのようなことを訴えかけているのだろうか。

6 西アジアの変容と南アジア・東南アジアの植民地化①

▌西アジアの変容▐

① オスマン帝国の衰退

オスマン帝国：19世紀以降、内外からの危機に直面

- a　エジプト：自立の動きを、オスマン帝国は自力でおさえることができず
- b　バルカン半島：フランス革命の影響により、ギリシアなどで民族独立運動が開始

ヨーロッパ諸国：産業革命を進め、オスマン帝国の領域を重要な市場としてねらう

　　　　　⇨ナポレオン戦争後、帝国内の諸民族の分離・独立運動に干渉しつつ「東方」に進出

　　　　　⇨列強間の対立も発生、とくにイギリスとロシアは各地で覇権を競う

＊オスマン帝国の領域をめぐる国際紛争：ヨーロッパでは「（①　　　　　　　　）」と呼ばれる

② エジプト

オスマン軍人の（②　　　　　　　　　　　　　）がナポレオンの遠征軍が撤退したあとの
混乱期に、民衆の支持を得てエジプト総督となり、統治の実権を握る

政策：
- a　徴兵制を導入：オスマン帝国にまさる軍事力を育成
- b　綿花などの専売制導入：富国強兵と殖産興業の政策を進める

・イギリスのエジプト進出

Ⅰ　オスマン帝国とイギリスのあいだに結ばれた通商条約が、属州のエジプトにも適用される

　　⇨専売の利益と関税自主権を失い、自立的な経済発展の道が閉ざされる

Ⅱ　エジプト、フランス人の（③　　　　　　　　　）建設計画に許可を与える

　　⇨膨大な労働力と巨費を投じて（③　　　　　　　　）を建設（1869年開通）

　　　⇨巨額の債務のため、イギリス・フランスの財務管理下におかれ、内政の支配も受ける

Ⅲ　軍人の（④　　　　　　　　　）、外国の支配に反抗して立ちあがる（1881〜82年）

　　⇨イギリス、単独でエジプトを軍事占領し、保護下におく

　　＊立憲政の確立を求め、「エジプト人のためのエジプト」を掲げた（④　　　　　　　　）の
　　　運動はその後のエジプト民族運動の原点となる

③ オスマン帝国の改革

Ⅰ　大規模な西欧化改革（＝（⑤　　　　　　　　　　　））を開始（1839年）

目的：
- a　宗教や民族の区別なく法の前での臣民の平等をうたい、法による支配にもとづいた
　　近代国家をめざす
- b　列強の干渉を排除し、帝国の再編・強化をめざす

影響：制度の整備・不平等条約がヨーロッパ資本の急速な進出をまねく

　　　⇨綿花やタバコなどの輸出の見返りに、イギリスの安価な綿製品などが低関税で輸入される

　　　　⇨現地の綿織物などの産業は、しだいに衰退

　　　＊クリミア戦争以来、列強に債務を重ねた財政が破綻、債権者による財務管理を受ける

Ⅱ　オスマン帝国憲法（＝（⑥　　　　　　　　　　））を発布（1876年）

起草者：大宰相（⑦　　　　　　　　　　　　）

目的：バルカン半島のスラヴ系諸民族の反乱とロシアの干渉という、政治的危機の打開をめざす

　　　⇨宗教・民族を問わずすべてのオスマン人に自由と平等を保障、二院制議会の制度明記

　　⇨スルタンの（⑧　　　　　　　　　　　）は議会の急進化を恐れ、ロシア＝
　　トルコ戦争を理由として、1878年に議会を停会

オスマン帝国：ロシア＝トルコ戦争に敗北し、バルカン半島の領土の大半を失う

    ⇨スルタンはカリフの権威を示して専制をおこない、帝国の維持をはかる

4 イラン

 ガージャール朝：ロシアとの戦争に敗れ、カフカスの領土を割譲し、ロシアに通商上の特権を認める

    ⇨国内では専制的な統治をおこなう

      ⇨このような状況を同時代のムスリム知識人らは「イスラーム世界の危機」と認識

*（⑨   ）は各地をめぐって列強の帝国主義を鋭く批判、スンナ派とシーア派

の別なくムスリムの覚醒と連帯を訴える（＝⑩   ）主義）

  ⇨イスラーム諸国に広がる専制と無知を批判、エジプトの（④   ）運動やイラン

  の（⑪   ）運動など、各地の民族運動に大きな影響を与える

Question 下の絵をみて、以下の問いに答えてみよう。

スエズ運河の開通式

(1)この運河はどことどこを結び、それによって何を可能に
しているのだろうか。

....

....

(2)この運河の開通は、当時のヨーロッパ諸国にとってどの
ような意味をもったのか、考えてみよう。

....

....

....

....

....

....

....

....

....

....

....

....

....

....

....

6 西アジアの変容と南アジア・東南アジアの植民地化②

┃ インドの植民地化 ▶

① ヨーロッパ勢力の進出

　　インドでは（①　　　　　　　　）帝国の衰退が進む一方、ヨーロッパ勢力の進出が進む

・イギリス（②　　　　　　　　　）会社の勢力伸長

```
┌ a　（③　　　　　　　　　　　　）の戦い（1757年）で現地勢力に勝利⇨ベンガル地方で勢力を伸張、徴
│  　　　税権を獲得
│  b　南部でのマイソール戦争（1767〜99年）、西部でのマラーター戦争（1775〜1818年）、西北部での
│  　　　シク戦争（1845〜49年）に勝利⇨19世紀半ばまでにインド全域を制圧
│  c　すべての地域を直接支配せず、一部の地域は藩王国として旧支配者を残し、外交権を奪って間
└  　　　接統治をおこなうにとどめる⇨インドの植民地化を完成
```

② インド伝統工業の衰退

　　インドは（④　　　　　　　　）を生産し、東南アジアや西ヨーロッパ諸国などに輸出

　⇦イギリスが産業革命に成功すると、インドにイギリス製綿糸や（④　　　　　　　　　）が流入

　　　⇨1810年代末には輸出入額が逆転、インドはイギリスに綿花や藍などの原材料を輸出し、イギリス

　　　　から（④　　　　　　　　）などの工業製品を輸入するようになる

　　＊インドのイギリスに対する貿易赤字は清へのアヘン輸出や、東南アジアやアフリカへの（④

　　　　　）輸出でおぎなわれる

③ インド大反乱

　Ⅰ　インド人傭兵（＝（⑤　　　　　　　　　　　））による反乱がおこる（1857年）

　　　⇨この反乱をきっかけに様々な階層の人々が加わり、北インド全域に大反乱が発生

　　　　⇦イギリスに鎮圧され、名目上の存在となっていた（①　　　　　　　　）帝国も滅亡

　Ⅱ　イギリスは（②　　　　　　　　　）会社を解散、インドの直接支配に乗り出す（1858年）

　Ⅲ　イギリスの（⑥　　　　　　　　　）女王がインド皇帝に即位（1877年）

　　　⇨イギリスの支配下で（⑦　　　　　　　　）が成立

┃ 東南アジアの植民地化 ▶

① オランダ

　　19世紀、ジャワ島をはじめ、インドネシアの全域に植民地支配を拡大

　　⇨コーヒーやサトウキビ、藍などの（⑧　　　　　　　　　　　　）を導入、莫大な利益をあげる

② イギリス

```
┌ a　マレー半島：ペナン・マラッカ・シンガポールを（⑨　　　　　　　　　　）とする（1826年）
│  　　　　　　　　マレー連合州を結成させ、イギリスの保護国とする（1895年）
│  　　　　　　　　＊これらの地域で中国やインドからの移民労働力を用い、錫やゴムの生産を拡大
└ b　（⑩　　　　　　　）：イギリスに3度にわたる攻撃を受け、（⑦　　　　　　　　　）に併合
```

③ スペイン

　　フィリピンを支配するが、自由貿易を求める欧米諸国からの圧力を受け、1834年に（⑪　　　　　　　　）

　　を正式に開港

　　＊開港以降、サトウキビ・マニラ麻・タバコなどの輸出向け商品作物の生産が拡大

　　　⇨プランテーションの大土地所有制が成立

4 フランス

Ⅰ　ベトナムで阮福暎がフランス人の協力のもとで(⑫　　　　　)を建てる(1802年)

⇨1858年、フランスがカトリックへの迫害を口実に軍事介入、南部のサイゴンを占領

Ⅱ　劉永福が組織した(⑬　　　　　)がフランスに抵抗(1874年)

⇨フランスはさらに進出し、北部と中部を支配下におく

Ⅲ　清がベトナムの宗主権を主張、(⑭　　　　　)戦争発生(1884～85年)

⇨清は85年の(⑮　　　　　)条約で、ベトナムがフランスの保護国となることを承認

Ⅳ　(⑯　　　　　　　　　　　　　　　　　　)成立(1887年)：ベトナム・カンボジア

による(のちラオスも加わる)

5 独立国

タイ：東南アジアで唯一、植民地化を回避

a　ラーマ4世：イギリスとボーリング条約(1855年)を締結、自由貿易開始。米の輸出が進展、デルタ地帯の水田開発進む

b　(⑰　　　　　　　　　　　　　　　　)(ラーマ5世)：イギリスとフランスの勢力均衡策をたくみに利用してタイの独立を維持、行政・司法・学校制度などの近代化を推し進める

Question　下のグラフをみて、以下の問いに答えてみよう。

（百万ポンド）

イギリスからアジアへ輸出された綿布

インドからヨーロッパへ輸出された綿布

1770　80　90　1800　10　20　30　40　50(年)

インドとイギリスの綿織物の輸出

(1)イギリスからアジアへ輸出された綿布が、インドからヨーロッパへ輸出された綿布を上回ったのは、いつ頃だろうか。

(2)この時期のイギリスからアジアへの綿布の急激な輸出増大の背景としては、どのようなことが考えられるだろうか。

7 中国の開港と日本の開国①

アヘン戦争

1 イギリスの自由貿易要求

清：外国との外交関係を、皇帝への朝貢としてとらえる

⇨使節を派遣しない国の貿易船も恩恵的に認め、ヨーロッパ船の来航は（①　　　　）に限り認める

イギリス：自由貿易を求め、18世紀末から使節団を送る

⇨清はこれを「朝貢使節」として迎え、自由貿易の要求には応じず

2 中国・イギリス・インド間の貿易

18世紀の欧米：茶の消費が拡大し、中国からの茶の輸入が拡大

⇨イギリスは代価として銀が中国に流出することを防ぐため、インド産（②　　　　）を、その吸飲を禁止していた中国に密輸

＊インド：イギリス製綿織物の輸出先

⇨インドの購買力を保つため、（③　　　　）貿易はイギリスにとって好都合

⇨中国では（②　　　　）の中毒者が増え、（②　　　　）輸入の拡大により銀が流出

3 （②　　　　）戦争

清朝、（②　　　　）の吸飲と輸入の厳禁をはかるため、（④　　　　）を（①　　　　）に派遣

⇨（④　　　　）、イギリス商人の（②　　　　）を没収

⇨イギリス、損害賠償と自由貿易の条約締結を求めて（②　　　　）戦争をおこす（1840年）

展開：┌ a　イギリス艦隊、長江をさかのぼって南京にせまる⇨清、降伏
　　　│ b　（⑤　　　　）条約の締結（1842年）
　　　│　　・（①　　　　）や上海など、東南部沿岸の5港を貿易港として開港
　　　└　　・イギリスに（⑥　　　　）を割譲、賠償金の支払い

⇨翌43年、外国人に対する領事裁判権（治外法権）や一方的な（⑦　　　　）を認め、関税自主権がない不平等条約が結ばれる⇨アメリカ合衆国・フランスとも同様の条約を締結

＊貿易港には外国人の居住が認められ、上海などに（⑧　　　　）が形成される

4 第2次（②　　　　）戦争

（②　　　　）戦争後、東アジアへの列強の軍事的圧力が強まる

イギリス：中国への工業製品の輸出が期待したほど拡大せず

⇨1856年、フランスとともに第2次（②　　　　）戦争（（⑨　　　　）戦争）をおこす

⇨（⑩　　　　）条約の締結（1860年）：天津や漢口など11港の新たな開港、北京への公使の駐在やキリスト教布教の自由、（②　　　　）貿易の合法化を認めさせる

ロシア：この戦争中、アムール川以北をロシア領とする（⑪　　　　）条約を締結

⇨この戦争で清と英仏との講和を仲介した代償として（⑫　　　　）を獲得（1860年）

太平天国と洋務運動

1 中国国内の混乱

中国では租税を銀でおさめていたため、外国との貿易で銀が国外に流出して銀の価格が上昇すると、民衆の負担増をまねき、（②　　　　）戦争による増税とともに、彼らの生活を圧迫

⇨キリスト教の影響を受けて上帝会を組織した（⑬　　　　）が広西省で挙兵、1851年に（⑭　　　　）を建国、53年に南京を占領して首都とする

2 対応

[
a　欧米諸国：キリスト教との類似もあり、最初は中立的または(⑭　　　　　　　)に好意的な

立場⇔1860年の(⑩　　　　　)条約で要求が受け入れられると清朝側につく

b　清：正規軍は弱体化⇔曽国藩や(⑮　　　　　　　)などの漢人官僚がみずからの故郷で組織した

地方義勇軍(＝(⑯　　　　))が、外国人が創設した常勝軍などと協力
]

⇨内紛や軍の規律のゆるみで力を失いつつあった(⑭　　　　　　　　　)を攻め、滅ぼす(1864年)

3 (⑰　　　　　　　　)

漢人官僚：清朝のなかで勢力を強め、(⑰　　　　　　　　　)と呼ばれる近代化運動を始める

＊欧米がすぐれているのは兵器・工場・汽船・電信などの実用的な技術で、政治制度など統治の本体

に関わるところは中国の方がすぐれているとする「(⑱　　　　　　　　)」の考え方をとる

⇨欧米の技術導入を促進、国家体制はおおむね伝統的な体制の維持安定をめざす

＊(⑲　　　　　　　　　　　)の設置：朝貢関係にない国との外交や技術導入を担当

4 朝鮮の動向：18世紀末からキリスト教が広まる

⇨政権を握った(⑳　　　　　　)はフランス人宣教師や信徒を処刑したほか、通商を要求したアメリ

カ汽船を焼打ちし、フランス・アメリカの攻撃を受ける

Question　下の絵をみて、以下の問いに答えてみよう。

(1)この絵は、どのような場面を描いたものなのだろうか。

. . . .

(2)この交渉がうまくいかなかったのはなぜだろうか、その理由を考えてみよう。

. . . .

. . . .

. . . .

. . . .

. . . .

7 中国の開港と日本の開国②

日本への通商の要求と対応

1 ロシアの通商要求と江戸幕府

 Ⅰ 1792年、（①　　　　　　　　　　　　　　）の根室来航

  ⇨幕府は紛争回避のため長崎での交渉を認める

 Ⅱ 1804年、（②　　　　　　　　　　）の長崎来航

  ⇨幕府は中国・朝鮮・琉球・オランダ以外の国と関わりをもたない「（③　　　　　　）」が「祖法」

  であるとして通商拒絶

 Ⅲ 通商拒絶に対して、ロシア軍艦が蝦夷地を襲撃

  ⇨幕府は防備を固めるも、捕虜交換によって緊張は緩和

2 外国船に対する江戸幕府の方針

 Ⅰ 1820年代以降、アメリカなどの（④　　　　　　　　　　）の活動が日本近海におよぶ

  ⇨乗組員が上陸する事態も発生

   ⇨1825年、（⑤　　　　　　　　　　　　　　）を発令し、中国・朝鮮・琉球・オランダ以外の船

   が接近したら撃退することを命じる

 Ⅱ 1840〜42年、アヘン戦争がおこる

  ⇨戦況は日本にも伝わる

   ⇨1842年、（⑥　　　　　　　　　　　　　　　　　　）を発令し、外国船を打ち払わずに、必要が

   あれば薪や水、食料を与えることを指示する

  ＊（⑦　　　　　　　　　　）：水戸藩で（⑤　　　　　　　　　　　　　　）を契機に提唱、日本人全

  体が皇室を尊び、外国との戦いを通じて一致することを重視する

3 アメリカの接近と江戸幕府

 Ⅰ 1846年、アメリカ艦隊が浦賀に来航して通商を要求

  ⇨幕府の拒否により退去

 Ⅱ アメリカが太平洋沿岸のカリフォルニアなどを獲得

  ⇨アメリカでは太平洋への進出が課題となり、とくに中国に往復する汽船の寄港地が必要となる

ペリーの来航

1 （⑧　　　　　　　　）の来航

 アメリカは、オランダ商館経由で幕府に予告したうえで、大統領の国書を持参させる

 ⇨1853年、4隻の艦隊で江戸湾に来航して日本側を威嚇

  ⇨幕府は国書を受け取り、翌年の返答を約束

・老中（⑨　　　　　　　　）の対応

 ┌ a　（⑩　　　　　　）を建設するなど海防の体制を固める

 └ b　（⑧　　　　　　　　）の要求を朝廷に報告し、対応について諸大名らの意見を求める

 ⇨従来幕府政治に発言権をもたなかった人々の政治参加をうながすことにつながる

2 （⑪　　　　　　　　　　　　）の締結

 1854年に再来航した（⑧　　　　　　　）と締結し、日本は「開国」する

 内容：┌ a　アメリカ船が必要とする燃料・食料を供給する

   └ b　アメリカ船の（⑫　　　　　）・箱館への寄港を認める

        c　日本側が漂着者を保護する
        d　(⑫　　　　　　　)へのアメリカ官吏の駐在を認める
        e　アメリカに最恵国待遇を認める
　＊イギリス・ロシア・オランダとも同様の条約を結ぶ

③西洋軍事技術の導入

　Ⅰ　(⑧　　　　　　　)来航以前：高島流砲術の導入や(⑬　　　　　　　　)の建設

　Ⅱ　開国後：翻訳や洋学研究にあたる(⑭　　　　　　　　　　)や洋式砲術を含む武芸を教える講武所の

　　　　　　設置、オランダ海軍の指導による(⑮　　　　　　　　)の実施

④琉球と欧米諸国

　ペリーは琉球とのあいだで通商を認める(⑯　　　　　　　　　　)を結ぶ

Question　下の史料をみて、以下の問いに答えてみよう。

(1)この法令を何というか。

(2)この法令は、外国船に対するどのような対応を命じているだろうか。

(3)この法令で、海防の備えを強化するように指示しているのはなぜだろうか。

異国船と見受け候はば得と様子相糺し、食料・薪水等乏しく帰帆成り難き趣に候はば、望の品相応に与へ帰帆致すべき旨申し諭し、尤も上陸は致させ間敷候。……警衛向の儀は、弥厳重に致し、人数共武器手当等の儀は、是よりは一段手厚く、聊にても心弛みこれ無き様相心得申すべく候。

（『徳川禁令考』）

7 中国の開港と日本の開国③

開国とその影響

1 (① 　　　　　　　　　　　　　　　　　）の締結

1858年、第２次アヘン戦争の状況を説いてせまる（② 　　　　　　　　　　）と締結

特徴： a 自由貿易：神奈川・長崎・箱館・新潟・兵庫の開港と江戸・大坂の開市

b 不平等条約：（③ 　　　　　　　　　　　　　　）を認め、（④ 　　　　　　　　）がない

＊オランダ・ロシア・イギリス・フランスとも同様の条約を結ぶ

2 幕府権力の動揺と（⑤ 　　　　　　　　　　）

Ⅰ 朝廷は幕府が求めた条約の勅許を拒否

⇨大老（⑥ 　　　　　　　　　）は勅許を得ないまま条約を結ぶ

Ⅱ （⑥ 　　　　　　　　　　）は批判者を（⑦ 　　　　　　　　　　　　　）で弾圧

⇨1860年、（⑧ 　　　　　　　　　　　　　）で暗殺される

Ⅲ 幕府は朝廷と融和する（⑤ 　　　　　　　　）をめざす

⇨孝明天皇の妹和宮を14代将軍徳川家茂の妻に迎える

Ⅳ 朝廷の要請を受け入れて幕府は改革を進める

⇨（⑦ 　　　　　　　　　　　　　）で失脚した徳川慶喜を将軍後見職とする

3 尊王攘夷の高揚と挫折

Ⅰ 長州藩、朝廷に対する影響力を強める

⇨1863年、朝廷の命として上洛した将軍家茂に攘夷を約束させる

Ⅱ 長州藩、関門海峡で外国船を砲撃

⇨1864年、四国連合艦隊による下関砲台への報復を受ける

Ⅲ 薩摩藩、生麦事件の報復としておこった（⑨ 　　　　　　　　　）を経験

⇨のちにイギリスと良好な関係を築く

Ⅳ 薩摩藩、幕府や会津藩と結ぶ

⇨長州藩勢力を京都から追放して朝廷の主導権を握る

Ⅴ 長州藩、（⑩ 　　　　　　　　　）で薩摩・会津両藩など幕府側と交戦

⇨敗北に終わる

Ⅵ 幕府、第１次（⑪ 　　　　　　　　　）を実施

⇨長州藩は幕府に従う態度をとる

4 倒幕勢力の形成

Ⅰ 幕府、1865年に朝廷から条約の勅許を獲得、フランスの支援を得て軍事力の洋式化をはかる

⇨長州藩では奇兵隊を率いた（⑫ 　　　　　　　　　　）らが挙兵、（⑬ 　　　　　　　　　　　）らとの

尊王攘夷派が主導権を回復

Ⅱ 幕府、第２次（⑪ 　　　　　　　　　）を宣言

⇨（⑭ 　　　　　　　　　）や大久保利通が主導する薩摩藩は応じず

Ⅲ 1866年、坂本龍馬の仲介で（⑮ 　　　　　　　　　）が結ばれる

貿易の動向

1 貿易港

1859年から（⑯ 　　　　）・長崎・箱館で貿易開始

・輸出品と輸入品

- a　輸出品：（⑰　　　　　）・（⑱　　　　　）・蚕卵紙⇨（⑰　　　　　　　）輸出が伸びて国内生産が急速に拡大
- b　輸入品：（⑲　　　　　）・武器・艦船⇨機械制生産された輸入（⑲　　　　　）は比較的安価、幕府
　　　や諸藩が武器・艦船を輸入

　＊貿易は当初は輸出超過⇨1860年代後半から（⑳　　　　　　　　　）

② 欧米の知識・技術の摂取

- a　幕府による使節団や留学生の派遣
- b　長州・薩摩両藩もひそかに視察者・留学生を派遣
- c　1866年に幕府は海外渡航を解禁

Question　下のグラフをみて、以下の問いに答えてみよう。

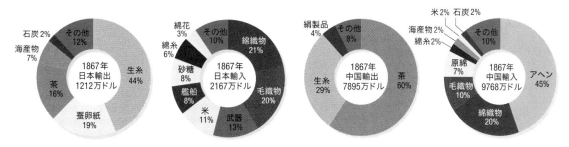

1867（慶応3）年の日本と中国の輸出入

(1)日本と中国において共通する主要輸出品と主要輸入品は何だろうか。

(2)日本と中国に共通する主要輸入品は、どこでどのように生産されたものだろうか。

(3)日本と中国の主要輸入品のうち、大きく異なる点は何だろうか。

(4)日本と中国の主要輸入品が大きく異なる背景には、どのような事情があっただろうか。

1 明治維新と諸改革①

▌新政府の発足 ▌

① 江戸幕府の倒壊

Ⅰ　1866年、第2次長州征討の中止

　　⇨江戸幕府が国内支配を保つことは難しくなる

Ⅱ　1867年、（①　　　　　　　　　　　）の上表

　　⇨15代将軍（②　　　　　　　　　）は朝廷のもとで（③　　　　　　　　　　）の政権をつくろうとする

　　　⇦薩摩藩と結ぶ倒幕派の公家（④　　　　　　　　　　）が朝廷の主導権を握る

Ⅲ　1867年、（⑤　　　　　　　　　　　　　　　）の発布

　　⇨倒幕派が天皇を中心とする新政府を発足させる

② （⑥　　　　　　　　　　）

原因：新政府は（②　　　　　　　　　　）に官職と領地の返上を求める

　　　⇦旧幕府軍が新政府を主導する薩摩藩勢力を排除しようとする

展開：Ⅰ　旧幕府軍が鳥羽・伏見の戦いで敗北

　　　　　⇨江戸に逃げ帰った（②　　　　　　　　　　）は新政府に従う姿勢をとる

　　　Ⅱ　新政府に反発する諸藩は（⑦　　　　　　　　　　　　　）を結成して抵抗

　　　　　⇨会津藩を最後としてすべての藩は降伏

　　　Ⅲ　箱館によった旧幕府軍も降伏、（⑥　　　　　　　　　　）は終結

列国の態度：イギリス：倒幕派に接近⇦フランス：幕府に接近

　　　　　　　⇨列国の外交団は協調して、本州での戦いが終わるまで中立の態度をとる

▌藩から県へ ▌

① 新政府の基本方針

新政府軍が江戸にせまる1868年3月に国家の方針を示す

　┌　a　（⑧　　　　　　　　　　　　）

　│　　性格：明治天皇が神々に国家の方針を誓う

　│　　内容：会議による意思決定、人々の能力の発揮、欧米からの理念や知識の導入など

　│　b　（⑨　　　　　　　　　　）

　│　　性格：民衆向けの高札

　└　　内容：儒教道徳の遵守、強訴やキリスト教の信仰の禁止など

② （⑩　　　　　　　　　）の実施

1869年、政府は諸藩に領地と領民を天皇に返還するよう命じる

⇨旧大名を（⑪　　　　　　　）に任命

・武士の身分秩序の動揺

　背景：┌　a　（⑥　　　　　　　　）による藩財政の悪化⇨藩士たちの（⑫　　　　　　）の削減が進む

　　　　└　b　（⑥　　　　　　　　）の戦功者や新政府参加の功労者が登場⇨従来の身分秩序の動揺

　対応：多くの藩では存続のために禄高を改定、禄高の高い者の禄は大幅に削減される

③ （⑬　　　　　　　　　）の断行

1871年、政府は軍事力を強化したうえで、藩を廃止して府・県をおく

⇨旧大名に東京居住を命じ、中央政府から（⑭　　　　　　　　）・（⑮　　　　　　　）を派遣

Question 下の史料をみて、以下の問いに答えてみよう。

臣慶喜❶、謹テ皇国❷時運ノ沿革ヲ考候ニ、……愈〻朝権❸一途ニ出申サズ候テハ、綱紀❹立チ難ク候間、従来ノ旧習ヲ改メ、政権ヲ朝廷ニ帰シ奉リ、広ク天下ノ公議ヲ尽シ、聖断❺ヲ仰ギ、同心協力、共ニ皇国ヲ保護仕候得バ、必ズ海外万国ト並立ツベク候。臣慶喜国家ニ尽ス所是ニ過ギズト存ジ奉リ候。

（『維新史』）

❶徳川慶喜の自称。❷天皇の国、日本のこと。❸朝廷の権力。❹国家の組織を保つ上で欠くことのできない秩序。❺天皇の裁断。

(1)これは誰が何を上表したものだろうか。

....

(2)この上表では、どのような政権が意図されているだろうか。

....

....

(3)この上表と、五箇条の誓文のかたちで示される新政府の方針を比べ、共通する方針をまとめてみよう。

....

1 明治維新と諸改革②

四民平等への諸改革

1 (①　　　　　　　　　)

1872年、新たな族籍にもとづく統一的な(②　　　　　)を作成

- a　(③　　　　　)：旧藩主や公家
- b　(④　　　　　)：武士
- c　(⑤　　　　　)：百姓・町人ら

・江戸時代の身分秩序の廃止

- a　(⑤　　　　　)が公式に苗字をもつことを許す
- b　族籍をこえた結婚や、(③　　　　　)・(④　　　　　)が農工商に従事する自由を認める

2 徴兵制の実施と(④　　　　　)の解体

1872年、(⑥　　　　　　　　)で身分を問わず兵役を課すことを示す

⇨翌年の(⑦　　　　　　)にもとづき、満20歳以上の男性を選抜し、３年間現役兵として勤務させる

＊軍事力の担い手としての地位を失ったことを背景に(④　　　　　)の解体が進む

- a　(⑧　　　　　　)：(⑨　　　　　　　　　)を与える代わりに秩禄を全廃
- b　(⑩　　　　　)：武士身分を表していた刀の携帯を禁止

3 貨幣制度の整備

Ⅰ　新政府は発足当初から太政官札などの紙幣を発行する

Ⅱ　1871年、(⑪　　　　　　　　)を定める

⇨１両を１円とし、洋式の金貨・銀貨の製造を開始する

Ⅲ　1872年、(⑫　　　　　　　　　　)を定める

⇨(⑬　　　　　　　)を設立し、金貨と交換できる兌換銀行券の発行をめざす

⇨貿易赤字による金貨流出で、(⑬　　　　　　　)は数行しか設立されず

Ⅳ　1876年、銀行が(⑨　　　　　　　　　)を担保に銀行券を発行できるように制度を改める

⇨全国の主要都市に(⑬　　　　　　)の設立が進む

4 (⑭　　　　　　　)の実施

前提：1872年、土地の自由な売買を許可し、(⑮　　　　)の発行を始める

目的：全国の土地にかかる租税を統一する

内容：(⑯　　　　)を定め、それに比例した地租を、土地所有者から現金で納めさせる

反発：負担軽減を求める農民一揆などの抵抗がおこる

対応：地租を(⑯　　　　)の３％から2.5％に引き下げる

文明開化

・(⑰　　　　　)の施行

1872年、身分に関係なく、初等教育をほどこす小学校を地域の負担でつくるよう命じる

⇨小学校の設立は進むが、女子の就学率は伸び悩む

・欧米の知識・思想の普及

- a　小学校の教育：国語や算数のほか世界の地理や歴史も教えられる
- b　啓蒙書の普及：(⑱　　　　　　　　)の『学問のすゝめ』や中村正直訳『西国立志編』など

⇨人々に新しい時代のなかでの生き方を考えさせる

・出版と通信の近代化

$\left[\begin{array}{l} a \quad 活版印刷を利用した新聞や雑誌の発行 \\ b \quad 全国的な(⑲\qquad)の整備 \end{array}\right.$

⇨都市における(⑳　　　　　　　)の風潮を全国に伝える役割を果たす

Question 下の史料をみて、以下の問いに答えてみよう。

学事奨励に関する太政官布告（被仰出書）❶

人々自ラ其身ヲ立テ、其産ヲ治メ、其業ヲ昌ニシテ、以テ其生ヲ遂ル所以ノモノハ他ナシ、身ヲ修メ、智ヲ開キ、才芸ヲ長ズルニヨルナリ。而テ其身ヲ修メ、智ヲ開キ、才芸ヲ長ズルハ学ニアラザレバ能ハズ。是レ学校ノ設アル所以ニシテ、……人能ク其才ノアル所ニ応ジ、勉励シテ之ニ従事シ、而シテ後初テ生ヲ治メ、産ヲ興シ、業ヲ昌ニスルヲ得ベシ。サレバ学問ハ身ヲ立ルノ財本共云ベキ者ニシテ、人タルモノ誰カ学バズシテ可ナランヤ。……自今以後、一般ノ人民(華士族卒農工商及婦女子)必ズ邑ニ不学ノ戸ナク、家ニ不学ノ人ナカラシメン事ヲ期ス。人ノ父兄タル者宜シク此意ヲ体認シ、其愛育ノ情ヲ厚クシ、其子弟ヲシテ必ズ学ニ従事セシメザルベカラザルモノナリ(高上ノ学ニ至テハ、其人ノ材能ニ任カストイヘドモ、幼童ノ子弟ハ男女ノ別ナク小学ニ従事セシメザルモノハ、其父兄ノ越度タルベキ事)。

（『法令全書』）

❶学制の教育理念を示した太政官布告で、学制の前文になっていた。

(1)この布告では、学問の目的をどのように述べているだろうか。

(2)この布告は、「国民」に対してどのようなことを強調し、どのような義務を課しているか。

2 明治初期の対外関係①

欧米諸国との関係と新技術の導入

1 欧米技術の導入

　新政府は江戸幕府が結んだ条約を継承する方針を示す

　⇨殖産興業のために、政府が欧米技術を導入した施設の建設を進める

　　a　（①　　　　　　　　　　　　　　　）を任用：政府が外国人を雇用

　　b　（②　　　　　　　　　）の設置：（①　　　　　　　　　　　　　　　）を中心におこなう事業を管理

　　c　（③　　　　　　　）の開通：新橋・横浜間

　　d　（④　　　　　　　　　　　）の開設：生糸の品質向上をはかる

2 （⑤　　　　　　　　　　　）の欧米派遣

　構成：特命全権大使（⑥　　　　　　　　　　）

　　　　副使に大久保利通・木戸孝允・伊藤博文ら政府首脳

　　　　官僚や女子留学生も参加

　派遣：1871年11月

　目的：将来の（⑦　　　　　　　　　　）の希望を伝える

　　　　欧米の制度や文物を視察する

　意義：政府首脳の欧米理解が深まる

　　　　欧米からの制度や技術の導入が進展する

ロシアとの関係と北方開発

1 国境問題と北方開発

　Ⅰ　1854年、（⑧　　　　　　　　　　　　　　）の締結

　　内容：┌a　（⑨　　　　　　　　）と得撫島のあいだを国境とする

　　　　　└b　（⑩　　　　　　）は国境を定めない

　　展開：┌a　江戸幕府は蝦夷地を直轄領として、アイヌを内地人に近いかたちで統治する

　　　　　└b　（⑩　　　　　　）ではアイヌ・ロシア人・日本人が雑居する

　Ⅱ　1869年、蝦夷地を北海道と改称し、（⑪　　　　　　　　）をおく

　　⇨新政府は北海道の開発を進めるも、（⑩　　　　　）ではロシアの勢力が拡大する

　Ⅲ　1874年、（⑫　　　　　　　）制度をつくる

　　⇨北海道に旧士族を移住させ、開拓と防衛を担わせる

　Ⅳ　1875年、（⑬　　　　　　　　　　　　　　）の締結

　　内容：（⑩　　　　　）をロシア領、千島列島を日本領とする

　　展開：居住するアイヌは、日本・ロシアそれぞれの国民として分断される

2 内国化とアイヌ

　Ⅰ　1898年、北海道全域で徴兵制を施行

　　＊（⑫　　　　　　　）の存在と開拓の促進のため、施行は遅れる

　Ⅱ　1899年、（⑭　　　　　　　　　　　　　　）の制定

　　⇨開拓の進展で生活基盤をおびやかされたアイヌに農地を与える

　　　⇔アイヌの伝統文化を尊重するものではない

Question　下の写真をみて、以下の問いに答えてみよう。

(1)この写真は、1871年11月にサンフランシスコで撮影された写真である。特命全権大使と副使の政府首脳が写っている。この欧米諸国に派遣された使節団は何と呼ばれているか。

(2)この使節団は、どのような目的で派遣されたのか。

....

....

(3)大使は5人の中央に座っている人物である。大使と副使たちそれぞれの、服装の意味を考えてみよう。

....

....

....

2 明治初期の対外関係②

朝貢関係との摩擦と外征

① （①　　　　　　　　　　　　　　　　　）の締結

　1871年、日清間の対等な関係の条約として締結

　⇨清は朝貢国との関係はかえない立場をとる

　　a　朝鮮：清に朝貢⇨日本が求める外交交渉を拒否

　　b　琉球：薩摩藩や鹿児島県の支配を受けつつも清に朝貢⇨日本は琉球国王（②　　　　　　）を琉球藩

　　　　王とし、外務省の管轄とする

② 留守政府の内外政策

　留守政府：岩倉使節団が派遣されている時期の政府、大隈重信や（③　　　　　　　　　　）を中心

　　a　廃藩置県後の一連の改革

　　b　1873年1月からの（④　　　　　　　　　）の採用

　　c　近隣諸国との外交関係への取り組み

・政府の分裂

　Ⅰ　士族を中心に（⑤　　　　　　　　　）が活発となる

　　　⇨日本を侮辱したとして朝鮮への出兵を主張

　Ⅱ　留守政府は（③　　　　　　　　　　）が朝鮮に渡るというかたちで決着をはかろうとする

　　　⇨岩倉具視らが帰国すると否決

　Ⅲ　（⑥　　　　　　　　　　　　　　）がおこる

　　　⇨（③　　　　　　　　　　　）・板垣退助・江藤新平らの下野

③ （⑦　　　　　　　　　　）

　Ⅰ　1874年、日本は（⑧　　　　　　　　　　　　　　　　　　　　）を理由に出兵し、現地にとどまる

　Ⅱ　大久保利通と（⑨　　　　　　　　　）のあいだで外交交渉がおこなわれる

　　　⇨清は日本の出兵を正当な行為と認め、犠牲者に見舞金を支払う

　　　　⇨日本は琉球に対する日本の支配権を清が認めたと認識し、撤兵する

④ （⑩　　　　　　　　　　）

　1875年、琉球に対して清への朝貢停止を命じ、内務省の管轄とする

　⇨1879年、琉球藩を廃止して（⑪　　　　　　　　　）をおく

近隣関係の決着と日本人の海外渡航

① （⑫　　　　　　　　　　　　）の締結

　1876年、（⑬　　　　　　　　　　　　　）をきっかけに朝鮮に締結をせまった不平等条約

　⇨釜山などの開港と日本の領事裁判権を認めさせる

② （⑭　　　　　　　　　　）の領有

　Ⅰ　江戸時代、日本人によって発見されるも定住者はおらず

　Ⅱ　欧米の捕鯨活動により、開国前から欧米系住民が定住する

　Ⅲ　1861年、江戸幕府は軍艦を派遣して領有を確認し、入植者を送り込む

　Ⅳ　1876年、日本は官吏を派遣して統治を再開する

③ （⑮　　　　　　　　　）と（⑯　　　　　　　　）の領有

　（⑮　　　　　　　　　）は日清戦争中、（⑯　　　　　　　）は日露戦争中に日本の領土に編入する

4 日本人の海外渡航

Ⅰ　1866年、江戸幕府が日本人の海外渡航を認める

　　⇨明治時代に入ると労働者の海外渡航は禁止

Ⅱ　1885年、ハワイへの（⑰　　　　　）を認める

　　⇨ハワイやアメリカで労働力として受け入れられる

　　⇨移住先での摩擦によって制限され、日露戦争後は南アメリカへの（⑰　　　　　）が増加

Question　下の史料をみて、以下の問いに答えてみよう。

第一条　此後大日本国ト大清国ハ弥和
誼❶ヲ敦クシ、天地ト共ニ窮マリ無ル
ベシ。又両国ニ属シタル邦土モ各礼
ヲ以テ相待チ、聊侵越スル事ナク、
永久安全ヲ得セシムベシ。
第二条　両国好ミヲ通セシ上ハ必ズ相関
切ス。若シ他国ヨリ不公及ビ軽藐❷
スル事有ル時其知ラセヲ為サバ、何レ
モ互ニ相助ケ或ハ中ニ入リ、程克ク取
扱ヒ友誼ヲ敦クスベシ。

❶友好関係。❷軽蔑

（『大日本外交文書』）

(1)この条約を何というか。

(2)第1条の「両国ニ属シタル邦土」については、日清両国の解釈に相違があった。どのような点だろうか。

(3)第2条をめぐってはアメリカ公使から抗議を受け、政府内でも議論があって批准が遅れた。なぜだろうか。

3 自由民権運動と立憲体制①

自由民権運動の展開

1 （①　　　　　　　　　　　　　　　　　　　　）の提出（1874年）

　　明治六年の政変で下野した（②　　　　　　　　　　　）・江藤新平・後藤象二郎・副島種臣らが愛国公党を
　　結成し、納税者から選挙によって選ばれた議員による議会の開設を要求

2 自由民権運動の開始

　Ⅰ　（③　　　　　　　）の結成（1874年）

　　　（②　　　　　　　　　　）が高知でおこした結社

　　　⇨西日本の士族による自由民権運動の結社を連合し（④　　　　　　　）を結成（1875年）

　Ⅱ　（⑤　　　　　　　　　　　　　　　　　）の発令（1875年）

　　　政府が（②　　　　　　　　）や下野していた木戸孝允と協議を実施（大阪会議）

　　　⇨元老院（立法諮問機関）・大審院（最高裁判所にあたる機関）・地方官会議（府知事・県令が民衆
　　　　や施政の実情を政府に伝える会議）の設置を決定

　　　⇦讒謗律・（⑥　　　　　　　　　　　）を制定（1875年）、反政府の言論の取り締まりをおこなう

3 士族反乱の発生

　　徴兵令・秩禄処分・廃刀令などによって、特権を失い不満をもっていた士族による武力反抗がおきる

　　a　（⑦　　　　　　　　　　）（1874年）：江藤新平らがおこした反乱⇨政府により鎮圧、その後1876年
　　　　には士族反乱や農民一揆が続発

　　b　（⑧　　　　　　　　　　）（1877年）：西郷隆盛らがおこした反乱⇨政府により鎮圧、その後、士族
　　　　の反乱はあとを絶ったが、翌年に大久保利通の暗殺事件

4 （⑨　　　　　　　　　　　　）の制定（1878年）：郡区町村編制法・府県会規則・地方税規則

　　農民の不満をおさえるために（⑩　　　　　）を引き下げた政府は、なるべく国費を使わずに、地方の開
　　発や行政を進めようとする

　　⇨府・県は納税者による選挙で選ばれた議員が地方税を財源に、政府から指示された末端行政を担う

5 自由民権運動の展開

　Ⅰ　（⑪　　　　　　　　　　　　　　）の結成（1880年）

　　　士族や都市の商工業者から、府県会議員・地域の有力者への民権運動の広がりを背景に、各地の
　　　自由民権運動の結社が加盟、天皇に国会開設の請願をしようと運動する

　　　⇨政府は（⑫　　　　　　　　）を制定（1880年）、運動を規制

　Ⅱ　明治十四年の政変がおきる（1881年）

　　　背景：　a　（⑬　　　　　　　　　　　　　　　　　）事件に対する世論の批判

　　　　　　　b　国会開設をめぐる政府内の対立：（⑭　　　　　　　　　）が議院内閣制の早期導入を
　　　　　　　　主張、岩倉具視・（⑮　　　　　　　　　）らの反対

　　　⇨（⑭　　　　　　　）を罷免、一方で（⑯　　　　　　　　　　）を出し、1890年に国
　　　　会を開設することを公約

　Ⅲ　政党の結成

　　a　（⑰　　　　　　　）：（⑪　　　　　　　　　　　）の一部が（②　　　　　　　）を党首と
　　　　して結成（1881年）

　　b　（⑱　　　　　　　　　）：明治十四年の政変で政府を罷免された（⑭　　　　　　　　）を
　　　　党首として結成（1882年）

▌松方デフレと民権運動の激化 ▌

Ⅰ　インフレーションの発生

　　背景：(⑧　　　　　　　　　　)による戦費調達や、国立銀行の銀行券発行による紙幣発行量の増加

　　　⇨紙幣価値の低下、(⑩　　　　　)を紙幣で徴収する政府財政の悪化

Ⅱ　(⑲　　　　　　　　　　)による財政政策

　　増税と緊縮財政により紙幣回収を進める

　　⇨デフレーションが生じて不景気となり(松方デフレとよばれる)、紙幣の価値が上がり(⑩

　　　)は実質的に増税となる

Ⅲ　民権運動の激化

　　松方デフレによって土地を失ったり、生活に困窮したりした民権運動の支持者の一部が、個人を単

　　位とする近代的な権利・義務関係や、政府の弾圧に対して反発し、直接行動をおこす

　　＊加波山事件(茨城)(1884年)・(⑳　　　　　)事件(埼玉)(1884年)など

　　　⇨(⑰　　　　　　)指導部は党を解散

Question　下の史料をみて、以下の問いに答えてみよう。

民撰議院設立の建白

臣等伏シテ方今❶政権ノ帰スル所ヲ察スル
ニ、上帝室ニ在ラズ、下人民ニ在ラズ、而シテ
独リ有司❷ニ帰ス。……政令百端、朝出暮改、
政情実ニ成リ、賞罰愛憎ニ出ツ、言路壅蔽、
困苦告ルナシ。……臣等愛国ノ情自ラ已ム能
ハズ。乃チ之ヲ振救スルノ道ヲ講求スルニ、
唯天下ノ公議ヲ張ルニ在ル而已。天下ノ公議ヲ
張ルハ、民撰議院ヲ立ルニ在ル而已。則有司
ノ権限ル所アッテ、而シテ上其安全幸福ヲ受
ル者アラン。請フ遂ニ之ヲ陳ゼン。夫レ人民政
府ニ対シテ租税ヲ払フノ義務アル者ハ、乃チ
其政府ノ事ヲ与知可否スルノ権理ヲ有ス。
此レ天下ノ通論ニシテ、而シテ之ヲ喋々我ニ
今民撰議院ヲ立ルハ則政府人民ノ間ニ情実融通シ
而相共ニ合テ一体トナリ、国始メテ強カ
ルベシ、政府始メテ強カルベキナリ。
　　　　　　　　　　(『日新真事誌』)

❶現在。
❷上級の役人。
❸言論発表の道がふさがれて
いる。

(1)建白では、民撰議院を設立すること
の必要性をどのように述べているだろ
うか。

………………………………………………

………………………………………………

………………………………………………

(2)建白では、どのような人々に政治に
参加する権利があると述べているだろ
うか。

………………………………………………

………………………………………………

………………………………………………

………

………

………

………

………

………

………

………

………

3 自由民権運動と立憲体制②

▌立憲体制の成立▐

①立憲体制に向けた動き

- a　（①　　　　　　　　　　　　　）の憲法調査（1882〜83年）：ヨーロッパに派遣、おもに（②　　　　　　　　）
  流の憲法理論を学び、帰国
- b　（③　　　　　　　）令の制定（1884年）：旧藩主や公家に、幕末以来国家に功績があったものを加え、
  公・侯・伯・子・男の五爵に区分⇨（④　　　　　　　　　）の開設に備える
- c　（⑤　　　　　　　　　　　）の制定（1885年）：各省長官を大臣とする。初代内閣総理大臣には（①
  　　　　　　）が就任

②（⑥　　　　　　　　　）外務卿（のち外務大臣）の条約改正交渉（1882〜87年）

　列国代表をまねいて条約改正の予備会議を開催、1886年から正式交渉を開始

- a　（⑦　　　　　　　　　　　　）の推進：西洋式の社交の場（鹿鳴館）の建設などをおこなう
- b　領事裁判権（治外法権）の撤廃のかわりに外国人判事の採用案⇨政府内外の批判が高まり、（⑥
  　　　　　　）は外務大臣を辞任

　⇦民権派は大同団結をはかり（⑧　　　　　　　　　　　　　　　　　　　）（地租の軽減、言論・集会の自
　由、対等条約の締結を求める）を展開

　　⇨政府は（⑨　　　　　　　　　）を制定（1887年）、民権派を東京から追放するが、運動は地方に拡大

③憲法の起草と審議

　（②　　　　　　　　）人顧問ロエスレルらの助言を得て、（①　　　　　　　　　　）を中心に起草

　⇨（⑩　　　　　　　）での審議を経て（⑪　　　　　　　　　　　　　）として発布（1889年2月11日）

④憲法の特徴と内容

　形式：天皇が定める（⑫　　　　　）憲法

　天皇：統治権の総攬者として位置づけられ、様々な（⑬　　　　　　）を有する⇨法律の裁可、衆議院の解
　　　　散、緊急勅令の公布、文武官の任免、陸海軍の統帥、宣戦・講和や条約の締結など

　帝国議会：二院制（（④　　　　　　　　）と衆議院）

　＊（④　　　　　　）：皇族を除く議員の過半数を（③　　　　　）の当主とする

　＊衆議院：直接国税15円以上をおさめる25歳以上の男性に選挙権が与えられる（全人口の1.1%）

　　⇨天皇の協賛機関として（⑭　　　　　　）の制定と予算の審議をおこなう

　　⇦予算不成立の場合は前年度と同じ予算の執行が可能

　国務大臣：天皇を輔弼、議会と関わりなく任免される

　国民：「（⑮　　　　）」と呼ばれ、権利・義務や租税は法律で定められる

　＊（⑯　　　　　　　　）の公布（1890年）：憲法とは別に独自の地位をもつ

⑤帝国議会の開催

- a　第1回衆議院議員選挙の実施（1890年）⇨（⑰　　　　　　）が議席の過半数を占める
- b　第1議会：（⑰　　　　　）は政費節減・民力休養を主張、地租の軽減を求める⇨第1次（⑱
  　　　　　）内閣は（⑰　　　　　）の一部を切り崩して予算を成立させる
- c　第2議会：第1次松方正義内閣は（⑰　　　　）と衝突して衆議院を解散
  　　⇨松方内閣は（⑲　　　　　　　　）をおこなって政府支持派の当選をはかるが、（⑰
  　　　　　）の優位はかわらず、内閣は退陣
  　　　⇨その後、第2次（①　　　　　　　　　）内閣は自由党との連携をはかる

⑥諸法典の整備

条約改正のために整備が進められる

- a　刑法・治罪法の公布(1880年)：（⑳　　　　　）罪・不敬罪(天皇・皇族に対する犯罪)を厳罰化
- b　民法・商法の公布(1890年)⇨日本の慣習との調整が不十分であることから、法典論争がおきる

Question　下の史料をみて、以下の問いに答えてみよう。

(1)憲法では、国民の権利と義務はどのように規定されているだろうか。

....

....

....

(2)伊藤博文は第4条に「此ノ憲法ノ条規ニ依リ」という文言を入れることを主張した。この文言によって天皇の位置づけはどのように規定されることになったのだろうか。

....

....

....

....

大日本帝国憲法

第一条　大日本帝国ハ万世一系ノ天皇之ヲ統治ス

第三条　天皇ハ神聖ニシテ侵スベカラズ

第四条　天皇ハ国ノ元首ニシテ統治権ヲ総攬シ、此ノ憲法ノ条規ニ依リ之ヲ行フ

第五条　天皇ハ帝国議会ノ協賛ヲ以テ立法権ヲ行フ

第八条　天皇ハ公共ノ安全ヲ保持シ又ハ其ノ災厄ヲ避クル為、緊急ノ必要ニ由リ帝国議会閉会ノ場合ニ於テ法律ニ代ルベキ勅令ヲ発ス

第十一条　天皇ハ陸海軍ヲ統帥ス

第十二条　天皇ハ陸海軍ノ編制及常備兵額ヲ定ム

第二十条　日本臣民ハ法律ノ定ムル所ニ従ヒ兵役ノ義務ヲ有ス

第二十一条　日本臣民ハ法律ノ定ムル所ニ従ヒ納税ノ義務ヲ有ス

第二十二条　日本臣民ハ法律ノ範囲内ニ於テ居住及移転ノ自由ヲ有ス

第二十七条　日本臣民ハ其ノ所有権ヲ侵サル、コトナシ公益ノ為必要ナル処分ハ法律ノ定ムル所ニ依ル

第二十八条　日本臣民ハ安寧秩序ヲ妨ゲズ及臣民タルノ義務ニ背カザル限ニ於テ信教ノ自由ヲ有ス

第二十九条　日本臣民ハ法律ノ範囲内ニ於テ言論著作印行集会及結社ノ自由ヲ有ス

第三十三条　帝国議会ハ貴族院衆議院ノ両院ヲ以テ成立ス

第五十五条　国務各大臣ハ天皇ヲ輔弼シ其ノ責ニ任ズ

第五十六条　枢密顧問ハ枢密院官制ノ定ムル所ニ依リ天皇ノ諮詢ニ応ヘ重要ノ国務ヲ審議ス

1 条約改正と日清戦争

朝鮮と清

[1]日朝修好条規締結（1876年）後の朝鮮

- a　欧米諸国との条約締結の際に、清の属邦であることを表明
- b　日本にならった近代化をめざす勢力（（①　　　　　　　　　）〈急進開化派〉など）の台頭

[2]（②　　　　　　　　　　　）の発生（1882年）

　大院君の支持を受けた軍隊が政府高官や日本公使館を襲撃、漢城（ソウル）の民衆も加わる

　⇨清が軍隊を派遣して大院君を捕らえ反乱を鎮圧、朝鮮を清の属邦とする協定を結ぶ

[3]日清の対立

　Ⅰ　（③　　　　　　　　　　）の発生（1884年）

　　（①　　　　　　　　）らが日本公使館護衛兵の支援を受けて政権を奪う

　　　⇨袁世凱の率いる清軍の攻撃により鎮圧

　Ⅱ　（④　　　　　　　　　　　）の締結（1885年）：伊藤博文（日本）と（⑤　　　　　　　）（清）との交渉

　　　日清両国の軍隊を朝鮮から撤退させ、以後出兵する場合は相互に通告することを定める

[4]（③　　　　　　　　　）後の日本：清や朝鮮に対する武力行使を容認する議論が高まる

- a　福沢諭吉：『時事新報』に掲載した「（⑥　　　　　　　　）」
- b　山県有朋：議会で日本周辺の「利益線」保護のための軍備拡張の必要性を演説

条約改正

[1]青木周蔵外務大臣による交渉

　（⑦　　　　　　　　　　）鉄道の計画を進めるロシアに対抗するため、イギリスが条約改正交渉に応じる

　⇨（⑧　　　　　　　　）の発生（1891年）により、青木周蔵外務大臣が引責辞任して、交渉中断

[2]（⑨　　　　　　　　）外務大臣による交渉

　イギリスとの交渉再開、（⑩　　　　　　　　　　　　　　　　）の締結（1894年）、領事裁判権を撤廃

　＊関税自主権を得て完全に対等となるのは1911年

日清戦争

[1]（⑪　　　　　　　　　　　　）の開始（1894年）：朝鮮で東学の信徒を中心におこった農民反乱

　⇨朝鮮政府の要請により清が派兵、（④　　　　　　　　　　）にもとづいて通知を受けた日本も派兵

　　⇦農民軍は朝鮮政府と和解、日本は朝鮮の内政改革を求めて駐兵を継続、清と対立

　　⇨日本軍による朝鮮王宮の占領、清軍への攻撃開始（日清戦争の開始）

[2]戦争の推移：日本軍は軍隊の訓練、兵器の統一性などで清軍にまさり、戦いを優位にすすめる

　⇨清軍を朝鮮から駆逐、黄海海戦で清国艦隊を破り、威海衛を占領

[3]（⑫　　　　　　　　　）の締結（1895年）

　伊藤博文・（⑨　　　　　　　　　）（日本）と（⑤　　　　　　　）（清）のあいだで結ばれた講和条約

- a　清は朝鮮の独立を認める
- b　清は（⑬　　　　　　　　）・台湾・澎湖諸島を日本にゆずる
- 　＊日本は台湾に（⑭　　　　　　　　　　　）を設置、住民の抵抗をおさえ、軍人を総督として統治
- c　清は日本に賠償金2億両を支払う
- d　清は新たに重慶などの4港を開く

4 (⑮ 　　　　　　　　　)(1895年)

　(⑬ 　　　　　　　)の割譲にロシア・フランス・ドイツが異議をとなえる

　⇨日本は(⑬ 　　　　　　　　)を清に返還、ロシアに対する敵対心を高め、軍備拡大を進める

5 日清戦争後の国内状況

　軍備拡張と産業育成を進めるために地租の増徴をはかる政府に対して、衆議院で反発が強まる

　Ⅰ　(⑯ 　　　　　　　)の結成(1898年)：自由党と進歩党が合同

　　　大隈重信を首相とする初の政党内閣が成立⇨(⑯ 　　　　　　)の分裂により、短期間で退陣

　Ⅱ　第2次山県有朋内閣の成立

　　　(⑰ 　　　　　　　　　　　　)を制定(1900年)、軍に政党の力がおよぶことを抑制

　Ⅲ　伊藤博文による(⑱ 　　　　　　　　)の結成(1900年)

　　　⇨第4次伊藤博文内閣を組織するが貴族院の反発により退陣、桂太郎に政権をゆずる

　　　＊その後、伊藤博文は山県有朋らとともに(⑲ 　　　　)として非公式に天皇を補佐

6 日清戦争後の朝鮮

　閔妃が親露派と結んで再び勢力を強める

　⇨日本の駐朝鮮公使三浦梧楼らが閔妃を殺害

　⇨国王高宗は(⑳ 　　　　　　　)と国号を改め、高宗は皇帝の地位につく(1897年)

Question 下の史料をみて、以下の問いに答えてみよう。

『時事新報』の「脱亜論」❶

今日の謀を為すに、我国は隣国の開明を待て共に亜細亜を興すの猶予ある可らず、寧ろ其伍を脱して西洋の文明国と進退を共にし、其支那朝鮮に接するの法も、隣国なるが故に特別の会釈に及ばず、正に西洋人が之に接するの風に従て処分す可きのみ。悪友を親しむ者は、共に悪名を免がる可らず。我れは心に於て亜細亜東方の悪友を謝絶するものなり。

❶ 一八八五(明治十八)年三月十六日付『時事新報』の社説。

(1)史料中の「悪友」とは、朝鮮や清のことを指しているが、両国のどのような状況を批判しているのだろうか。

　　..

　　..

(2)史料中の「西洋人が之に接するの風に従て処分す可きのみ」とは、具体的にどのような外交姿勢をとることを主張しているのだろうか。

　　..

　　..

　　..

２ 日本の産業革命と教育の普及①

▌政府の役割と運輸業 ▌

政府は官営事業による技術の導入をはかり、（①　　　　　　　　　　）をとなえる

1（②　　　　　　　　　　　　　　）の開催

　各地の産物や機械類を展示、農業改良を含めた民間の経済活動をうながす

2（③　　　　　　　　　　）の設立(1882年)：松方財政のなかで設立された中央銀行

　⇨（④　　　）兌換の日本銀行券の発行(1885年)、実質的な（④　　　）本位制となる

　　⇨貨幣制度の安定により、鉄道・（⑤　　　　　　　）を中心に株式会社の設立が盛んになり（（⑥

　　　　　　　　　）)(1886〜89年)、産業革命が始まる

　＊日清戦争後、清からの賠償金を利用して（⑦　　　　）本位制を採用(1897年)

3鉄道事業

　はじめは官営で建設が進められるが、華族らが鉄道経営への参加をはかる

　・（⑧　　　　　　　　　　　　　）の設立(1881年)：華族の資金を中心に設立された民営鉄道

　　⇨山陽鉄道・九州鉄道などが設立、政府の補助を受けながら幹線の建設が進む

　　　⇨民営鉄道が官営鉄道の営業キロ数を上まわる(1889年)

　＊日露戦争後、（⑨　　　　　　　　　　）の制定(1906年)により、幹線の民営鉄道が買収され、国有

　　鉄道として統一的に経営される

4汽船海運事業

　（⑩　　　　　）が政府の援助を受けるが、大隈重信の下野(1881年)ののち、政府が半官半民の会社(共

　同運輸会社)を設立し、（⑩　　　　　）と競争させる

　⇨（⑪　　　　　　　　　）の設立(1885年)：（⑩　　　　　）と共同運輸会社が合併、政府の命令

　　した航路で定期航海する条件で補助を受ける

　＊日清戦争後、政府は日本企業一般に対して造船や海運を奨励する法令を制定

▌繊維工業と貿易 ▌

1（⑤　　　　）業：綿花を原料として、綿糸を生産

　・（⑫　　　　　　　　　　　）の開業(1883年)：大規模工場で昼夜2交代制で操業、輸入綿花を用

　　いて成功、その後、これにならう会社の新設があいつぐ

　　⇨綿糸の国内生産量が輸入量を上まわる(1890年)

2日清戦争後の状況

　工場ではイギリスから機械を輸入、（⑬　　　　　　　）から輸入した綿花を利用、（⑭　　　　　　）労働者

　を多用して低賃金で綿糸を生産、国内から（⑬　　　　　　　）産の綿糸を駆逐

　⇨日清戦争後には（⑮　　　　　）・朝鮮などへの綿糸輸出が本格化、輸出量が輸入量を上まわる(1897年)

3日本の貿易の特徴(20世紀初頭)

　┌ a　対アジア：原材料や食料の輸入、綿糸・綿織物などの工業製品の輸出が中心

　└ b　対 欧 米：機械などの重化学工業製品の輸入、生糸の輸出が中心

4（⑯　　　　）業：繭を原料として、生糸を生産⇨外貨獲得手段として、産業革命の進展には必須

　・工場制の（⑰　　　　　　　　）の全国的広がり(20世紀初頭)

　　⇨農家は養蚕のみをおこなうようになり、養蚕の数を増やし、繭の質を向上させる

　　＊生糸の輸出先は（⑱　　　　　　　　）が最大(1884年以降)

Question 下のグラフをみて、以下の問いに答えてみよう。

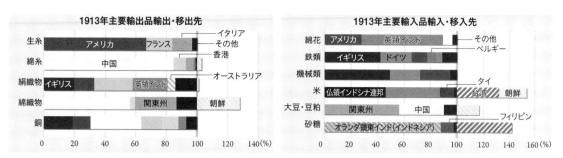

1913年の日本の貿易

(1)日本とアジアの関係、欧米との関係をまとめてみよう。

(2)日本や列強が支配した植民地の経済的な役割についてまとめてみよう。

❷日本の産業革命と教育の普及②

▌重工業と労働運動 ▌

1️⃣官営事業の払下げ：造船業・鉱工業など

　（①　　　　　　）と呼ばれる、政府関係者とつながりのある有力事業者に対しておこなわれる

　　a　（②　　　　　　）：長崎造船所・佐渡鉱山など

　　b　（③　　　　　　）：富岡製糸場・三池炭鉱など

　　⇨のちにいずれも（④　　　　　　）に発展

2️⃣官営工場の建設：鉄鋼業

　低関税で輸入される鉄鋼と競争するための大規模製鉄所の建設が進められる

　⇨北九州の（⑤　　　　　　　　　　）製鉄所の操業開始（1901年）

　＊原料の鉄鉱石はおもに（⑥　　　　　　）から輸入

3️⃣労働運動のはじまり

　工場労働者が増加するなか、低賃金・長時間労働などの問題からストライキが発生

　⇨（⑦　　　　　　　　　　　　　　　　）が結成（1897年）、熟練労働者を中心に組合結成の動きもおきる

・労働運動に対する政府の対応

　　a　（⑧　　　　　　　　　　）の制定（1900年）：労働運動の取り締まりのための法令

　　b　（⑨　　　　　　）の制定（1911年）：労働者保護のための法令（例外規定が多く、不十分な内容）

▌農業と地主制 ▌

・農業技術の近代化

　　a　（⑩　　　　　　　　）の改良：中国から輸入した大豆粕、太平洋の島々から輸入したリン鉱石等を使用

　　b　収穫量の多い品種の導入

　　c　灌漑・排水の改良

・地主と小作農

　19世紀末から日本は米の輸入国になるが、国産米の価格は低下せず、地主経営は高い利益を生む

　⇨みずからは農業に従事せず土地を集積し、小作料収入に依存する（⑪　　　　　　　　）が生まれる

　⇨小作地率は松方デフレにより急増

　＊小作料を現物納する小作農の多くは生活苦から、子女を工場に働きに出すことも多かった

▌学校教育の進展 ▌

1️⃣就学率の向上

　1890年代に男女差が縮小しつつ、男女ともに上昇

　⇨（⑫　　　　　　　　　　）の授業料が廃止される（1900年）頃には、女子の３分の２程度が就学

2️⃣教育制度の整備

　Ⅰ　官立教育機関の設立

　　（⑬　　　　　　　　　　）（のち東京帝国大学）・工部大学校などで藩校で学んだ士族が中心に学ぶ

　Ⅱ　学校令の制定（1886年）

　　小学校⇨中学校⇨帝国大学（または師範学校）の学校体系を整備

　　a　官立学校：帝国大学（（⑬　　　　　　　　　）を改組）の創設、のち京都・東北・九州などにも

　　　　創設⇨官僚や技術者の養成を中心におこなう

b 　私立学校：(⑭　　　　　　　　　　)の慶応義塾(1868年)・(⑮　　　　　　　　　　)の東京専門学校(のちの早稲田大学)(1882年)の創設など⇨法律家・政治家、諸産業の担い手を輩出

Question 　下の表をみて、以下の問いに答えてみよう。

年齢 24歳
23
22
21
20
19
18
17
16
15
14
13
12
11
10
9
8
7
6

高等師範学校
女子師範学科

高等師範学校

尋常師範学校

帝国大学

帝国大学医科

高等中学校

尋常中学校

予科

高等小学校

小学校簡易科

尋常小学校

義務教育

1886年の学校令にもとづく学制

(1)義務教育と高等教育ではそれぞれどのようなことを教育の目的にしていたのだろうか。

....

....

....

....

....

(2)なぜ、高等教育は中学・大学と師範の2系列の学校制度がとられたのだろうか。

....

....

....

....

3 帝国主義と列強の展開①

▌第２次産業革命と帝国主義 ▌

① 産業の変化

1870年代のヨーロッパ：
- a　石炭に加え、（①　　　　　　　　）を燃料として本格的に利用
- b　蒸気力にかわり、（②　　　　　　　）の利用も始まる
- c　（③　　　　　　　　　　　　　）や電機工業が登場、産業の機械化と大規模化が進む

＊こうした産業の変化は（④　　　　　　　　　　　　　）と呼ばれる

② 独占資本の形成

大規模化した産業は巨額の資本を必要とし、各国で企業の合併が進み、企業の銀行依存が強まる

⇨銀行と緊密に結びついた少数の大企業が、各国の経済を独占的に支配

③ 植民地の拡大

ヨーロッパの産業界では植民地拡大の要請が高まる

理由：
- a　大規模化した産業に原料・燃料を調達するため
- b　ヨーロッパ市場をこえて商品の販路を確保するため

⇨1880年代以降、各国政府は新しい植民地の獲得に力を入れ、従来からの植民地でも、現地社会への介入をより深める

＊こうした政策は（⑤　　　　　　　　　）と呼ばれる

④ （⑤　　　　　　　　　）の影響
- a　植民地を犠牲にして本国の経済成長を促進⇨本国の労働者の生活条件改善・政府への不満緩和・国民国家の確立に役立つ
- b　植民地の保有：政府の威信を高め、本国住民のナショナリズムを鼓舞
- c　「遅れた」人々を文明化するのが「白人の責務」だという考え方が植民地支配を正当化⇔植民地とされた地域の人々は様々な差別的待遇のもとにおかれる

▌列強各国の内政と帝国主義① ▌

① ヨーロッパ

（⑥　　　　　　　　　　　　　　　　　　）戦争（1870〜71年）後、ヨーロッパ列強はたがいに戦争せず

⇨戦争のような野蛮な行為から解放されたという思いが、ヨーロッパの人々の自意識となる

列強各国：
- a　有権者の拡大にともない、広く住民のあいだで政治への関心が高まる⇨政治家は世論を無視できなくなり、ナショナリズムを掲げて世論の支持を得ようとする
- b　（④　　　　　　　　　　　　）により工場労働者の数が増加、労働者が無視できない勢力となる⇨その利害を代表する（⑦　　　　　　　　　）の結成が進む

② イギリス

1870年代〜90年代のイギリス：世界的な不況により経済成長がにぶり、鉄鋼生産量でアメリカ合衆国と（⑧　　　　　　　　）に抜かれる

⇔国際政治におけるイギリスの主導的な地位はゆるがず

動向：
- a　カナダ・オーストラリア・ニュージーランドなど、白人が入植する植民地に（⑨　　　　　　　）の地位を認める⇨本国と植民地の関係はより緊密になる
- b　20世紀初頭、労働組合などにより（⑩　　　　　　　　）成立⇨社会政策の充実を求める

c　アイルランドでは自治・独立の気運高まる⇨(⑪　　　　　　　　　　　　　)法
　　　　成立(1914年)⇨イギリス人が多く入植していた北アイルランドで激しい反発⇨政府、
　　　　第一次世界大戦勃発を理由に(⑪　　　　　　　　　　　　)法の施行を延期

Question 　下のグラフをみて、以下の問いに答えてみよう。

列強の鉄鋼生産の世界シェア

(1)急速にシェアを拡大しているのは、どの国だろうか。

....

....

(2)19世紀後半から20世紀初頭にかけての、帝国主義諸国の工業生産力の
変化・勢力関係の推移について、このグラフから、どのようなことが読
み取れるだろうか。

....

....

....

....

....

....

....

❸帝国主義と列強の展開②

▌列強各国の内政と帝国主義②▐

① フランス

　対外政策：第三共和政のもと、アフリカと東南アジアに植民地を拡大

　　　　　　⇨平等な市民からなる「共和政」という理念は植民地の「原住民」には適用されず

　国内政治：┌ a　軍部が関与し、反ユダヤ主義にもとづく冤罪事件である（①　　　　　　　　　　　）

　　　　　　│　　　事件がおこる⇨反ユダヤ的・反共和政的な保守派と、共和派とに世論を二分する

　　　　　　│　　　が、共和派が優位を占めるようになり、国内は安定

　　　　　　└ b　労働者政党として（②　　　　　　　）が成立⇨議席数をのばす

② ドイツ

　（③　　　　　　　　　　　　　）が即位後、政治の主導権を握ることを望んでビスマルクと対

　立。（④　　　　　　　　　　）の延長を認めず、ビスマルクを辞任に追い込む

　対外政策：「（⑤　　　　　　　　）」を掲げて海軍を増強、イギリスに脅威を与える

　国内政治：┌ a　国家の保護のもと、鉄鋼生産が急激にのび、イギリスを上まわる

　　　　　　│　b　（④　　　　　　　　　　　　　）の廃止⇨（⑥　　　　　　　　）が順調

　　　　　　│　　　に勢力をのばし、1912年に帝国議会で第一党となる

　　　　　　│　　　＊党の理論家（⑦　　　　　　　　　　　　）は社会主義革命ではなく、議会

　　　　　　│　　　での活動を主要な課題とすることをとなえる⇨「修正主義」として一部の社会主義

　　　　　　└　　　者らが非難

③ ロシア

　┌ a　ベルリン会議後、バルカン半島からシベリア・極東に目を転じる⇨（⑧

　│　　　）の建設（1891年起工）を進め、経済的な勢力圏の拡大をめざす

　│ b　義和団戦争に際し中国東北部（満洲）を占領⇨日本と対立深める

　│ c　日露戦争開戦（1904年）⇨生活条件が悪化、住民の不満高まる

　│ d　1905年革命⇨皇帝（⑨　　　　　　　　　　）、憲法の制定と国会の開設により事態を収束

　└　　　⇨ロシア社会民主労働党などの社会主義政党を弾圧し、再び専制的な姿勢を強める

④ アメリカ

　合衆国の工業力は豊富な資源・広大な国内市場に支えられ、19世紀末までに世界第1位となる

　⇨1890年代までに西部の「開拓」が進展し、対外進出強める

　┌ a　（⑩　　　　　　　　　　　　）（米西）戦争に勝利（1898年）：フィリピンやプエル

　│　　　トリコなど太平洋やカリブ海のスペイン植民地を獲得、キューバを保護国化

　│ b　（⑪　　　　　　　　　　　　　　　　　）大統領の政策

　│　・カリブ海に面した諸国にたびたび武力介入（＝「（⑫　　　　　）外交」）

　│　・（⑬　　　　　　　　　）の開設：現地に強権的に介入、パナマを独立させたうえで実現

　│　・対中国政策は経済進出を基本とし、（⑭　　　　　　　　）・機会均等・領土保全を列強に

　└　　　呼びかける

　＊東ヨーロッパ・南ヨーロッパなどから大量の（⑮　　　　　　）が流入し、都市の貧困問題が発生。ヨー

　　　ロッパ系（⑮　　　　　）と、中国や日本からの（⑮　　　　　）との対立がおこる

「世界の一体化」の進展

帝国主義の時代：「世界の一体化」がいっそう進む

- a　スエズ運河(1869年開通)：地中海と紅海を結ぶ
- b　(⑬　　　　　　　　　　　)(1914年開通)：大西洋と太平洋を結ぶ
- c　(⑯　　　　　　　　　　　　　　　　　)(1889年発足)⇨反戦運動に力を注ぐ

Question　下の絵をみて、以下の問いに答えてみよう。

(1)この絵の人物は誰で、立っている海はどこの海だろうか。

....

....

(2)この風刺画は、どのようなことを意味しているのだろうか。

....

....

....

....

4 世界分割と列強の対立①

▌アフリカの植民地化 ▶

① 列強のアフリカ分割

アフリカ大陸：北部およびインド航路の港だけが、ヨーロッパ人に知られる

⇨（①　　　　　　　　　　　　　　　　　　　　　）らの探検以降、激しい植民地獲得競争の舞台に

＊ベルリン＝コンゴ会議（1884〜85年）：ドイツのビスマルクが開催

- a　コンゴを（②　　　　　　　　　　　　）の実質的な植民地として認める
- b　アフリカを植民地化する際の実効支配の原則を定める⇨ヨーロッパ列強、ごく短期間にアフリカの大部分を植民地化

② イギリス

- a　エジプトを事実上の保護国化（1880年代初め）⇨スーダンも征服
- b　金やダイヤモンドを得るため、ブール人と（③　　　　　　　　　　　）戦争をおこす（1899年）
  ⇨彼らの国を併合
- c　アフリカ大陸を南北に縦断する政策：アフリカ南端の（④　　　　　　　　　　　）・北岸の
  （⑤　　　　　　　）・インド植民地の（⑥　　　　　　　　　　）を結びつけることをめざす

③ フランス

アルジェリアを拠点に、東のチュニジアを保護国化、サハラ砂漠地帯もおさえる

⇨アフリカを東西に横断して、ジブチやマダガスカルと連結しようとする（＝横断政策）

＊1898年、フランスの横断政策とイギリスの縦断政策が（⑦　　　　　　　　　　）で衝突（＝（⑦
　　　　　　　）事件）

⇨フランスの譲歩により解決、こののち両国は接近、（⑧　　　　　　　　　　）を結ぶ（1904年）

⇨エジプトにおけるイギリスの支配的地位と、モロッコにおけるフランスの支配的地位を相互に承認し、ドイツに対抗

④ ドイツ

アフリカ進出に出遅れる⇨沿岸部のいくつかの地域を獲得したにとどまる

⑤ イタリア

- a　（⑨　　　　　　　　　　）の獲得をめざす⇨逆に撃退される
- b　オスマン帝国に戦争をしかける（＝（⑩　　　　　　　　　　）戦争）（1911年）⇨リビアを獲得、オスマン帝国のさらなる弱体化が進む

⑥ アフリカの状況

（⑨　　　　　　　　　　）と、アメリカの解放奴隷が入植した（⑪　　　　　　　　　　）を除き、アフリカは20世紀初頭までに、ヨーロッパ列強の植民地として分割される

⇨国家・地域のまとまりを無視して境界線を引き、現地人の文化や人権をないがしろにする

⇨ヨーロッパ人の植民地支配は、アフリカの発展を著しく阻害

▌太平洋諸地域の分割 ▶

① オーストラリア・ニュージーランド

- a　オーストラリア：18世紀後半、イギリスの流刑植民地となる⇨自由移民も入植、先住民の（⑫　　　　　　　　　　）は抑圧される

b　ニュージーランド：19世紀前半、イギリスが植民地とする⇨先住民(⑬　　　　　　　)の土地を
　　　　武力で奪う
②ドイツ・アメリカ合衆国
　　a　ドイツ：1880年代以降、太平洋の島々を積極的に植民地とする
　　b　アメリカ合衆国：アメリカ＝スペイン(米西)戦争(1898年)で勝利⇨フィリピン・グアム獲得
　＊(⑭　　　　　　)王国：独立国だったがアメリカの入植者によって転覆⇨アメリカに併合(1898年)

Question　下の絵をみて、以下の問いに答えてみよう。

(1)彼の両足は、それぞれどことどこにおかれているのだろうか。

(2)この風刺画は、どのようなことを意味しているのだろうか。

④世界分割と列強の対立②

▌ラテンアメリカの動向 ▐

①ラテンアメリカ諸国

　19世紀、大土地所有者と結びついた独裁政権が誕生⇨軍事クーデタがあいつぎ、民衆の利害は軽視

　＊輸送手段・保存技術の発展の結果、コーヒー豆・食肉など、欧米への農産物・畜産物の供給地に

　＊中央アメリカではアメリカ合衆国、南アメリカではイギリスの影響力が強大

②(①　　　　　　　　　　　　　　　　　)

　1910年、独裁政権に対する革命がおこり、独裁政権を倒す

　⇨立憲改革をめざす自由主義者と、地主による土地支配の打破など土地改革を求める農民指導者の争
　　いが長く続く

　　⇨1917年、自由主義者の政権が憲法を制定。大土地所有の分割、農民・労働者の権利擁護、地下資
　　　源の国家への帰属が定められる

▌列強の二極分化 ▐

20世紀初頭のヨーロッパ：イギリスにかわって主導的な地位を得ようとするドイツと、それを包囲する
　　　　　　　　　　　　イギリス・フランス・ロシアというかたちで、提携・対抗関係が再編

①ドイツ

　(②　　　　　　　　　　　　　　)が勢力均衡にもとづくビスマルク外交を否定、ロシアとの

　(③　　　　　　　　)条約の更新を拒否

　⇨ロシアはフランスに接近し、(④　　　　　　　　　　　)が成立(1891〜94年)

　　⇨フランスは(⑤　　　　　　　　　　　　　　　　　)戦争以来の孤立から脱却

　　＊ベルリン・(⑥　　　　　　　　　　　　　)・(⑦　　　　　　　　　　　　　)を鉄道で結ぶ計画を立

　　て、西アジアへの進出をはかり、イギリスの優位をゆるがそうとする

　　　⇨このドイツの帝国主義政策を、3つの都市名(旧都市名)の頭文字をとって、3B政策という

②イギリス

　19世紀のイギリス：ヨーロッパ大陸から距離をおき、孤立外交政策をとる(＝「(⑧

　　　　　　　　　　　　　　　　　)」)

　　　　　　　　　⇨帝国主義のもとで列強間の競争が激化すると、政策を転換

　┌ a　日本と(⑨　　　　　　　　　　)を結ぶ(1902年)：極東でのロシアの進出に対抗
　│ b　(⑩　　　　　　　　　)を結ぶ(1904年)：フランスとの長い対抗関係を解消
　│ c　(⑪　　　　　　　　　)を結ぶ(1907年)：イランを両国の勢力圏に分割、アフガニスタンをイギ
　└　　リスの勢力圏とする

　⇨イギリス・フランス・ロシアの(⑫　　　　　　　　　)が成立、ドイツ・オーストリア・イタリアの

　　(⑬　　　　　　　　　　)(1882年成立)に対抗

③イタリア・オーストリア

　┌ a　イタリア：オーストリア領のイタリア人が多く住む地域に野心⇨オーストリアとの関係悪化
　└ b　オーストリア：国内に民族対立を抱え弱体化⇨ドイツへの依存を深め、関係緊密化

Question 下の図をみて、以下の問いに答えてみよう。

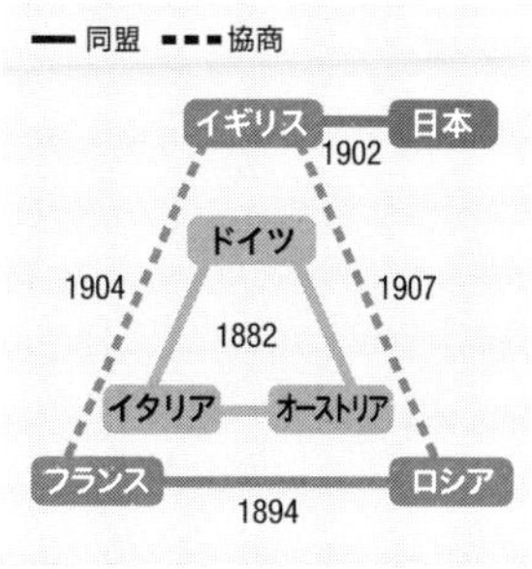

― 同盟 --- 協商

```
イギリス ― 日本
        1902
    ドイツ
1904      1907
    1882
イタリア ― オーストリア
フランス ―――― ロシア
        1894
```

第一次世界大戦前のおもな
同盟・協商関係

(1)イギリスがそれまでの孤立外交政策(「光栄ある孤立」)を転換して、はじめて同盟関係を結んだ相手はどこの国だろうか。

(2)イギリスは、なぜその国を最初の同盟の相手国に選んだのだろうか、理由を考えてみよう。

⑤日露戦争とその影響①

▌列強の中国進出と変法運動 ▌

① 列強の中国進出

　日清戦争での清の敗北をきっかけに列強による中国進出が進む

　　┌ a　権益の獲得：清の領土内での鉄道敷設や鉱山採掘など

　　│ b　（①　　　　　　　）の設定：ドイツ・ロシア・イギリス・フランスが拠点を確保

　　└ c　勢力圏の確保：清に権益の優先権を認めさせる

　　⇨アメリカの牽制：中国の（②　　　　　　　　）・機会均等・領土保全を提唱

② （③　　　　　　　　）と（④　　　　　　　　）

　Ⅰ　中国知識人による亡国の危機感の高まり

　　　⇨日本の近代化にならった根本的な制度改革を主張する意見が台頭する

　Ⅱ　（③　　　　　　　　）：1898年、（⑤　　　　　　　　）を中心に光緒帝を説得して改革断行

　　　⇨（④　　　　　　　　）：保守派の（⑥　　　　　　　）によるクーデタで改革失敗

▌義和団戦争 ▌

・排外運動の激化

　列強による中国分割の進展は民衆による排外運動の激化をもたらす

　　＊（⑦　　　　　　　）：排外的な宗教的武術集団、「（⑧　　　　　　　　　）」をとなえる

・（⑦　　　　　　　）戦争

　Ⅰ　（⑦　　　　　　　）が北京の外国公使館を包囲

　Ⅱ　清は（⑦　　　　　　）に同調して列強に宣戦布告

　Ⅲ　列強は（⑨　　　　　　　　　）を組織して北京を占領

　Ⅳ　清は（⑩　　　　　　　　）で賠償金支払いと外国軍隊の北京駐屯などを認める

▌日露戦争 ▌

① ロシアの（⑪　　　　　）占領

　（⑦　　　　　　　）戦争後、ロシアは中国東北部の（⑪　　　　　）に軍隊をとどめる

　⇨日本は勢力圏（露：（⑪　　　　　）、日：韓国）の相互承認を提案するも、ロシアは応じず

　　⇨1902年、日本は（⑫　　　　　　　　　　　）を締結してロシアに対抗

　内容：┌ a　清・韓国の独立を守る

　　　　│ b　日英両国が清、日本が韓国にもつ権利を保全する

　　　　│ c　一方が他国と交戦した場合は、もう一方は中立を守る

　　　　└ d　第三国が参戦した場合は協同して戦う

② 日露戦争

　開戦：国内における主戦論の高まり

　　　⇨1904年２月、日本が旅順港のロシア艦隊を攻撃

　展開：Ⅰ　日本は（⑬　　　　　　　　　　　）で韓国内での軍事行動を認めさせる

　　　　Ⅱ　日本は韓国から（⑪　　　　　）に侵攻

　　　　Ⅲ　ロシアの根拠地旅順を占領

　　　　Ⅳ　ロシアのバルチック艦隊を（⑭　　　　　　　　　）で壊滅させる

戦費：増税とアメリカ・イギリスでの外債発行

　　⇔日露両国ともに戦争継続は困難

原因：┌ a　日本：補給の困難から(⑪　　　　　　)南部を占領する以上の作戦は展開できず
　　　└ b　ロシア：海軍の壊滅、国内では1905年革命が発生

　　⇨1905年、アメリカ大統領(⑮　　　　　　　　　　　　　　　　　　　)の仲介で講和
　　　へ

Question　下の絵をみて、以下の問いに答えてみよう。

(1)この絵は、どのような出来事を風刺しているのだろうか。

…………………………………………………………………

(2)この風刺画の人物は、それぞれどこの国を表しているだろうか。

…………………………………………………………………

…………………………………………………………………

…………………………………………………………………

…………………………………………………………………

…………………………………………………………………

……

……

……

……

……

……

……

……

……

……

……

……

５ 日露戦争とその影響②

▌日露戦争の結果 ▶

１（①　　　　　　　　　　　　　　　　　）の締結

　1905年、（②　　　　　　　　　　　　　　）とウィッテが講和条約に調印

　内容：┌　a　韓国に対する日本の監督・指導権を認める

　　　　│　b　旅順・大連を中心とする地域の租借権を譲渡

　　　　│　c　長春以南の鉄道と付属する権益を譲渡

　　　　│　d　北緯50度以南の（③　　　　　　　　　）の譲渡

　　　　└　e　沿海州とカムチャツカ半島沿岸の漁業権を認める

　⇨（④　　　　　　　　　　　　　　　　）：賠償金が得られない不満から、講和反対の暴動が発生

２韓国の植民地化

　Ⅰ　1904年、第１次（⑤　　　　　　　　　）：韓国に外交・財政顧問を送り込む

　Ⅱ　第２次（⑥　　　　　　　　　）：攻守同盟化、イギリスは日本の韓国保護を承認

　Ⅲ　（⑦　　　　　　　　　　　　）：アメリカのフィリピン支配と日本の韓国保護を相互承認

　Ⅳ　1905年、第２次（⑤　　　　　　　　　）：韓国の外交権を奪取、漢城に（⑧　　　　　　　）をおく

　　　⇨（⑨　　　　　　　　　　　　）：高宗が窮状を訴える密使を派遣

　Ⅴ　1907年、第３次（⑤　　　　　　　　）：韓国の内政権を奪取、韓国軍隊を解散

　　　⇨（⑩　　　　　　　）の活発化：韓国民衆の抗日運動、伊藤博文を暗殺

　Ⅵ　1910年、（⑪　　　　　　　　　　　）：植民地化の完了

３朝鮮支配

　┌　a　1910年、（⑫　　　　　　　　　　）をおいて統治⇨総督は現役の軍人がつとめる

　│　b　土地所有権を確認する（⑬　　　　　　　　　　　）を展開⇨日本人の土地所有の拡大、耕地

　│　　　を失う朝鮮の農民の増大

　└　c　日本の憲兵が警察の要職を兼任⇨憲兵隊が独立運動を取り締まる

４満洲支配と日米関係の悪化

　┌　a　1906年、（⑭　　　　　　　　　　）の設置⇨租借地の軍事・行政を管理

　│　b　1906年、（⑮　　　　　　　　　　　）の設立⇨ロシアから引き継いだ鉄道や付

　└　　　属する炭鉱などを経営

　⇨南満洲の権益を独占する日本の姿勢に対し、門戸開放を求めるアメリカの批判が高まる

　　⇨アメリカでの（⑯　　　　　　　　　　　　　　　）の高まり

５日露戦争後の日本社会

　┌　a　「一等国」意識⇨国民の国家の担い手としての意識が高まる

　│　b　教育の普及を背景とする文学の流行⇨夏目漱石・森鷗外の作品が読まれ、女性の立場にたつ雑

　└　　　誌『（⑰　　　　　　）』が創刊される

・社会主義をめぐる軋轢

　第１次（⑱　　　　　　　　　　）内閣は日本社会党の設立を容認

　⇔1910年、社会主義者らによる（⑲　　　　　　　　）が発覚

Question 下の史料をみて、以下の問いに答えてみよう。

七博士の講和条件❶

講和条件

一 償金　三十億円

一 土地

(一)樺太、カムチャッカのみならず沿海州全部の割譲

(二)遼東半島に於て露国の有せる権利を譲与せしむること

(三)満洲に関しては日清両国の決定する所に任すべし

一 物

(一)東清鉄道及び其敷地の譲与

一 国際役務

(一)太平洋並に日本海に露国をして艦隊を置かしめざること

（『読売新聞』一九〇五年六月十四日）

❶東京帝国大学教授をはじめとする七人の学者たちが一九〇五（明治三十八）年六月に主張した講和条件。

(1)この史料は、東京帝国大学の七博士が主張した日露戦争の講和条件である。実際の講和条約と比較して、実現した条件をあげてみよう。

....

....

....

(2)七博士はなぜこのような条件を提案したのだろうか。

....

....

....

....

....

....

5 日露戦争とその影響③

辛亥革命

1 清朝の改革と革命運動の活発化

清は（①　　　　　　）の廃止、立憲政の準備としての憲法大綱の発表など、制度改革を実施（光緒新政）

⇔清を倒して共和国を建設しようとする革命の主張も、しだいに広まる

⇨（②　　　　　　）や留学生など、海外在住の中国人のあいだで革命運動が活発におこなわれる

＊広東省出身の（③　　　　　）：出身地ごとにわかれていた革命諸団体の結集をはかる

⇨日本の東京で（④　　　　　　　　　　）を組織（1905年）

＊（④　　　　　　　　）：民族（満洲人王朝の打倒）・民権（共和国の建設）・民生（貧富の差の抑制）の（⑤　　　　　　　　　　）を掲げ、革命の宣伝や武装蜂起をおこなう

2 革命の勃発

政府による幹線鉄道の国有化に反対して、四川で暴動がおこる（1911年）

⇨湖北省の（⑥　　　　　　）で軍隊のなかにいた革命派が蜂起、急速に全国に波及

⇨1カ月のうちに大半の省が清からの独立を表明（＝（⑦　　　　　　　　　））

3 革命後の混乱

Ⅰ　革命派、（③　　　　　）を臨時大総統に選出、南京で（⑧　　　　　　　　）の成立を宣言（1912年）

⇔清側、軍隊を握る（⑨　　　　　　　　）を起用して革命側と交渉させる

⇔清を見限った（⑨　　　　　　　）、清朝皇帝の退位と共和政の維持を条件に、（③　　　　　）から臨時大総統の地位をゆずり受け、北京で就任

Ⅱ　清朝最後の皇帝である宣統帝（（⑩　　　　　））が退位（1912年）

⇔議会の力をおさえようとする（⑨　　　　　　　　）と、対抗する（③　　　　　）らが激しく対立

Ⅲ　正式大総統となった（⑨　　　　　　　）、帝政を復活してみずから帝位につこうとする

⇔地方での反乱や諸外国の不支持により失敗し、失意のうちに病死

⇨列強の支援を受けた軍事集団が各地に分立してたがいに抗争、（⑧　　　　　　　　）政府（北京政府）の実権を争奪する不安定な状況続く

4 周辺地域の支配

（⑧　　　　　　　　）は漢・満・モンゴル・チベット・回の「（⑪　　　　　　　　　）」をめざす

⇔辛亥革命後、チベットやモンゴルで独立の動きがおこり、外モンゴルではソ連の影響のもと、（⑫　　　　　　　　）成立（1924年）

インド・東南アジアの民族運動

1 インド

（⑬　　　　　　　　　　　　）の結成（1885年）：しだいに民族運動の中心となる

イギリスの対応：┌ a　反英運動の中心地ベンガル州を東西にわけるベンガル分割令を発表（1905年）

⇨ヒンドゥー教徒とムスリムを対立させて民族運動をおさえようとする

└ b　（⑭　　　　　　　　　　　　）の結成（1906年）：親英的

⇨初め穏健で親英的だった（⑬　　　　　　　　　　）は分割反対運動を展開

⇨ベンガル分割令撤回（1911年）

②東南アジア

- a　インドネシア：オランダ支配下。イスラーム同盟（サレカット＝イスラム）結成（1912年）
- b　ベトナム：（⑮　　　　　　　　　　　　　　　　　　　）らがフランスからの独立をめざす
　　　とともに、日本へ留学生を派遣する（⑯　　　　　　　　　　）（東遊）運動を展開⇨日本はフラン
　　　スから取締りの要請を受け、留学生を国外退去させる
- c　フィリピン：1880年代、（⑰　　　　　　　　　　　　　　　）が民族意識を覚醒させる言論活動
　　　をおこなう⇨スペインの支配に対してフィリピン革命始まる（1896年）⇨アメリカ＝スペイン
　　　戦争勃発（1898年）後、アメリカがフィリピンの領有権を獲得すると、アギナルドを中心に革
　　　命運動は継続するが、1901年アメリカに降伏

西アジアの動き

- a　イラン：ガージャール朝による専制と列強への従属に反対するウラマーや都市住民を中心に（⑱
　　　　　　　　　　　）がおこる（1905〜11年）⇨国民議会の開設と憲法の発布が実現するが、ロシ
　　　アの軍事干渉によって抑圧
- b　オスマン帝国：（⑲　　　　　　　　　　　　　）革命（1908年）が発生、専制に反対する知識人や青年将
　　　校が立憲政の回復をめざす⇨スルタンの大権を廃した改正憲法のもとで議会が再開

Question　下の写真をみて、以下の問いに答えてみよう。

孫文と日本の友人たち

(1)この写真はいつ、どこでとられたものだろうか。

(2)孫文はなぜ、日本に来ていたのだろうか。また、
彼は日本で何をしていたのだろうか。

1 第一次世界大戦とロシア革命①

バルカン半島での対立

1 バルカン半島への野心

　20世紀初頭、バルカン半島では新興独立諸国のあいだで領土をめぐる緊張が高まり、大国も介入への
　野心をもつ状況から「(①　　　　　　　　　　　　　　　　)」と呼ばれる

　　a　ロシア：日露戦争の敗北によって再びバルカン半島への影響力を強化
　　b　オーストリア：バルカン半島での影響力拡大をねらい、1908年の青年トルコ革命に乗じて(②
　　　　　　　　　　　　　　　　　　　　　)を併合⇨セルビアは強く反発し、
　　　　　同じ正教国として関係の深いロシアに支援を要請

2 バルカン戦争

　1912年、ロシアはセルビアなどのバルカン諸国に働きかけ、(③　　　　　　　　　　　　)を結成
　⇨反オーストリアの同盟で、同年にオスマン帝国と戦って勝利する(第1次バルカン戦争)が、獲得し
　　た領土の分配をめぐり、翌年に同盟諸国間での戦争が勃発(第2次バルカン戦争)

第一次世界大戦の開戦

1 オーストリアの宣戦布告

　1914年6月、(②　　　　　　　　　　　　　　　　　　　　　　　　　)の中心都市(④
　　　　　　　　　)で、オーストリアの帝位継承者夫妻がセルビア人により暗殺
　⇨7月末にオーストリアがセルビアに宣戦布告、ドイツもロシアに宣戦布告し、フランスやイギリス
　　も参戦、日本は日英同盟を理由にドイツに宣戦布告(＝(⑤　　　　　　　　　　　　　))

2 ドイツの東西戦線

　　a　西部戦線：ドイツは中立国(⑥　　　　　　　　)に侵入し、フランスに進撃するも阻止される
　　　　⇨塹壕にこもり、機関銃で相手の突撃を阻止する塹壕戦となり、膠着状態
　　　　＊状況をかえるため、(⑦　　　　　　　)・(⑧　　　　　　　)・飛行機などの新兵器を開発・投入
　　b　東部戦線：ドイツ軍はロシア領ポーランドに侵入したが、決定的な打撃を与えられず

3 新たな参戦国

　戦争は同盟国側と協商国(連合国)側にわかれて戦われ、それぞれに参加国が追加
　⇨オスマン帝国も同盟国側に加わるが、オーストリアと対立する(⑨　　　　　　　　)は三国同盟に
　　もかかわらず当初は中立を保ち、1915年に連合国側で参戦、同年にはブルガリアが同盟国側で参戦

総力戦

1 新たな形の戦争

　　a　史上初の(⑩　　　　　　　)：通常は短期戦である従来の戦争と異なり、(⑤
　　　　　　　　)は長期戦となり、日常生活をも大きく巻き込む
　　b　高度な戦争継続能力：第2次産業革命によって高度に発達した産業力を、各国が最大限に発揮

2 総動員体制

　　a　産業の総動員：前線以外の後方での日常生活も、国家により再編⇨政府が経済活動を統制、原
　　　　料の配分・発注や、労働市場も管理し、食料や生活必需品の価格統制や配給制も導入
　　b　戦争遂行体制：各国で労働者政党を含む諸政党が、自国政府の戦争遂行を支持する姿勢を示し、
　　　　(⑪　　　　　　　)を確立⇨第2インターナショナルは事実上崩壊

3 戦時の植民地の人々と女性
  a　植民地の人々：各宗主国によって大規模に動員され、人々は兵士や労働力とされた
  b　女性の活躍：男性の出征によって人手不足が発生⇨女性が工場労働者・電話交換手・トラック
　　　運転手・警官などの職につく

Question　下の絵をみて、以下の問いに答えてみよう。

(1)絵は、どのような状況を表現したものだろうか。

　...

　...

(2)バルカン半島は、なぜ「ヨーロッパの火薬庫」と呼ばれたのだろうか。

　...

　...

　...

　...

....

....

....

....

....

....

....

....

....

....

....

....

....

....

....

....

....

....

....

....

1 第一次世界大戦とロシア革命②

▌日本の参戦 ▌

第一次世界大戦開戦後、日本はイギリスの軍事協力の要請を、中国での権益拡大の好機と判断

⇨1914年8月に、第2次大隈重信内閣の加藤高明外務大臣が慎重論をおし切って日本は参戦

　　⇨10月にドイツ領南洋諸島を占領、11月に山東省（①　　　　　　　）を攻略してドイツの東アジアにおける
　　　拠点を奪う

　　＊1917年にはイギリスの要請を受け、地中海に軍艦を派遣

▌二十一カ条の要求 ▌

1️⃣中国における権益の確保

　　1915年1月、日本政府は中華民国（袁世凱政権）に、（②　　　　　　　　　　　　　　　）を提示

　　⇨5号計21カ条からなる要求で、中国における日本の権益の確保と拡大が目的

2️⃣中国の反発

　　中国政府は（②　　　　　　　　　　　　　　）に強く反発し、中国の国内世論も反日傾向に

　　＊イギリスやアメリカは、要求の多さや第5号が諸外国には当初伏せられていたことで日本に不信感

　　⇨日本は軍事的圧力を背景に最後通牒を出し、中国政府は第5号以外の諸要求の大部分を承認

　　　⇨中国では反日感情が激化、のちに要求を承認させられた5月9日を「国恥記念日」に制定

▌戦時外交とアメリカ合衆国の参戦 ▌

1️⃣戦時外交

　　第一次世界大戦中、各国は秘密外交を繰り広げ、勢力圏の再分配を取り決める一方、戦争協力を得る
　　ため、国内あるいは敵国内の少数民族などに戦後の自治や国家建設を認めるとの空約束を与える

　　⇨オスマン帝国領をめぐる矛盾する取り決めは、のちにパレスチナをめぐる民族対立の原因に

　　　a　列強諸国間：イギリス・フランス・ロシアは、（③　　　　　　　　　　　　　　　　）
　　　　　　でオスマン帝国領のアラブ地域の分割を取り決め

　　　b　対アラブ人：イギリスは、（④　　　　　　　　　　　　　　）によりオ
　　　　　　スマン帝国の支配下におかれていたアラブ人に独立国家の建設を約束

　　　c　対ユダヤ人：イギリスは、（⑤　　　　　　　　　　　　　）によりパレスチナにユダヤ人
　　　　　　の「民族的な郷土」建設を承認

2️⃣アメリカ合衆国の参戦

　　ドイツは中立国も対象にして（⑥　　　　　　　　　　　　　　　　）を開始

　　⇨開戦当初に中立であったアメリカ合衆国は、1917年4月に連合国の側で参戦

　　　⇨アメリカ大統領（⑦　　　　　　　　　）は、1918年1月に「（⑧　　　　　　　　）」の平和原
　　　　　則を発表し、秘密外交の廃止、植民地問題の公正な調整、国際平和機構の創設などを提唱

　　　＊「（⑧　　　　　　　）」はアジア・アフリカの人々のあいだで解放への期待を高める

3️⃣第一次世界大戦の終結

　　Ⅰ　1917年11月（ロシア暦10月）にロシアで社会主義革命が発生

　　　⇨同盟国は1918年3月にロシアと（⑨　　　　　　　　　　　　　　　　）を結
　　　　び、東部戦線での戦闘は終結

　　Ⅱ　連合国はアメリカ軍の増援を得て、1918年8月に西部戦線でドイツ軍に決定的な打撃

⇨ブルガリア・オスマン帝国が連合国に降伏し、オーストリアも諸民族の国家に解体

Ⅲ　ドイツでは海上封鎖によって食料不足が深刻化し、国民生活が限界

⇨1918年11月、ドイツの（⑩　　　　　　　　　）で兵士が蜂起し、反乱は全国に広まってベルリンで（⑪　　　　　　　　　）の成立が宣言、ヴィルヘルム２世は亡命（＝ドイツ革命）

⇨４年以上にわたった第一次世界大戦は終結

▌第一次世界大戦の結果 ▐

1️⃣意識の変化

- a　ヨーロッパ：文明の頂点にいて野蛮な行為などしないという自意識の喪失
- b　植民地：戦争遂行を担ったことで政治的自覚を高め、戦後は自立に向けた動きを強化

2️⃣ヨーロッパの一極支配の終焉

戦争による荒廃で、戦勝国と敗戦国とを問わず、ヨーロッパ諸国の国力は減退

⇨アメリカの政治的・経済的な発言力がイギリスをしのぎ、社会主義政権が成立したロシアは資本主義や帝国主義を強力に批判、日本もアジア・太平洋地域での存在感を高める

3️⃣総力戦の経験

- a　権利の拡大：戦争遂行を担った代償として、民衆はより大きな政治的・社会的権利を要求⇨アメリカの黒人のような社会的少数派でも同様の動き
- b　女性の権利：後方での女性の社会進出の結果、女性と男性の権利を対等にする動きが積極化

Question　下の資料をみて、以下の問いに答えてみよう。

二十一カ条の要求

第二号　日本国政府及支那国政府ハ、支那国政府ガ南満洲及東部内蒙古ニ於ケル日本国ノ優越ナル地位ヲ承認スルニヨリ、茲ニ左ノ条款ヲ締約セリ

第一条　両締約国ハ、旅順大連租借期限並南満洲及安奉両鉄道各期限ヲ何レモ更ニ九十九ケ年ヅツ延長スベキコトヲ約ス

第五号　一、中央政府ニ政治財政及軍事顧問トシテ有力ナル日本人ヲ傭聘セシムルコト

（外務省編『日本外交年表竝主要文書』）

(1)なぜ、第５号は当初諸外国には秘されていたのだろうか。

....

....

(2)二十一カ条の要求に、中国側はなぜ強く反発したのだろうか。

....

....

....

....

....

....

....

....

....

....

....

1 第一次世界大戦とロシア革命③

ロシア革命

1 帝政ロシアの終焉

ロシアでは第一次世界大戦の開戦後、皇帝政府と諸政党・民衆間に溝があり、挙国一致体制は不成立

⇨1917年3月（ロシア暦2月）、首都（①　　　　　　　　　　　　　　）で食料不足を理由に労働者と

　兵士が反乱をおこすと、皇帝ニコライ2世が退位し、帝政は崩壊（＝（②　　　　　　　　　　　））

　⇨自由主義者を中心に臨時政府が成立するも、臨時政府は戦争継続路線をとり、民衆は不支持

　⇨社会主義者は、民衆の意見を代表するために（③　　　　　　　　　　　）（評議会）を各地につくる

　　とともに、無併合・無償金・民族自決の立場での講和を全世界に呼びかけ

2 社会主義政権の誕生

Ⅰ　1917年4月、ボリシェヴィキの指導者（④　　　　　　　　　　）が亡命先のスイスから帰国し、即時

　の戦争終結と臨時政府打倒を提唱

　　⇨社会格差に苦しんできた労働者は資本家から工場経営の権利を、農民は地主から土地を奪取

Ⅱ　ボリシェヴィキ以外の社会主義者は臨時政府を支持し、（⑤　　　　　　　　　　　　　　）が首相に

　なるが、民衆は即時の戦争終結をとなえる（④　　　　　　　　　）を支持

Ⅲ　1917年11月（ロシア暦10月）、ボリシェヴィキは（①　　　　　　　　　　　）で武装蜂起し、

　臨時政府を打倒、史上初の社会主義政権樹立（＝（⑥　　　　　　　　　））

　　⇨ソヴィエト政権は、「（⑦　　　　　　　　　　　　　）」で即時講和を交戦国に呼びかけ、

　　「（⑧　　　　　　　　　　　　　）」で土地の私的所有を廃止し、土地を国有化

ロシアの内戦とソ連の成立

1 戦争の終結と新たな戦争

Ⅰ　1918年1月、憲法制定会議が開催されるが、選挙でエスエルが第一党になると会議は閉鎖

Ⅱ　同年3月、同盟国による領土と賠償金の要求を受け入れ、ブレスト＝リトフスク条約締結

　　⇨首都も安全な内陸部の（⑨　　　　　　　　　　）に移す

Ⅲ　自由主義者や社会主義者・軍人ら反革命勢力と、ソヴィエト政権とのあいだで内戦勃発

　　⇨革命拡大を恐れる連合国は、ロシアに投降した元オーストリア軍兵士からなるチェコスロヴァ

　　キア軍団の反乱を支援する名目でロシアに派兵（＝（⑩　　　　　　　　　　　　　））

2 内戦への対応

┌　a　独裁体制：新しい軍隊として（⑪　　　　　　　　　）が組織され、中央集権的体制、監視体制で内戦や列

│　　強の干渉をたえ抜く⇨（⑫　　　　　　　　　）（ボリシェヴィキから改称）の一党独裁体制を形成

│　b　経済政策：1921年、きびしい統制経済体制への民衆の不満に対し、（⑬　　　　　　　　　　　）

└　　（ネップ）を宣言し、市場経済を部分的に容認

3 ソ連の誕生

1919年に世界革命をめざす（⑭　　　　　　　　　　）（第3インターナショナル、共産主義インタ

ーナショナル）が（⑨　　　　　　　　）で結成

⇨旧ロシア帝国の周縁部にも（⑫　　　　　　　　　）による民族共和国が誕生し、1922年にロシアと連合

　⇨（⑮　　　　　　　　　　　　　　　）（ソ連邦、ソ連）結成

┃日本のシベリア出兵 ┃

1 日本の出兵

日本は連合国の(⑩ 　　　　　　　　　　　　　　)の呼びかけに応じ、1918年8月に出兵

⇨国際的地位の向上や北洋漁業などの経済的権益の拡大をもくろむ

2 日本の行軍

　　a　各国の対応：チェコスロヴァキア軍団の救援とロシア側の反革命勢力の援助⇨11月に第一次世
　　　　界大戦は休戦、チェコスロヴァキア軍団の救援成功⇨ソヴィエト政権打倒の見込みは立たず、
　　　　1919年に各国の軍隊は撤退開始

　　b　日本の対応：権益獲得、共産主義流入防止などのため占領継続⇨現地住民は反発し、1920年3
　　　　月〜6月、革命派ゲリラ部隊が日本人住民・兵士を殺害(尼港事件)⇨日本はこの事件を契機
　　　　に資源獲得のために北樺太(北サハリン)を占領

3 日本の撤兵

長期間の出兵に対する日本の国内外からの批判を受け、1922年10月、北樺太を除き撤兵

⇨1925年1月の(⑯ 　　　　　　　　　　　　　)締結によって、北樺太の石油・石炭の権益獲得と引き
かえに撤兵

Question　下の地図をみて、以下の問いに答えてみよう。

(1)日本軍の進路にはどのような特徴があるだろ
うか。

(2)日本軍は、何の目的のためにどこまでを占領
したのだろうか。

2 国際平和と安全保障①

パリ講和会議と国際連盟の成立

1 講和会議

1919年1月、パリで連合国の代表による第一次世界大戦の講和会議（パリ講和会議）が開始

＊敗戦国である同盟国、社会主義政権となったソヴィエト＝ロシアの代表はまねかれず

⇨アメリカ合衆国大統領ウィルソンは「十四カ条」の平和原則にもとづいて公正な講和を提唱

⇦イギリスとフランスはウィルソンに同調せず、ドイツに対して過酷な条件を要求

　⇨ドイツは、巨額の（①　　　　　　　　　）支払いや大幅な軍備制限、アルザスとロレーヌのフランスへ
　の割譲など領土放棄を含む（②　　　　　　　　　　　　　　　）を連合国と締結

2 ヨーロッパにおける新興国の誕生

ロシア帝国とオーストリア＝ハンガリー帝国の崩壊により成立

⇨パリ講和会議の結果、中央ヨーロッパ・東ヨーロッパに新たな独立国が承認

　＊ポーランド・フィンランド・エストニア・ラトヴィア・リトアニア・チェコスロヴァキア・ユー
　ゴスラヴィア・ハンガリーが独立

　⇨「十四カ条」が掲げた（③　　　　　　　　　）の理念にもとづいていたが、諸民族が複雑に混住す
　る地域に国境線を引いた結果、各国は少数民族の問題を抱える

3 植民地への対応

「十四カ条」は、現地の人々の意志を尊重して、植民地問題を解決することを提唱

⇦イギリスもフランスも、植民地支配を本質的に改めようとはせず

　⇨会議では、アジア・アフリカの多くの地域は政治的に遅れているため、長期にわたりその統治を
　先進諸国に委任する必要があるとする（④　　　　　　　　　）の発想が優位

　⇨旧オスマン帝国統治下のアラブ地域はイギリスとフランス、旧ドイツ植民地の赤道以北の南洋
　諸島は日本の（④　　　　　　　　　）領になる

4 世界規模での抗議運動

パリ講和会議の結果に、アジア・アフリカの人々は失望

⇨朝鮮の三・一独立運動や中国の五・四運動など、各地で列強の支配に対する抗議運動が多発

5 国際平和機構の創設

「十四カ条」のうちの国際平和機構は（⑤　　　　　　　　　）として創設

⇨42カ国が発足時の参加国となり、イギリス・フランス・イタリア・日本が常任理事国となる

問題点：┌ a　アメリカは、戦後に議会が孤立主義の主張を強め、加入を否決⇨ドイツやソヴィエト
　　　　│　　＝ロシアの排除、アメリカの不参加で（⑤　　　　　　　　　）の影響力は低下
　　　　│ b　（⑤　　　　　　　　　）は経済制裁をおこなえたが、軍事制裁の手段はもたず、議決方
　　　　└　　法も総会での全会一致が原則で、紛争解決能力を弱める

6 戦後体制

パリ講和会議によって定まった戦後体制（＝（⑥　　　　　　　　　　　　　　　））

＊ドイツ以外にも、ほかの敗戦国と連合国とのあいだで、個別に講和条約を締結

ワシントン会議

（⑥　　　　　　　　　　　　　　）に対し、アメリカと日本が台頭したアジア・太平洋地域の戦後
秩序を改めて確立するため、1921～22年に、アメリカの主導で（⑦　　　　　　　　　　　　　　　）を開催

```
┌  a　（⑧　　　　　　　　　　　　　）：アメリカ・イギリス・日本・フランスのあいだで締結し、太平洋
│      の島嶼部の現状維持を定める⇨（⑨　　　　　　　　　　　　）は解消される
│  b　（⑩　　　　　　　　　　　　　）：アメリカ・イギリス・日本のあいだで主力艦の保有
│      比率を 5 ： 5 ： 3 と定める
└  c　（⑪　　　　　　　　　　　　　）：中国の主権を尊重し、経済上の門戸開放・機会均等の原則を約束
⇨（⑦　　　　　　　　　　　　）で成立した国際秩序を（⑫　　　　　　　　　　　　　　）と呼ぶ
```

Question　下の写真をみて、以下の問いに答えてみよう。

(1)国際連盟は、どのような契機でできたのだろうか。

....

....

(2)史上はじめて設立された国際平和機構である国際連盟には、どのような問題点があったのだろうか。

....

....

....

....

2 国際平和と安全保障②

1920年代の西ヨーロッパ諸国

1 イギリス

❶女性の政治参加

総力戦を担った広範な国民、とくに女性の政治参加を実現すべきという認識が広まる

⇨大戦末期の1918年、（①　　　　　　　　　　）で男性普通選挙の導入とともに、（②　　　　　　　　　　）も付与

＊戦後の選挙では（③　　　　　　　　）が躍進し、1924年には初の（③　　　　　　　　）政権が実現

❷大英帝国の再編

カナダ・オーストラリア・ニュージーランドなどの自治領は、大戦に参加して発言力を高める

⇨1931年の（④　　　　　　　　　　　　　　　　　）によって、自治領は本国と対等の

地位を認められ、イギリス帝国は（⑤　　　　　　　　　　）（コモンウェルス）に再編

・アイルランド問題

アイルランド自治法の施行延期で、アイルランドとの関係が悪化

Ⅰ　1916年、ダブリンで蜂起が発生

Ⅱ　1919〜21年、（⑥　　　　　　　　　　　　）が勃発

⇨アイルランド自由国を自治領として承認するが、北アイルランドはイギリス領として分離

⇨内戦に発展、イギリスが支援したアイルランド自由国軍が勝利するが、独立運動は継続

2 フランス

1923年にドイツの賠償金返済のとどこおりを理由に、ベルギーとともにドイツのルール工業地帯を占領（＝（⑦　　　　　　　　　　））

⇨フランス・ドイツ両国の関係は緊迫、フランスは国際的な非難を浴び、1925年に撤兵

3 ドイツ

❶ヴァイマル共和国

1919年8月に社会民主党政権下で（⑧　　　　　　　　　　　）が制定

⇨社会権や男女平等の普通選挙権を含む、民主的な憲法だったが、軍部や保守派は反発

＊ヴェルサイユ条約のきびしい内容に対する不満が、国民に広く共有され、政治は混乱

⇨1925年には第一次世界大戦の軍指導者（⑨　　　　　　　　）が大統領就任

❷経済情勢

きびしい経済情勢のなかで賠償金の支払いがとどこおり、1923年の（⑦　　　　　　　　）がきっかけで、未曽有のインフレがおこる

⇨（⑩　　　　　　　　　　）首相は紙幣改革でインフレを鎮静化

＊アメリカはヨーロッパの経済の安定を求め、1924年に（⑪　　　　　　　）が成立

⇨ドイツの年間賠償額引き下げと、アメリカからドイツに資金を貸し付けることで賠償金返済を円滑化、ヨーロッパ経済の安定にアメリカが大きな役割を果たす

4 イタリア

❶国内の対立

イタリアはパリ講和会議で期待していた通りの領土拡張が実現できず、世論は大戦の結果に不満

⇨ロシア革命の影響を受けた民衆は、地主や資本家に対する抗議運動を激しく展開

⇦地主や資本家は、一部の復員した兵士とともに武力で対抗

❷独裁体制の樹立

Ⅰ 排外主義的なナショナリズムと武力による秩序の回復を掲げる（⑫　　　　　　　　　　　　）
　が（⑬　　　　　　　　　　　）を結成して民衆運動を攻撃
　⇨各地の保守的な武装勢力を（⑬　　　　　　　　　　　）のもとに取り込み、混乱からの回
　　復を求める地主・資本家・軍部・官僚などの保守層もこの動きを歓迎

Ⅱ 1922年、（⑫　　　　　　　　　　　）が政権獲得をめざして（⑭　　　　　　　　　）
　⇨国王から首相に任命され、保守層と宮廷の支持を受け、共産党などの反対勢力を弾圧
　　⇨1926年に（⑬　　　　　　　　　　　）の独裁体制樹立

┃ 国際協調の模索 ┃

a （⑮　　　　　　　　　　　）：1925年、（⑩　　　　　　　　　　　）がフランス外務
　　大臣の（⑯　　　　　　　　　）と協力して締結し、ラインラントの非武装化などを再確認⇨翌年
　　にはドイツが常任理事国として国際連盟に加盟

b （⑰　　　　　　　　）（パリ不戦条約）：1928年にアメリカ国務長官（⑱　　　　　　　　　）と（⑯
　　　　　　　　　）の主導で成立、国際紛争を解決する手段としての戦争を禁止する内容
　⇨1920年代後半における国際協調の模索の頂点

Question 下の写真をみて、以下の問いに答えてみよう。

(1)写真の2人はどのような国際協調を進めたのだろうか。
....
....

(2)1920年代後半のヨーロッパ諸国は国内の混乱を抱えながらも、どのように国際協調を構築していったのだろうか。
....

ブリアン(左)とシュトレーゼマン(右)

....
....
....
....
....
....
....
....
....
....
....
....
....

3 アジア・アフリカ地域の民族運動①

▌第一次世界大戦と民族運動 ▌

アジア・アフリカでは、第一次世界大戦を境に、一部のエリートのものであった民族運動が大衆に浸透

- a 第1の理由：ヨーロッパ諸国が植民地の人々の協力を得るため、戦後の自治や独立への支援を約束⇨インドや旧オスマン帝国内のアラブ地域では、戦後に約束が実現されず、人々が反発
- b 第2の理由：ヨーロッパでの戦争による物資不足にともない、アジア諸国の工業生産が発展⇨工業労働者を中心に都市住民が増加し、大衆的政治運動の担い手として登場
- c 第3の理由：多民族帝国が敗北し、支配下にあった地域には民族自決の原則が提唱⇨アジア・アフリカの植民地にこの原則は適用されなかったが、植民地支配の時代の終わりを人々が期待
- d 第4の理由：ロシア革命を成し遂げた革命政権は、アジアの民族運動と協力する方針を発表⇨コミンテルンの指導下にアジア・アフリカ各国で共産党が結成され、民族運動の有力な一翼に

▌東アジアの民族運動 ▌

①朝鮮半島

日本の統治下にあったが、ロシア革命や民族自決の潮流を受けて、1919年3月1日、独立万歳を叫ぶデモがソウル（当時は京城）で始まり、朝鮮全土に波及（＝（①　　　　　　　　　　　　　　　　　　　））

⇨朝鮮総督府は軍隊を動員して運動を鎮圧するが、（②　　　　　　）内閣は事件の衝撃から政策を転換

　⇨従来の強圧的な武断政治から、憲兵制度の廃止や朝鮮人の登用など「（③　　　　　　　　　　　）」へ

②中国

パリ講和会議で、大戦中に二十一カ条の要求で日本に認めさせられた山東省の権益の返還などを提訴

⇨列国によって退けられたことに抗議して、1919年5月4日に北京で学生デモが勃発

　⇨条約反対や日本商品の排斥を訴える運動が全国に波及（＝（④　　　　　　　　　　　　　））

③新文化運動

辛亥革命後に（⑤　　　　　　　　　）らの知識人は、新しい社会をつくり出すには大衆の啓蒙が必要だと考え、1915年、「民主と科学」を旗印として雑誌『新青年』を創刊

＊『新青年』は難解な文語にかわる口語の提唱や、上下差別のきびしい儒教に対する批判を展開、旧社会の弊害を鋭く指摘する（⑥　　　　　　）らの小説・評論を、若者らが支持

影響：（④　　　　　　　　　　）の広がりを支え、結果として中国はヴェルサイユ条約の調印を拒否

▌国民党と共産党 ▌

①新たな国家建設をめざす動き

- a 中国共産党：新文化運動を担った知識人の一部は、ロシア革命の影響下で社会主義の支持者となり、1921年に（⑤　　　　　　　）らが結成
- b 中国国民党：（④　　　　　　　　　　）の広がりをみて大衆的政治運動の必要性を痛感した（⑦　　　　　　　　　）が新たな革命政党を発足、資本主義のもとでの発展をめざす

②国共合作と分裂

Ⅰ （⑧　　　　　　　　　　　　　　）（1924年）

各地に分立する軍事指導者を排除して国家を統一するために、1924年、中国国民党は中国共産党に呼びかけて協力体制を構築

⇨26年、根拠地の広州から（⑨　　　　　　　　）の率いる軍隊を北上させる（＝（⑩　　　　　　））

Ⅱ 国共分裂(1927年)

中国共産党の指導する農民運動が激化して地主に対する攻撃へと向かったことなどから、中国国民党右派は危機感

⇨1927年には(⑨　　　　　　　)が上海クーデタで中国共産党を弾圧し、南京に(⑪

　　　　　　)を樹立して翌年には主席に就任、(⑧　　　　　　　　　　　　　)は崩壊

Ⅲ 中国統一(1929年)

中国国民党は北伐を続け、満洲の軍事指導者であった(⑫　　　　　　　)が日本の関東軍によって殺害されたあとに子の張学良が国民政府に合流、中国統一を達成

③国民政府と共産党

イギリスやアメリカは、大陸進出を進めていた日本に対抗するため(⑪　　　　　　　)を支援

⇨中国国民党のもとで関税自主権の回復がなされるなど中国の経済成長の基礎を形成

⇦中国共産党は1931年に瑞金で(⑬　　　　　　)を主席とする中華ソヴィエト共和国臨時政府を樹立

Question 下の地図をみて、以下の問いに答えてみよう。

(1)北伐以前の中国国内はどのような状態だったのだろうか。

....

....

(2)国民党と共産党はなぜ協力し、その後対立したのだろうか。

....

....

....

....

....

....

....

....

3 アジア・アフリカ地域の民族運動②

インドの民族運動

1 大戦後のインド

イギリスは、第一次世界大戦での戦争協力に対する見返りに、インドに自治権の付与を約束

＊インドでは、大戦中に民族自決を受けた民族運動が高揚し、（①　　　　　　　　　　）などの民族資本家が成長

⇨大戦後の1919年、自治とはほど遠い内容である（②　　　　　　　　　　　　）が制定、同年には令

　状なしの逮捕や裁判なしの投獄を認める（③　　　　　　　　　　　　）が発布

⇨（④　　　　　　　　　　　）は1920年の国民会議派大会で非協力運動の方針を提示し、大衆的な非暴

　力の民族運動を掲げ、当初は全インド＝ムスリム連盟からの支持も得る

2 民族運動の展開

1927年、新たな（②　　　　　　　　　　　　　）制定のため、イギリスで憲法改革調査委員会が設置

⇨委員にはインド人が含まれていなかったため、民族運動は再び激化

　⇨1929年の国民会議派大会で、ネルーらが（⑤　　　　　　　　　　　　　　　）（完全

　　独立）を決議、30年に（④　　　　　　　　）は「（⑥　　　　　　　　）」を開始

3 ムスリムの分裂

1935年の（②　　　　　　　　　　　　）で各州の自治はインド人へゆずられ、1937年に州選挙を実施

⇨多くの州で国民会議派が政権を獲得、ムスリムは多数を占める州では勝利するが、全体では不振

⇨ジンナーが率いる全インド＝ムスリム連盟は、独自に（⑦　　　　　　　　　　）建設をめざす

東南アジアの民族運動

a　フィリピン：19世紀末からアメリカ合衆国が支配するが、フィリピン人への権限委譲が進む

　　　⇨1916年のフィリピン自治法で将来の独立を明記、35年にはフィリピンに独立準備政府発足

b　インドネシア：第一次世界大戦後にインドネシア共産党が結成され、オランダからの独立を求め

　　て武装蜂起、弾圧を受けて壊滅⇨1927年に（⑧　　　　　　　　）が（⑨

　　　　　　　　　）を結成して独立を訴えるが、1930年代に弾圧の強化で民族運動は停滞

c　ビルマ：1920年代から民族運動が始まり、1930年に結成された（⑩　　　　　　　）は社会主義

　　国ビルマの独立をとなえるが、イギリスが弾圧

d　ベトナム：フランス領インドシナ連邦の一部を構成。（⑪　　　　　　　　　　　）らが

　　1930年に（⑫　　　　　　　　　　）結成⇨各地で民族運動を展開するが、弾圧

e　タイ：専制的王政が続くなか、1932年に（⑬　　　　　　　　）がおこり、立憲君主政に移行

アフリカの民族運動

南アフリカでは1912年に先住民民族会議（23年に（⑭　　　　　　　　　　　）（ANC）と改

称）が結成され、人種差別撤廃運動を開始、第一次世界大戦後にはアフリカ各地に民族運動が拡散

⇨欧米ではアフリカ系知識人を中心に（⑮　　　　　　　　　　　　　　　　）を展開

　⇨1900年にロンドンでパン＝アフリカ会議開催、1919年の会議で段階的な自治の推進などをめざす

西アジアの情勢

1 オスマン帝国からトルコへ

「 a　帝国解体の危機：大戦後、帝国領の分割を策定していた連合国軍とギリシア軍が各地を占領

b　新国家の建設：(⑯　　　　　　　　　　　　　　　　　　)(のちのアタテュルク)は、アンカ
　　　ラにトルコ大国民議会を招集して革命政権樹立⇨1922年にギリシア軍を撃退、スルタン制を
　　　廃止⇨1923年に連合国とローザンヌ条約を結び、(⑰　　　　　　　　　　　　　　)樹立
　　c　トルコの近代化：大統領に就任した(⑯　　　　　　　　　　　　　　)は、(⑱
　　　　　　　　)を廃止するなど国家と宗教を分離⇨殖産興業政策による民族資本の育成や、
　　　トルコ人の歴史と言語にもとづいたトルコ＝ナショナリズムを育成
②パレスチナをめぐる対立
　19世紀後半のユダヤ＝ナショナリズム((⑲　　　　　　　　　　　　　))が、パレスチナにおける国家の
　建設を構想し、バルフォア宣言によるユダヤ人の「民族的な郷土」建設の承認で促進
　⇨アラブ人に戦後の独立を約束したフセイン・マクマホン協定とは矛盾
　　⇨イギリスの委任統治下でユダヤ人の入植が進み、パレスチナのアラブ人と対立を深める
③アフガニスタンとイラン
　　a　アフガニスタン：戦後にイギリスと戦って完全な独立
　　b　イラン：軍人のレザー＝ハーン(のちのレザー＝シャー)がガージャール朝を廃して新たに(⑳
　　　　　　　　　)を開き、トルコにならって近代化を進める

Question　下の写真をみて、以下の問いに答えてみよう。

(1)写真の人物は誰で、何をしているところだろうか。

....

....

(2)オスマン帝国から共和国にかわったトルコでは、どのような改革がお
こなわれただろうか。

....

....

....

....

....

....

....

....

....

....

....

....

....

....

4 大衆消費社会と市民生活の変容

▌大衆消費社会の到来とアメリカ合衆国の繁栄 ▌

1 アメリカ合衆国の発言力拡大

- a 第一次世界大戦前のアメリカ：ヨーロッパから資金を得て工業化を進める債務国⇨第一次世界大戦開戦後、ヨーロッパ諸国に資金を提供し、債権国に転化
- b 第一次世界大戦後のアメリカ：国際社会においてもっとも大きな政治的・経済的発言力をもつ

2 大量生産の実現

1914年、自動車会社の経営者（① 　　　　　　　　　）が生産工場にベルトコンベアを導入

⇨流れ作業と部品の均一化が本格的に広まり、短期間での大量生産、価格の低下が実現

3 大量消費の実現

大量生産と価格の低下のほか、信用販売（月賦）により中所得者層にも工業製品の購入が可能に

＊定期的なモデルチェンジや、ネオンサインなどの大規模な広告も、消費意識を刺激

⇨大量生産・大量消費・大衆文化を特徴とする（② 　　　　　　　　　　）が出現

▌中間層と大衆文化 ▌

1920年代のアメリカでは、会社員や公務員など（③ 　　　　　　　　　　　）（俸給生活者）を中心とした都市中間層が大量生産・大量消費を支え、社会の中核に

⇨映画・スポーツ観戦・タブロイド新聞などの大衆文化が広まり、（④ 　　　　　　）放送も開始

⇨（② 　　　　　　　　　）はアメリカからヨーロッパ、日本にも広まる

▌アメリカ社会と人種差別 ▌

- a 黒人への反発：黒人が白人とともに第一次世界大戦に参加し、権利意識を高めたことで白人が反発。人種差別団体である（⑤ 　　　　　　　　　　）（KKK）が黒人や移民に暴力を加える
- b （⑥ 　　　　　　　）の制定：アルコールの製造・販売を禁止。酒造業にたずさわる移民系企業への反発を反映
- c 1924年の移民法：東ヨーロッパ・南ヨーロッパからの移民を著しく規制したほか、アジアからの移民を禁止
  - ＊中国からの移民はすでに禁止されていたため、（⑦ 　　　　　）からの移民がおもな対象

▌日本における教育の発達と都市化の進展 ▌

1 教育の発達

日本では明治時代末期に義務教育の就学率がほぼ100％になり、1920年代には中等教育段階への進学率も 3 割前後にのぼる

⇨高学歴者の増加から、（③ 　　　　　　　　　　）が増加。高学歴の女性のなかには、教員や記者・編集者などの職種で男性と対等に仕事をこなす「（⑧ 　　　　　　　　）」も登場

2 都市化の進展

都市には映画館やデパートなど、あらゆる階層の人々が気軽に楽しめる施設が増加

⇨トンカツのような洋食を食堂やレストランで食べたり、私鉄が郊外に建設した遊園地に出かけたりする人々も現れる

▌日本の大衆文化と消費文化 ▐

① 大衆文化・消費文化の誕生

　工業や科学技術の発展と衛生思想の普及により、菓子や缶詰、調味料や飲料、医薬品などが大量生産
　⇨宣伝ポスターも盛んにつくられ、大衆文化・消費文化が都市部を中心に広がる

② マスメディアの発達

　　a　映画：都市部の青少年層を中心に人気を集め、1930年代後半にはトーキー（発声）映画が普及
　　b　出版：月刊誌『（⑨　　　　　　　）』は1927年に発行部数100万部を突破。『改造』など総合雑誌
　　　　の出版がおこったほか、1冊1円で配本される全集本である（⑩　　　　　）のブームが発生
　　c　新聞：1920年代中頃に有力全国紙が100万部達成を宣言。以後も部数競争を継続
　　d　（④　　　　　　　）：1925年に本放送が開始し、26年に準国営の日本放送協会（NHK）に統合
　　　　⇨新交響楽団がしばしば登場して広く知られるようになる

Question　下のグラフをみて、以下の問いに答えてみよう。

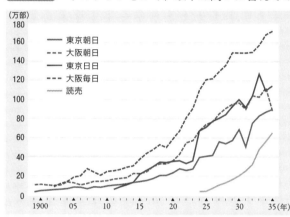

新聞の発行部数の拡大

(1)発行部数の増大は、とくにどの時期に起きて
いるだろうか。

　　　　　　　　　　　　　　　　　　　　　　　

　　　　　　　　　　　　　　　　　　　　　　　

(2)この時期の発行部数の増大は、どのような要
因によってもたらされたのだろうか。

5 社会・労働運動の進展と大衆の政治参加①

大正政変

民衆の政治参加の拡大、政党内閣の恒常化をめざす「デモクラシー」運動が日本でも本格的に展開

1 第2次(① 　　　　　　　)内閣の崩壊

　1912年、第2次(① 　　　　　　　　　)内閣は財政難を理由に、陸軍の2個師団増設要求を拒否

　⇨陸軍は(② 　　　　　　　　　　　)を使い、内閣を総辞職に追い込む

　　⇨山県有朋ら元老たちの協議により、12月に第3次(③ 　　　　　)内閣が成立

2 運動の開始

　立憲国民党の(④ 　　　　　)・(⑤ 　　　　　　　　)の尾崎行雄を中心とする政党の一部や言

　論界が「閥族打破・憲政擁護」を掲げて倒閣運動を開始(=(⑥ 　　　　　　　　　))

　⇦(③ 　　　　　)は(⑤ 　　　　　　　)に対抗して新党結成をはかるが、新党結成は進まず

3 大正政変

　1913年2月、尾崎による(③ 　　　　　)を弾劾する演説をきっかけに政府は衆議院を停会

　⇦運動に賛同する民衆が議事堂周辺に集まり、一部では暴動も発生、内閣は退陣(=大正政変)

　　*(③ 　　　　　)の新党は、12月に(⑦ 　　　　　　　)として結成される

4 第1次(⑧ 　　　　　)内閣の動き

　首相は薩摩出身の海軍軍人だが、(⑤ 　　　　　　　)を与党とし(②

　　　　　　　)の現役規定を削除するなど「デモクラシー」の拡大につとめる

　⇦1914年、海軍の汚職事件(=(⑨ 　　　　　　　　　))が発覚して退陣

第一次世界大戦と米騒動

1 第一次世界大戦への参戦

　(⑨ 　　　　　　　　　　)ののち、第2次大隈重信内閣が成立

　⇨第一次世界大戦に参戦、中国に対しては1915年1月(⑩ 　　　　　　　　　)をおこ
　なう

2 第2次大隈重信内閣の退陣

　参戦や(⑩ 　　　　　　　)が国際的な不信をまねいたとして元老たちの非難を浴

　び、閣僚の汚職事件もあって1916年に内閣は退陣

　⇨長州出身の陸軍軍人である(⑪ 　　　　　)が組閣

　⇨大隈内閣の与党だった(⑦ 　　　　　)などは合同して(⑫ 　　　　)を組織

3 大戦景気

　第一次世界大戦の勃発によってヨーロッパからの輸出がとまる

　⇨日本では(⑬ 　　　　)工業・繊維業・造船業の生産が急増、工業生産額や工場労働者も増大

　　⇨輸入超過(赤字)だった貿易は、輸出超過による黒字に転じ、好況に(=大戦景気)

4 米騒動

　1918年8月、(⑭ 　　　　　　　)にともなう買い占めによって米価が暴騰

　⇨(⑮ 　　　)県の主婦が米屋におしかけたのをきっかけに、全国で暴動が発生(=米騒動)

　⇦(⑪ 　　　　)内閣は軍隊を動員して鎮圧するが、9月責任をとって総辞職

　　⇨元老らは(⑤ 　　　　)総裁の(⑯ 　　　)を首相に指名

5 (⑯　　　　　)内閣の動き

（⑯　　　　　）は初の衆議院議員の首相で、（⑤　　　　　　　　　　　　）の党員が陸軍・海軍大臣と外務大臣以外の全閣僚を占める

⇨産業の振興、交通の整備、高等教育機関の充実など積極的な政策を打ち出す

⇔まもなく大戦景気が終わり、1920年には戦後恐慌が始まる

▌普通選挙運動 ▶

（⑯　　　　　）内閣の時期には普通選挙運動（普選運動）が盛んになる

1 普選運動の背景

- a　美濃部達吉の（⑰　　　　　　　　　　）：天皇は国家機関の１つにすぎず、強力な政治を推進するには民意にもとづく政党内閣が望ましいと主張
- b　吉野作造の（⑱　　　　　　　　）：民衆の意向にもとづく政治が理想であると主張

2 普選運動の高揚

1918年12月、吉野の影響を受けた東京帝国大学の学生は（⑲　　　　　　）を結成、吉野自身も盛んに講演活動をおこなうなど、普選運動が高揚

⇔（⑯　　　　　）内閣は時期尚早として、有権者の納税資格を（⑳　　　）円に引き下げるにとどめる

Question　下のグラフをみて、以下の問いに答えてみよう。

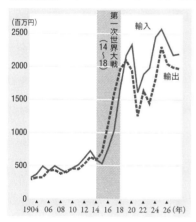

第一次世界大戦前後の日本の貿易

(1)なぜ、第一次世界大戦の時期に貿易額が急増し、輸出超過となったのだろうか。

....
....
....

(2)第一次世界大戦の時期に輸出超過になったことは、社会にどのような影響を与えたのだろうか。

....
....

5 社会・労働運動の進展と大衆の政治参加②

┃労働運動と社会運動┃

①労働運動

　1920年1月、（①　　　　　　　　　　　　　）(ILO)設立、労働者の待遇改善につとめる

　⇨日本でも、八幡製鉄所などで賃上げなど労働条件改善をめざす（②　　　　　　　）がおこる

②農村の動き

　1920年、農村では小作料減免などを求める（③　　　　　　　　）が408件発生、約3万5000人が参加

　⇨1922年4月、神戸で（④　　　　　　　　　　）が結成

　⇦政府は、1924年に小作調停法を制定して対応

③女性運動

　Ⅰ　アメリカで女性の権利大会が開催(1848年)

　　　⇨以後アメリカ・イギリス・ドイツなどで女性参政権獲得運動が盛んになる

　Ⅱ　国際女性参政権同盟が結成(1904年)

　　　⇨第一次世界大戦で女性が様々な職場に進出したことで女性参政権獲得が後押しされる

　Ⅲ　市川房枝らが（⑤　　　　　　　　）を結成(1920年)

　Ⅳ　治安警察法改正で女性の政談演説会への参加が認められる(1922年)

　Ⅴ　（⑥　　　　　　　　　　　　）が結成(1924年)

④部落解放運動

　1922年3月、（⑦　　　　　　　　）が結成され、部落解放運動が本格化

⑤共産主義への関心

　Ⅰ　マルクスの『資本論』が日本語訳で出版される(1920年)

　Ⅱ　（⑧　　　　　　　）が秘密裏に結成(1922年)：コミンテルンの日本支部

┃関東大震災┃

1923年9月1日、（⑨　　　　　　　　　　）発生。東京・横浜を中心に10万人以上の死者が出る

⇨警察・軍隊・避難民の流言から、自警団による（⑩　　　　　　）や中国人に対する殺傷事件が発生、

　（⑪　　　　　　　）ら社会主義者、労働運動家が憲兵隊や警察・軍隊によって拘束・殺害

＊多数の企業が被災し、大量の不良債権(震災手形)が発生して景気は停滞

┃普通選挙法と治安維持法┃

①原敬首相の暗殺

　1921年11月、原敬首相が東京駅で暗殺される

　⇨ワシントン会議には後任の（⑫　　　　　　　）首相が参加したが、立憲政友会内の対立を収拾で

　　きずに総辞職、以後3代にわたって非政党内閣が続く

②本格的政党内閣の成立

　Ⅰ　官僚出身の清浦奎吾が非政党内閣を組閣(1924年1月)

　　　⇨立憲政友会の（⑫　　　　　　）、憲政会の（⑬　　　　　）、革新倶楽部の（⑭

　　　　　）は、「憲政擁護・普選実現」を掲げて、清浦内閣に対抗(＝（⑮　　　　　　　））

　　　⇨立憲政友会内の普選尚早派は脱党して（⑯　　　　　　　）を結成して清浦内閣を支える

　　　　⇨清浦内閣は、議会を解散して6月の総選挙にのぞむが、（⑮　　　　　　　）が勝利

Ⅱ （⑮　　　　　　　　　　　　　）内閣が成立、（⑬　　　　　　　　　　　　　　）が首相となる（＝第二次護憲運動）

③（⑬　　　　　　　　　　　　　）内閣の政策

・（⑰　　　　　　　　　　　　　　　　　　　　　　　　　　）制定（1925年5月）

　⇨満25歳以上の男性に納税資格に関係なく選挙権が与えられた

・（⑱　　　　　　　　　　　　　　　　　　　　）制定（1925年4月）

　⇨天皇制や資本主義の否定をはかる者を罰する、事実上共産主義を禁じた法律。さらに、全国に特別
　　高等警察（特高）が設置

　背景：同年1月に結ばれた（⑲　　　　　　　　　　　　　　　　　　　）でソ連との国交が回復され、共産主義革命
　　　　の防止上必要と判断されたため

　⇨天皇制を否定しない範囲では、社会主義的な主張が許され、小作農や労働者の地位向上を主張する
　　（⑳　　　　　　　　　　　　　）の結成も試みられた

Question　下の表をみて、以下の問いに答えてみよう。

選挙法の公布		実施の総選挙の年	選挙区制	選挙人の資格			選挙人		被選挙人の資格		
年	内閣			年齢	性別	納税額	人数（万人）	選挙人比率（対全人口比）　% 10　20　30　40　50　60　70　80	年齢	性別	納税額
1889 (明治22)	黒田清隆 くろだきよたか	1890 (明治23)	小選挙区	満25歳以上	男	15円以上	45	1.1	30歳	男	15円以上
1900 (明治33)	第2次 山県有朋 やまがたありとも	1902 (明治35)	大選挙区	25歳以上	男	10円以上	98	2.2	30歳	男	制限なし
1919 (大正8)	原 敬 はら たかし	1920 (大正9)	小選挙区	25歳以上	男	3円以上	307	5.5	30歳	男	制限なし
1925 (大正14)	第1次 加藤高明 かとうたかあき	1928 (昭和3)	中選挙区	25歳以上	男	制限なし	1241	19.8	30歳	男	制限なし
1945 (昭和20)	幣原喜重郎 しではらきじゅうろう	1946 (昭和21)	大選挙区	20歳以上	男・女	制限なし	3688	48.7	25歳	男・女	制限なし
2015 (平成27)	第3次 安倍晋三 あべ しんぞう	2017 (平成29)	小選挙区比例代表	18歳以上	男・女	制限なし	10609	83.7	25歳	男・女	制限なし

衆議院議員選挙法のおもな改正

(1)1890年と1928年をくらべると、有権者数は、どのように増えていったのだろうか。

(2)1928年と2017年をくらべると、有権者数は、どのように増えていったのだろうか。

❶世界恐慌の発生と各国の対応

▎世界恐慌の発生 ▎

① アメリカ合衆国の恐慌

　1920年代後半、国際協調と軍縮の精神が定着⇨安定の時代

　⇨1929年10月、（①　　　　　　　　　　）のニューヨーク株式市場で株価が大暴落

　　発生のしくみ：（②　　　　　　　　　　）では循環的に生産と消費のバランスが崩れる⇨価格が暴落

② 世界恐慌

　アメリカが（③　　　　　　　　）の賠償金支払いを支えていたため、恐慌はヨーロッパ諸国に波及し、世界に拡大、未曽有の規模となり、深刻な世界への影響をあたえる

　原因：┌ a　アメリカで（④　　　　　　　　　）価格が低下傾向⇨農民の収入と購買力が低下

　　　　├ b　大量生産で（⑤　　　　　　　）・（⑥　　　　　　　　　）が発生

　　　　└ c　世界の資本がアメリカに過度に集中

　影響：各国の景気の長期低迷・企業の倒産で失業者増大⇨社会不安の拡大

▎金本位制からの離脱と世界経済のブロック化 ▎

① 金本位制からの離脱

　金本位制：金が貨幣価値の基準、（⑦　　　　　　　　　）が貨幣流通量を左右

　　⇨（⑧　　　　　　　）が自国の金流出を防ぐために離脱、日本やアメリカが続く

　　⇨金本位制を離れ、自国の貨幣の流通量を管理する（⑨　　　　　　　　　　）へ移行

② 世界経済のブロック化

　┌ a　（⑩　　　　　　　　　　　　　　）：（⑧　　　　　　　）の経済ブロック

　│　　＊1932年に（⑪　　　　　　　）で開催された（⑧　　　　　　）連邦の経済会議で（⑫

　│　　　　　　　　　　）が導入されたことで成立

　│　　⇨連邦内部での関税引き下げ、連邦領域外での関税引き上げ

　├ b　フラン＝ブロック：フランスの経済ブロック

　└ c　（③　　　　　　）・イタリア・日本の反発：広大な植民地を持たない国は経済的に不利

▎アメリカのニューディール ▎

・フランクリン＝ローズヴェルト大統領の登場

　（⑬　　　　　　　）政権：国家の経済への介入は最小限にすべきとして積極的対応策を出せず

　⇨民主党のフランクリン＝ローズヴェルト大統領が積極的な介入路線へ

・ニューディール政策の内容

　┌ a　（⑭　　　　　　　　）：補助金と引きかえに作付けを制限

　├ b　（⑮　　　　　　　　　　　　）（TVA）：大規模公共事業

　└ c　労使関係への強力な介入

　⇨ニューディール政策は不況自体は解消できなかったが、ローズヴェルトのリーダーシップが社会不安の拡大をおさえる

　＊ローズヴェルトは外交も転換、ラテンアメリカ諸国に干渉しない「（⑯　　　　　　　　　）」へ

┃ソ連の社会主義┃

① レーニン死後のソ連

　一国社会主義論のスターリンが世界革命路線の（⑰　　　　　　　　　　　　　　）を退け、指導者に

　⇨新経済政策を実施し、経済も徐々に回復

② 国際社会への復帰

　1922年の（⑱　　　　　　　　　　　）で（③　　　　　　　　）と国交回復、つづいて（⑧　　　　　　　　　　　）、

　フランスと国交、25年に日本と国交

　⇨日本は北樺太から撤退、33年にアメリカがソ連承認

③ 全面的な社会主義建設

　┌　a　　計画経済：市場経済で貧富の差が拡大、失業者が増える⇨全面的な社会主義建設へ

　│　b　（⑲　　　　　　　　　　　　　　）：農民を集団農場に編入、穀物供出を義務化、抵抗を弾圧。新工場

　└　　　　建設で労働者、失業者、若者の支持を集める

　＊工業生産量の急速な拡大は資本主義国に衝撃

　　⇨（③　　　　　　　　）や日本など計画経済を部分的に取り入れる国も現れる

Question　下のグラフをみて、以下の問いに答えてみよう。

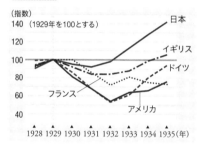

世界恐慌中の各国鉱工業生産指数の推移

(1)イギリスの鉱工業生産が回復に向かうのは何年ころだろうか。

(2)イギリスの鉱工業生産が回復に向かった要因としてどのようなことが考えられるだろうか。

(3)アメリカは鉱工業生産の回復に時間がかかっているが、フランクリン＝ローズヴェルト大統領への支持率が高かったのはなぜだろうか。

2 ファシズムの台頭

┃ ファシズム体制の広がり ┃

1920年代にイタリアで生まれたファシズム体制は、世界恐慌ののちにドイツにも広まる

- a　ファシズム体制の特徴：独裁的な指導者が一党制をしき、言論などをきびしく統制⇨極端なナショナリズムと（①　　　　　　　　　　　　　）を掲げ、共産党員や体制に同調しない者などを弾圧、（②　　　　　　　　）人などの民族的少数者を迫害する人種主義政策も実行
- b　ファシズム体制と国際関係：ヴェルサイユ体制の転覆をめざし、軍備拡大と領土拡張を追求

┃ ドイツのナチズム ┃

①ヒトラーとナチスの台頭

- Ⅰ　ドイツでヒトラーが率いる国民社会主義ドイツ労働者党（ナチ党、ナチス）が党勢を拡大
  - ⇨1932年にナチ党は第一党となり、1933年に大統領ヒンデンブルクの命でヒトラーが組閣
- Ⅱ　1933年の（③　　　　　　　　　　　　　　　　　　）を共産主義者の陰謀として共産党を弾圧
  - ⇨（④　　　　　　　　　　　）法でヒトラーに独裁的権限を与え、ナチ党以外の政党を禁止
- Ⅲ　1934年にヒトラーは（⑤　　　　）（フューラー）に就任し、絶対的な指導者となる

②ナチス政権による政策

- a　経済政策：計画経済の要素を取り入れ、公共事業を積極的におこない、失業を急速に解消
- b　人種主義政策：（②　　　　　　　　）人に対して政治的権利の剥奪やドイツ人との結婚の禁止などの差別・迫害⇨障害者・同性愛者らも迫害
- c　対外膨張政策：1933年に（⑥　　　　　　　　　　　）から脱退、1935年にヴェルサイユ条約の軍備制限条項を破棄して（⑦　　　　　　　　　　）、1936年に（⑧　　　　　　　　　　　　）の非武装地帯に進駐してロカルノ条約を破棄

＊ドイツにおけるファシズム体制を、とくにナチズムと呼ぶ

┃ 1930年代のヨーロッパ ┃

①イタリアの対外膨張政策

ムッソリーニの率いるイタリアは1935年には（⑨　　　　　　　　　　　）に侵攻し、翌年併合

⇨（⑥　　　　　　　　）は経済制裁を宣言するが、イギリスやフランスは実質的な措置をとらず

②東ヨーロッパとバルカン半島

1920年代半ば以降、複数の国でクーデタが勃発し、1930年代後半までに多くは独裁政権化

③ソ連と反ファシズム運動

- a　1930年代のソ連：指導者崇拝・一党制・言論統制など、多くの点でファシズム体制と類似⇨階級闘争が基本理念であり、極端なナショナリズムを基本理念とするファシズム体制と対立
- b　反ファシズム運動：ナチス政権に対して、ソ連は批判的な姿勢を明確化⇨国際的に「反ファシズムの砦」の地位を占め、1934年には（⑥　　　　　　　　）に加盟
- c　ソ連の国内体制：政権批判を許さない監視体制をしき、多くの無実の人々が銃殺・流刑
- d　（⑩　　　　　　　　　　　）の成立：フランスでも反ファシズム気運が盛り上がり、1936年には社会党を中心とする広範な左派勢力が反ファシズムを目標に協力体制を構築

④スペイン内戦

スペインでは1936年に成立した人民戦線政府に対し、保守勢力を率いる軍人（⑪　　　　　　　　　　）が

反乱をおこして内戦勃発(スペイン内戦)。ドイツとイタリアは反乱軍の求めに応じて軍事支援
⇦人民戦線政府は、ソ連とファシズム勢力の拡大を阻止しようとする人々の義勇軍が支援するが、イギリスとフランスはドイツとイタリアを刺激することを恐れて不干渉
　⇨1939年に内戦は反乱軍側が勝利して(⑪　　　　　　　　　　　　)の独裁体制が成立

┃ドイツの拡張政策┃

① 領土の拡大
　┌ a　(⑫　　　　　　　　　　　　　　)の併合：1938年に併合
　│ b　(⑬　　　　　　　　　　　　)の併合：ヒトラーは「民族自決」を楯にチェコスロヴァキア領内の
　│　　ドイツ人居住地域の併合を要求⇨ドイツで開かれた(⑭　　　　　　　　　　　　　　)で、
　│　　戦争回避をねらったイギリスとフランスは(⑮　　　　　　　　　)をとって要求を承認
　└ c　1939年にはスロヴァキアを独立させてドイツの支配下におき、チェコを保護領化
② 独ソ関係
　ソ連は(⑭　　　　　　　　　　　　　　)にまねかれず、イギリス・フランスへの不信感を強める
　⇨1939年8月、敵対しあっていたソ連とドイツは突然に(⑯　　　　　　　　　　　　)を締結

Question　下のグラフをみて、以下の問いに答えてみよう。

(得票率%)
(色数字は議席数)
ナチ党
社会民主党
中央党(カトリック系)
国家国民党
共産党
ドイツ人民党(右派)
288
230
196
153
143
133
121
120
107
100
89
81
77
75
74
73
70
68
62
54
52
52
45
41
37
30
12
7
11
2
1928.5　1930.9　1932.7　1932.11　1933.3 (年月)

ナチ党の国会議席数と得票率の推移

(1) 1930年の選挙におけるナチ党の議席数増大は、どのような要因によってもたらされたのだろうか。

(2) 1933年のナチ党の政権獲得は、どのような要因によってもたらされたのだろうか。

③日本の恐慌と満洲事変①

政党内閣と金融恐慌

普通選挙法制定により、日本でもイギリスなどを模範とした二大政党による政党政治（「（①
　　　　　　　　　）」）の確立が期待される

１第１次若槻礼次郎内閣（憲政会）の政策
- a　外交：外相幣原喜重郎による（②　　　　　　　　　　）。中国の関税自主権回復を支持、協調外交
　　を展開
- b　経済：（③　　　　　　　　　）からの回復や震災手形の処理が進まず⇨大財閥が拡大

２（④　　　　　　　　）の発生（1927年３月）
　衆議院での大蔵大臣の失言で銀行の危機的な経営状況が明らかになり、全国の銀行に預金者が殺到す
る事態が発生（＝（④　　　　　　　　））
　⇨台湾銀行救済の緊急勅令が枢密院で否決され、若槻内閣は退陣
　　⇨新たに成立した（⑤　　　　　　　　）内閣（立憲政友会）は（⑥　　　　　　　　　　）（支払
　　猶予令）を発して日本銀行から巨額の救済融資をおこない、恐慌をしずめる

３普通選挙法による初の総選挙実施（1928年２月）
- a　与党立憲政友会が第一党となる：過半数には届かず
- b　無産政党各派から８名が当選：労働農民党の背後に非合法である日本共産党の活動⇨非合法の
　　日本共産党員を一斉検挙（1928年３月15日）⇨（⑦　　　　　　　　　　）を改正、最高刑を死
　　刑に（1928年６月）

協調外交と世界恐慌

１（⑤　　　　　　　　）内閣の外交
- a　不戦条約（1928年）に参加：協調外交の継続
- b　山東出兵：北伐軍から山東省済南の居留民を保護する名目で３次にわたっておこなう
- ＊第２次山東出兵の際には、日本軍と北伐軍の衝突がおこるが、政府は話し合いで解決

２関東軍の動き
　関東軍は（⑤　　　　　　　　）内閣の外交を軟弱とみて、満洲の軍事指導者（⑧　　　　　　　）を暗殺
　⇨（⑤　　　　　　　　）首相は関係者の厳重処分と真相公表を昭和天皇に約束したが、一部閣僚の反
　　対で非公表
　　⇨昭和天皇は（⑤　　　　　　　）首相に強い不満、（⑤　　　　　　　　）首相は違約の責任をと
　　り退陣

３（⑨　　　　　　　　）内閣（立憲民政党）の内政
　金本位制への復帰（＝（⑩　　　　　　　　））（1930年１月）：経済の立直しのため
　⇨世界恐慌の影響で輸出は大幅に減少、失業者が増大、農業経営も悪化するなど日本全体が深刻な不
　　況となる（＝（⑪　　　　　　　　））

４（⑨　　　　　　　　）内閣の外交
　（⑫　　　　　　　　　　　　　　　　　　）締結（1930年４月）：補助艦保有トン数の対
　英米比率が、海軍が要求していた７割を下回る
　⇨海軍内の一部勢力、右翼、立憲政友会の一部が天皇の統帥権を侵犯したと批判（＝（⑬
　　　　　　　　）の発生）

⇨条約は天皇によって批准されるが、（⑨　　　　　　　　）首相は右翼に狙撃され重傷
⇨1931年４月、（⑨　　　　　　　　）内閣は退陣し、若槻礼次郎が政権を引き継ぐ（第２次若槻礼次郎内閣）

Question　下のグラフをみて、以下の問いに答えてみよう。

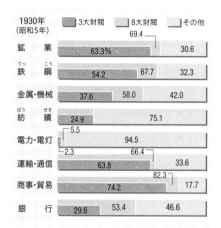

業種別払込資本金の財閥への集中

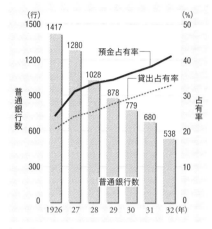

銀行数と５大銀行の占有率の変化

(1) ３大財閥とは、それぞれどこのことだろうか。

(2) 上の２つのグラフから、どのようなことが読み取れるだろうか。

3 日本の恐慌と満洲事変②

満洲事変と政党内閣の終焉

①1931年の動き

Ⅰ　三月事件：政党政治への不信から陸軍の青年将校たちがクーデタを計画

Ⅱ　(① 　　　　　　　　　　　)(9月)

　　関東軍の石原莞爾らが謀略によって(② 　　　　　　　　　　)の線路を爆破

　　⇨関東軍は満洲全域を占領する(満洲事変)

　　　⇨中国は(③ 　　　　　　　　　)に訴え、アメリカは日本の行動の否認を表明

Ⅲ　十月事件：再び陸軍の青年将校たちがクーデタを計画

Ⅳ　第2次若槻礼次郎内閣、満洲事変や恐慌への対応をめぐり内部分裂、退陣(12月)

　　⇨(④ 　　　　　　　)内閣成立(立憲政友会)

②1932年の動き

Ⅰ　(⑤ 　　　　　　　)建国(3月)：清の最後の皇帝(⑥ 　　　　　)を執政とする

　　⇔「五族協和」を掲げるが、実際は日本の傀儡国家

Ⅱ　(⑦ 　　　　　　　　)事件(5月15日)

　　政党内閣に批判的な海軍の青年将校たちが、首相の(④ 　　　　　　)を暗殺

　　⇨海軍穏健派の(⑧ 　　　　　　)を後任首相とする。政党を含む各界から閣僚を集めて組閣

Ⅲ　(⑨ 　　　　　　　)の調印(9月)：(⑤ 　　　　　　)を承認

③(③ 　　　　　　)からの脱退

　中国からの訴えにより、(⑩ 　　　　　　　　　　　　　)が(⑤ 　　　　　　)と日本に派遣される

　⇨(⑤ 　　　　　　)は現地の住民による自主的な国家とは認めないとする報告書を(③ 　　　　　　　　　　)に提出

　　⇨1933年、(③ 　　　　　　　)総会で日本に対する勧告案がほぼ全会一致で採択、日本は(③ 　　　　　　)を脱退

恐慌からの回復

①世界恐慌からの脱出

　大蔵大臣(⑪ 　　　　　　　)は政府の政策によって需要をつくり出す

　a　(⑫ 　　　　　　　　　)：円安を利用して輸出を促進、関税引き上げで重化学工業製品の輸入をおさえる

　b　朝鮮や(⑤ 　　　　　　)における重化学工業の振興

　c　軍備拡大、農村向けの公共事業を実施

　⇨鉱工業生産は1933年には恐慌前の生産水準を回復、日本は世界恐慌からいち早く脱出

　⇔回復後、(⑪ 　　　　　　)は軍備拡大に消極的となり、軍備拡大を主張する右翼や軍部と対立

②農山漁村の復興

　(⑬ 　　　　　　　　　　　　　)を推進するが、農村経済の停滞は続く

　⇨農村の人口過剰を解決するために(⑤ 　　　　　　)への農業移民が奨励される

Question 下の絵をみて、以下の問いに答えてみよう。

満洲国建国のポスター

(1)ポスターの 5 人はそれぞれどこの人を表しているのだろうか。

....
....
....

(2)5 人が肩を組んでいるのは、どのような意味なのだろうか。

....
....
....

④日中戦争と国内外の動き①

天皇機関説事件と二・二六事件

①天皇機関説事件

1935年2月、貴族院において（①　　　　　　　　　　　　）の天皇機関説が批判される

⇨立憲政友会の一部や陸軍が同調し、岡田啓介内閣は天皇機関説を禁止する（②

　　　　　　）を発表

　　⇨1937年、さらに文部省は天皇の絶対性を国民に認識させるため『国体の本義』を刊行

②陸軍内部の派閥対立

皇道派（天皇親政をめざす）⇔（③　　　　　　）派（総力戦体制の樹立をめざす）

⇨1936年2月26日、劣勢となった皇道派青年将校の一部がクーデタをおこし（＝（④

　　　　　　））、（⑤　　　　　　　　　　　）蔵相・斎藤実前首相らを殺害、東京の官庁街を占拠して皇道

派軍事政権樹立をめざす

⇔昭和天皇は、非合法な変革を許さず陸軍に鎮圧を命じ、事態収拾

③（⑥　　　　　　　　　　）内閣の成立（1936年3月）

陸軍はクーデタ防止を理由に閣僚人事に干渉、内閣は陸海軍の要求に応じて軍備拡大開始

政策：1936年11月（⑦　　　　　　　　　　　　　）締結、共産主義に対抗

　　　⇨のち、1937年11月（⑧　　　　　　　　　　　　　　　　　）締結

日中戦争の勃発①

①華北への進軍

1933年、塘沽停戦協定（満洲事変の停戦協定）

⇨陸軍、軍需資源確保のため抗日勢力排除を理由に華北へ進軍、以降、華北の国民政府からの切り離

しをはかる（＝（⑨　　　　　　　　　　　））

⇔毛沢東が率いる（⑩　　　　　　　　　）を中心に、抗日の動きが強まる

⇨1936年、抗日よりも（⑩　　　　　　　　　）撲滅を優先していた（⑪　　　　　　　）が西安で

（⑫　　　　　　　　）に監禁され、抗日のため（⑩　　　　　　　　　）との妥協に応じる（＝（⑬

　　　　　　））

②日中戦争の勃発

1937年7月7日、北京郊外で日中軍が衝突（＝（⑭　　　　　　　　　　　　））

⇨本格的な戦争に発展（＝日中戦争、日本政府は当初「北支事変」のち「支那事変」と呼ぶ）

⇔9月、国民党と（⑩　　　　　　　　　　）のあいだで（⑮　　　　　　　　　　　　　　　）が成立、

（⑪　　　　　　　）主導のもと、ソ連の支援を受けて国民党と（⑩　　　　　　　　　）は協力して

日本軍と戦う

③第1次近衛文麿内閣の動き（1937年6月成立）

　　a　（⑯　　　　　　　　　　　　　　　　　　　）を開始、日中戦争を「聖戦」と意義づける

　　b　内閣情報部を新設⇨報道統制や内務省の検閲により反戦論は事実上禁止

　　c　輸出入品等臨時措置法を制定

　　d　企画院を設置：物資動員計画の立案にあたる⇨戦争優先の経済統制（＝（⑰

　　　　　　））開始

　　e　大本営を設置（陸海軍の統合作戦本部）

4 戦局の拡大

日本軍は苦戦を強いられるが、1937年11月に上海を占領し、12月には首都南京を占領

⇨中国側は、首都を武漢、のちに奥地の重慶に移し、ソ連やアメリカ、イギリスの援助を得て抗戦

　⇨近衛文麿首相は国民政府との和平はおこなわないとする声明を発表（1938年1月）

＊帝国議会の強い反対をおし切って、（⑱　　　　　　　　　　　　　　）制定（4月）

Question 下の地図を見て、以下の問いに答えてみよう。

日中戦争関係図

(1)日本軍の進路は、どのようなものであったのだろうか。また、中国政府の首都はどのように動いたのだろうか。

....

....

....

(2)イギリス・アメリカ・ソ連などによる中華民国政府への援蔣ルートはどのようなものであったのだろうか。

....

....

....

....

....

....

....

....

....

....

....

....

....

....

....

....

....

....

４ 日中戦争と国内外の動き②

日中戦争の勃発②

１戦局の展開

Ⅰ　武漢占領（1938年10月）

　　⇨中国平野部の主要都市と鉄道を掌握するが、国力の限界で重慶までは侵攻できず、農村部も掌握できなかった

Ⅱ　近衛文麿首相、（①　　　　　　　　　　　　　　　）声明を発表（11月）

　　⇨（②　　　　　　　　）が退陣すれば中国と協力し、東アジアに新たな国際秩序を建設すると宣言

　　　　⇨重慶を脱出した（③　　　　　　　　　）は、南京に新政権（親日政権）を樹立するが、（③　　　　　　　　　）政権は無力

２日本への批判の高まり

中国戦線の日本軍の一部は軍紀の乱れやゲリラ戦への恐怖から、中国人への暴行、略奪、住民や投降兵士の殺害をおこなう

⇨中国の人々の抗日気運が高まる

⇨1937年12月、日本軍による南京占領の前後には（④　　　　　　　　　）がおこる

　　⇨日本への批判が高まり、1939年7月、アメリカは（⑤　　　　　　　　　　　　　　　　）の廃棄を通告、条約は翌年1月に失効、アメリカは日本に対する経済制裁をおこなえるようになる

３戦時下の経済

日中戦争による軍需品増産は、日本国内に一時的な好景気をもたらすが、戦争の長期化で物資は欠乏

⇨1940年代後半になると、様々な統制が強化（ぜいたく品の販売禁止、公定価格制、切符制、配給制）

　　⇨こうした統制に従わない闇取引（統制経済法令違反）も激増

新体制運動と三国同盟

１（⑥　　　　　　　　　　　）の展開

ヨーロッパで第二次世界大戦が発生、ドイツが西ヨーロッパの大部分を支配下におさめる

⇨日本でも、ドイツのような強力な独裁体制をしいて中国や国際社会に強い態度を示そうとする動きが生じる

Ⅰ　近衛文麿を中心とした（⑥　　　　　　　　　　）が始まる（1940年6月）

　　⇨ほぼ全政党が解党してこの運動に参加、運動に期待した陸軍の意向もあり、7月に第2次近衛文麿内閣成立

Ⅱ　フランス領インドシナ連邦北部への進駐（北部仏印進駐、1940年9月）

Ⅲ　（⑦　　　　　　　　　　　　　　　）の締結

　　⇨ドイツと結び、アメリカ・イギリスの牽制をはかる

　　⇔アメリカは、日本への経済制裁（ガソリン・屑鉄の対日輸出禁止）を開始

２戦時体制の構築

Ⅰ　（⑧　　　　　　　　　　　）結成（1940年10月）：総裁を首相、支部長を道府県知事が担う

　　⇔天皇に統治権があるとうたった大日本帝国憲法に違反するという批判が強まる

　　⇨（⑧　　　　　　　　　　）は改組されて政治性を失い、（⑨　　　　　　）や（⑩　　　　　　　　）など各種戦争協力団体の統轄組織となる

$$\left[\begin{array}{l}\text{a}\quad(⑨\qquad\qquad):政府の指示を確実に伝達する住民組織}\\\text{b}\quad(⑩\qquad\qquad\qquad):工場や鉱山の経営者が労働者と一体となって国家の生産に励む}\end{array}\right.$$

Ⅱ　小学校が（⑪　　　　　　）に改組される（1941年4月）

　　　　⇨国家主義教育を強化することが目的

3 植民地——朝鮮・台湾

　住民を戦争に協力させるため、（⑫　　　　　）参拝や日本語の強制などによって、天皇への忠誠を植え

つけようとする「（⑬　　　　　　）」政策や、志願兵の制度が実施される

　＊朝鮮では1940年、日本風に氏名をかえさせる創氏改名の実施

Question　下のグラフをみて、以下の問いに答えてみよう。

映画館数と観覧者数

(1)なぜ、戦争中に映画館数が増えて、観覧者数が増えているのだろうか。

⁝

(2)グラフをみると、1942年以降映画館数が減少していることがわかる。なぜ映画館数が減少しているのか、考えてみよう。

⁝

5 第二次世界大戦と太平洋戦争①

開戦とドイツの攻勢

① 第二次世界大戦の勃発

　Ⅰ　1939年9月、ドイツが（①　　　　　　　　　　　　　）に侵攻（第二次世界大戦の開始）

　　⇨ドイツは（①　　　　　　　　　　）西部で（②　　　　　　　　　　）迫害、居住区（ゲットー）から

　　　強制収容所へ送る

　　　⇨ソ連も、（①　　　　　　　　　　　）ついでフィンランドに侵攻、国際連盟はソ連を追放

　Ⅱ　1940年4月、ドイツがノルウェーに侵攻、北海からの攻撃の脅威

　　⇨イギリスではチェンバレンから対独主戦派の（③　　　　　　　　　　）へと首相がかわる

② ドイツの攻勢

　1940年前半、ドイツは西方でも破竹の進撃を続け、6月には（④　　　　　　　　　）が降伏

　⇨（④　　　　　　　　　）には（⑤　　　　　　　　）を首班とするヴィシー政権成立（＝第三共和政の崩壊）

　⇦（④　　　　　　　　　）の軍人（⑥　　　　　　　　　）はロンドンに亡命政府樹立

③ イタリア・ソ連の動向

　┌　a　イタリア：イギリス・（④　　　　　　　　）に参戦（6月）

　└　b　ソ連：（⑦　　　　　　　　）（＝エストニア・ラトヴィア・リトアニア）を併合（7月）

④ （⑧　　　　　　　　　　）の展開

　1941年半ば、ドイツとイタリアはヨーロッパの大半を支配下におさめ、イギリスのみが対抗

　⇨ファシズム諸国の占領地域では、（⑧　　　　　　　　　　　）と呼ばれる抵抗運動が繰り広げら

　　れ、パルチザンと呼ばれる反ファシズムのゲリラ部隊も活動

独ソ戦

① 独ソ戦

　1941年6月、ドイツがソ連への侵攻を開始、ソ連の赤軍は総崩れとなり、後退する

　⇨独ソ戦の勃発は、イギリス・ソ連・アメリカの接近をうながす

② アメリカの参戦

　アメリカは当初中立であったが、1941年3月（⑨　　　　　　　　　）を成立させる

　Ⅰ　1941年7月、イギリスとソ連が軍事同盟締結

　Ⅱ　1941年8月、フランクリン＝ローズヴェルトと（③　　　　　　　　　）が（⑩

　　　　　　　　）発表

　Ⅲ　1941年12月、日本が、アメリカ・イギリスに宣戦布告

　　⇨アメリカも第二次世界大戦に参戦（＝太平洋戦争の開始）

　　枢軸国：ドイツ・イタリア・日本　　　　　連合国：イギリス・アメリカ・ソ連

日米交渉と太平洋戦争

① 日米交渉

　1940年12月、アメリカでローズヴェルト大統領が3選、中国を援助して、日本には経済制裁を実施

　⇦日本は1941年4月、ソ連と（⑪　　　　　　　　　）を締結し、日米交渉も開始

　⇨アメリカは、日本が中国本土から即時全面撤退すれば経済制裁を解除し、日中の講和を仲介すると

　　したが、日本は東南アジアの石油資源確保のため、7月（⑫　　　　　　　）進駐をおこなう

⇨アメリカは、在米日本資産の凍結と対日石油全面禁輸（事実上の経済断交）の措置をとる

②近衛文麿内閣の退陣

1941年7月、日本では近衛文麿首相が、対米強硬論をとなえる（⑬　　　　　　　　）外務大臣を更迭するため総辞職して、第3次近衛文麿内閣を成立させ、日米交渉を継続する

⇦陸軍が中国からの撤退を拒否、戦争継続を主張したため、10月に近衛内閣退陣

③日米開戦・太平洋戦争

Ⅰ　1941年10月、（⑭　　　　　　　　）内閣成立

⇨昭和天皇はアメリカ・イギリスとの開戦の再検討を命じるが、12月1日御前会議で開戦決定

Ⅱ　12月8日、イギリス領マレー半島への上陸作戦、ハワイの（⑮　　　　　　　）への奇襲攻撃

⇨1942年5月までに太平洋一帯の広範な領域を制圧

⇨1942年6月、ミッドウェー海戦で大敗、圧倒的な工業生産力をもつアメリカが攻勢に転じる

④戦局の転換

戦局が悪化するなか、日本では、食料や生活必需品の（⑯　　　　　　　）・切符制、代用品の奨励、金属の供出、学生の（⑰　　　　　　　　）、女性や学生の勤労動員、中国・朝鮮からの労働者の強制徴用、朝鮮や台湾での徴兵制施行、各地の戦場での慰安所の設置がおこなわれる

＊国民や植民地・占領地の人々の生活を極限まで切り詰め、軍需物資の増産などにつとめる

⇨1944年7月、（⑱　　　　　　　　　　）陥落、東条内閣は戦局悪化の責任をとって総辞職

Question　下の表をみて、以下の問いに答えてみよう。

		1929	1933	1938	1941	1944
日本		1	1	1	1	1
アメリカ	石炭	16.1	10.5	7.2	9.3	13.8
	石油	501.2	468.0	485.9	527.9	956.3
	鉄鉱石	416.8	55.6	37.5	74.0	26.5
	銑鉄	38.9	9.2	7.3	11.9	15.9
	鋼塊	25.0	7.4	4.5	12.1	13.8
	銅	12.4	3.1	5.3	10.7	11.3
	亜鉛	26.0	9.5	7.5	11.7	9.5
	鉛	208.0	37.9	31.3	27.4	11.6
	アルミニウム	—	—	8.7	5.6	6.3

日米の主要物資の生産高比較（日本を1とした場合）

(1)日米の国力差は、日本側も認識していた。それにもかかわらず、開戦したのはなぜだろうか。

....

....

(2)なぜ、日本は東南アジアの地域に侵攻していったのだろうか。左の表から考えてみよう。

....

....

....

5 第二次世界大戦と太平洋戦争②

┃ ファシズム諸国の敗北 ▶

1 ソ連の反撃

　1941年末、ドイツ軍はモスクワ近郊までせまるが、赤軍によりおし返される

　⇨1942年6月に始まる、（①　　　　　　　　　　　　　　　　　　　　）の戦いでは半年におよぶ激戦を

　　赤軍が勝利、以後独ソ戦はソ連優勢に転じる

　　⇨1943年5月、スターリンは（②　　　　　　　　　　　　　　　）を解散して英米との協力体制を構築

2 イタリアの敗北

　1943年7月、連合軍がシチリア島に上陸して、9月にイタリアは無条件降伏

　＊ドイツは、ユダヤ人の抹殺を続け、ポーランドに設けた（③　　　　　　　　　　　　　）な

　　どの強制収容所でユダヤ人を数百万人殺害

3 ドイツの敗北

　連合国の首脳は、協力体制をより具体化するとともに、戦後秩序の構想を描き始める

　Ⅰ　（④　　　　　　　　）会談（1943年11月）

　　　米：ローズヴェルト、英：チャーチル、中：蔣介石が参加

　　　対日戦の基本方針・対日領土問題を議論、朝鮮の独立、日本の無条件降伏まで戦うことが決定

　Ⅱ　（⑤　　　　　　　　）会談（1943年11〜12月）

　　　米：ローズヴェルト、英：チャーチル、ソ：スターリンが参加

　　　対独戦争の方針（北フランス上陸作戦によりヨーロッパ戦線に新戦線を開く）が決定

　　　⇨1944年6月、連合国軍は、北フランスの（⑥　　　　　　　　　　　　）に上陸

　　　　⇨8月にはパリを解放し、ヴィシー政権は崩壊、9月にはド＝ゴールが新政権の座につく

　Ⅲ　（⑦　　　　　　　）会談（1945年2月）

　　　米：ローズヴェルト、英：チャーチル、ソ：スターリンが参加

　　　対独戦争処理・国際連合設立を議論、ソ連の対日参戦・南樺太と千島列島領有が決定

　　　⇨1945年5月、ドイツの降伏

┃ 日本の敗北 ▶

1 日本への攻撃

　Ⅰ　アメリカ軍、日本本土への爆撃（＝（⑧　　　　　　　））を開始（1944年11月）

　　　⇨1945年に入ると都市への無差別爆撃が開始され、3月には東京の下町に焼夷弾爆撃（＝（⑨

　　　　　　　　　　））、10万人以上が死亡

　Ⅱ　アメリカ軍、沖縄へ上陸（＝（⑩　　　　　　　　））（1945年3月〜）

　　　⇨日本軍は住民まで動員して抵抗したが敗北、集団自決事件も発生

　Ⅲ　（⑪　　　　　　　　　　　）が発せられる（7月）

　　　米：トルーマン、英：チャーチル（のちアトリー）、中（中華民国）：蔣介石が参加

　Ⅳ　（⑫　　　　　　）に原子爆弾投下（約14万人が犠牲）（8月6日）

　Ⅴ　（⑬　　　　　　）に原子爆弾投下（約7万人が犠牲）（8月9日）

2 日本の敗戦

　1945年8月14日、御前会議において昭和天皇の判断（「聖断」）で、（⑪　　　　　　　　　　　　　　）を受

諾決定、8月15日正午、終戦の詔勅のラジオ放送（「玉音放送」）

⇨その後も、南樺太や満洲ではソ連軍の侵攻が続き犠牲者が出る
　⇨9月2日、降伏文書調印（東京湾内のアメリカ軍艦ミズーリ号上にて）
＊日本軍の死者は約230万人、一般国民の死者は約80万人で計約310万人にのぼる。交戦国の軍隊やア
　ジア諸地域での住民の死者は計1900万人以上と推定

▌第二次世界大戦の結果 ▶

1 アメリカとソ連の台頭
　1920年代・30年代の世界：アメリカが優位でありつつ、イギリスなど西欧諸国も主導的地位を保持
　⇨第二次世界大戦を経て、西欧の地位は著しく低下、それにかわってアメリカが圧倒的な存在感をも
　　って、戦後世界のリーダーとなる
　⇨ドイツ打倒の中心的役割を果たし、東欧を支配下に入れたソ連も影響力拡大
2 第二次世界大戦後の世界
　第二次世界大戦は、民主主義を掲げる（⑭　　　　　　）と、それを否定する（⑮　　　　　　　）の対立
　＊社会主義体制のソ連も民主主義自体を否定したわけではなかった
3 植民地支配体制のゆらぎ
　アジア・アフリカにおける植民地支配体制は大きくゆらぎ、アジア・アフリカの現地の人々に戦後に
　向けての「独立」の展望を大きく切りひらいた

Question　下の地図をみて、以下の問いに答えてみよう。

空襲による被害

(1)10万戸以上の戦争被害建物があったのは
どの地域だろうか。
....
....
....

(2)空襲被害のあった都市には、どのような
施設があったのだろうか。
....
....
....

....
....
....
....
....
....
....
....

❶新たな国際秩序と冷戦の始まり

▌新たな国際秩序▐

1️⃣戦後の新しい安全保障体制：（①　　　　　　　　　　　　　　）（1941年8月）には具体的に記されない

　　背景：アメリカ大統領フランクリン＝ローズヴェルトの慎重な姿勢、第一次世界大戦後、世論の反発
　　　　　で国際連盟に加盟できず
　　　　⇨連合国指導者のあいだで新しい国際安全保障機構設立の構想が徐々に固まる

2️⃣国際連合の発足

　　1945年10月、アメリカの（②　　　　　　　　　　　　）に本部
　　国際連盟の反省：意思決定に実効力をもたせる制度づくりをめざす
　　┌　a　（③　　　　　　　　　　　　　　　）：常任理事国に拒否権、1国でも拒否すれば採択できない
　　│　　　常任理事国：アメリカ・ソ連・イギリス・フランス・中国（中華民国）
　　│　　　非常任理事国：総会の選挙で選ぶ
　　└　b　総会：意思決定は（④　　　　　　）

3️⃣ブレトン＝ウッズ体制

　　┌　a　（⑤　　　　　　　　　　　　　　）の導入：ドルと金の交換率を固定、ドルとほかの通貨の交換比
　　│　　　率を定める⇨アメリカの圧倒的経済力で世界経済の安定と一体性を守る
　　│　b　国際通貨基金（IMF）・国際復興開発銀行（IBRD）：収支が悪化した国の援助
　　└　c　関税及び貿易に関する一般協定（（⑥　　　　　　　））：貿易の自由化を推進

▌米ソ対立の始まり▐

1️⃣東ヨーロッパ諸国の状況

　　ソ連の実質的支配下に当初は比較的自由な選挙⇨各国共産党、労働者政党を吸収合併

2️⃣アメリカの政策

　　┌　a　（⑦　　　　　　　　　　　　　　　　　）：ギリシアで発生した王党派と共産党の支
　　│　　　持者の内戦に対し、1947年アメリカが介入、共産化を防ぐため「封じ込め」政策を宣言
　　│　b　ヨーロッパ経済復興援助計画（（⑧　　　　　　　　　　　　））：ヨーロッパの荒
　　│　　　廃、社会格差拡大による共産主義勢力の伸張への懸念から、アメリカ国務長官マーシャルが
　　└　　　発表、実際に（⑨　　　　　　　）とフランスで共産党支持が広がる

3️⃣ソ連の対応

　　Ⅰ　（⑩　　　　　　　　　　　　　　）（共産党情報局）の設置：自陣営引き締めのため
　　　　＊東ヨーロッパ諸国には（⑧　　　　　　　　　　　　）受入れ拒否も求める
　　Ⅱ　（⑪　　　　　　　　　　　　　　　　　　　）：大統領ベネシュの（⑧
　　　　　　　　　　　）受入れを撤回させ、ベネシュを辞任に追い込む
　　Ⅲ　東ヨーロッパ諸国で（⑫　　　　　　　　　　　　）を導入：形式上は複数政党制を残す
　　　　が、ソ連と同様の共産主義政党が独裁体制を確立
　　　　⇔（⑬　　　　　　　）が率いるユーゴスラヴィアは、ソ連の圧力を批判
　　　　　⇨（⑩　　　　　　　　　　　）から除名、ユーゴスラヴィアは独自の社会主義路線へ

4️⃣ドイツの状況

　　┌　a　分割占領による分断：西側をアメリカ・イギリス・フランス、東側をソ連が分割占領⇨東側占
　　└　　　領地区で土地改革、西側占領地区で（⑭　　　　　　　　）

```
  b   アメリカ・イギリスが西ドイツに独自の政権を立てる動き：スターリンはこれを阻止するため
      に（⑮                    ）を封鎖（1948年6月）⇨アメリカ・イギリスは（⑮
           ）への空輸作戦で対抗、封鎖は1年後に解除
```

⑤ドイツ分断の固定化
```
  a   （⑯                                ）（COMECON）：ソ連、（⑧
          ）とブレトン＝ウッズ体制に対抗⇨1949年、社会主義国間だけの経済協力会議
      を築く
  b   ドイツ分断の固定化：西側占領地区に（⑰                        ）（西ドイツ）、東
      側占領地区にドイツ民主共和国（東ドイツ）がそれぞれ成立
```

■「冷戦」■

（⑱   ）陣営（西側陣営）と社会主義陣営（東側陣営）の対立

⇦アメリカとソ連の直接の軍事衝突には至らない

背景：第二次世界大戦でヨーロッパ諸国が弱体化、アメリカとソ連が二大主要国に

　　⇨（⑱   ）と社会主義のいずれが人類社会をより幸福な未来に導くのかという、単な
　　る勢力圏争いではない世界観の対立

Question　下の史料をみて、以下の問いに答えてみよう。

大西洋憲章

一、両国❶は領土的その他の増大を求めず。

二、両国は関係国民の自由に表明せる希望と
　　一致せざる領土的変更の行わるることを欲
　　せず。

三、両国はいっさいの国民がその下に生活せ
　　んとする政体を選択する権利を尊重す。

五、両国は……いっさいの国の間に経済的分
　　野において完全なる協力を生ぜしめんこと
　　を欲す。

六、「ナチ」の暴虐の最終的破壊の後、両国
　　は……平和が確立せらるることを希望す。

❶アメリカ合衆国とイギリス。

（外務省編『日本外交年表竝主要文書』）

⑴1941年8月、まだ参戦していないアメリカ合衆国が大西洋憲章を発表したことには、どのような意味があったのだろうか。

⑵「三、両国はいっさいの国民がその下に生活せんとする政体を選択する権利を尊重す。」について、ローズヴェルトとチャーチルの意見には相違がみられた。両者の意見の相違とはどのようなものだったのだろうか。

2 アジア諸地域の独立①

中華人民共和国の成立

1 国共対立の表面化と中華人民共和国の成立

- a　戦後の状況：中華民国は戦勝国となるが国土は荒廃、人々の生活は困窮
- b　対立の表面化：（①　　　　　　）を本拠地に抗戦する国民政府に共産党が協力⇨戦争末期には衝突がしばしばおこり、戦争終結で国共の対立が表面化
- ＊共産党は国民政府の腐敗や強権的な政治を批判、民主主義的な党派の連合政府を主張

・国共内戦の展開

Ⅰ　全面的国共内戦が始まる（1946年）：国民党がアメリカ合衆国の援助で優勢、共産党は（②　　　　　　　）で農民の支持を集め支配領域拡大

Ⅱ　中華人民共和国の成立（1949年10月）：（③　　　　　　　）が北京で中華人民共和国成立を宣言、（④　　　　　　）は台湾に逃れて国民政府を維持

2 中華人民共和国の立場

成立当初、非共産党勢力を含む政府は（⑤　　　　　　　　　）による改革を主張

⇨（⑥　　　　　　　　　　　　　）条約（1950年）で社会主義陣営に属する姿勢

⇨イギリスを除く西側諸国は中華人民共和国を承認せず、台湾の中華民国政府を中国の代表とする

朝鮮戦争

1 南北朝鮮の成立と朝鮮戦争

Ⅰ　北緯38度線での分断（1945年）：（⑦　　　　　　　　　　　　　）で独立が決まっていたが、戦後、北部をソ連、南部をアメリカが占領⇨米ソ対立が激化すると南北の分裂は決定的に

Ⅱ　南北朝鮮の独立（1948年）：南に（⑧　　　　　　）を大統領とする大韓民国（韓国）、北に（⑨　　　　　　）を首相（72年以降主席）とする朝鮮民主主義人民共和国（北朝鮮）が成立

・朝鮮戦争の展開

Ⅰ　勃発（1950年）：経済・軍事面で優位な北朝鮮が朝鮮統一をめざして南に侵攻

⇨朝鮮半島南端の釜山付近にせまる

Ⅱ　国連軍の派遣：国連の（⑩　　　　　　　　　　　）が侵略と非難、アメリカ軍を主力とする国連軍を派遣し、北朝鮮を中国国境付近までおし返す

Ⅲ　中国の参戦：（⑪　　　　　　　　　　）を派遣し北朝鮮を支援、38度線付近で戦線膠着

Ⅳ　休戦協定（1953年）：戦争は休止するが、その後も緊張状態が続く

2 朝鮮戦争の影響：東西対立を激化させ、東アジア諸地域に大きな影響を与える

- a　北朝鮮：（⑨　　　　　　）の独裁体制確立
- b　韓国：（⑧　　　　　　）の強権的政治で軍部の力が増大

3 中華人民共和国と中華民国

・中華人民共和国

- a　朝鮮戦争で北朝鮮支援：西側諸国との協力の道を絶たれ、社会主義陣営の一員に
- b　（⑫　　　　　　　　　　　　）（1953年〜）：ソ連の援助で重工業建設、農業集団化
- ⇨社会主義計画経済の建設

・中華民国

- a　西側での立場：支配領域は小さいが、西側陣営では中国を代表する正統な政権と認められる

b　東西対立の最前線：(④　　　　　　　　)政権は戒厳令をしき、「大陸反攻」をとなえる⇨大陸側
　　　　の「台湾解放」の主張に対抗

┃東南アジアの独立①┃

[1]戦後の独立
　　第二次世界大戦中に日本軍が占領、戦後は民族運動や抗日運動を基礎に独立に向かう
　　⇨(⑬　　　　　　　　　　)が独立を認めず、戦争を経て独立する国も
[2]フィリピンとインドネシア
　　a　フィリピン：(⑭　　　　　　　　　　　)の再占領⇨独立(1946年)
　　b　インドネシア：独立宣言(1945年8月17日)、(⑮　　　　　　　　　)が大統領に⇨オランダは武
　　　　力介入するが国際世論の反発で独立を承認(1949年)
[3]ビルマとマレー半島
　　a　ビルマ：(⑯　　　　　　　　　　　　)の指導でイギリスから独立(1948年)、社会主義を志向
　　　　する政策をとる
　　b　マレー半島：イギリスから正式に独立(1957年)、マラヤ連邦となる

Question　下の地図をみて、以下の問いに答えてみよう。

朝鮮戦争関係図

(1)朝鮮戦争の開戦当初、朝鮮民主主義人民共和国が朝鮮半島を統一
する勢いをみせたのはなぜだろうか。

....

....

(2)成立してまもない中華人民共和国が、人民義勇軍を派遣して朝鮮
民主主義人民共和国を支援したのはなぜだろうか。

....

....

....

....

....

....

....

....

....

....

....

....

....

....

....

....

2 アジア諸地域の独立②

▌東南アジアの独立②▐

① ベトナム(フランス領インドシナ連邦)

　Ⅰ　ベトナム民主共和国成立(1945年9月2日)：日本の占領下でベトナム独立同盟会(ベトミン)を組織した(① 　　　　　　　　　　　　　　　　　　　)がハノイで共和国成立を宣言

　Ⅱ　インドシナ戦争(1949年)：フランスが阮朝最後の皇帝バオダイを元首として(② 　　　　　　　　　　)を発足させ、ベトナム民主共和国と交戦

　Ⅲ　フランスの撤退：フランス、ディエンビエンフーの戦い(1954年)で敗北、(③ 　　　　　　　　　　)でインドシナから撤退

　Ⅳ　アメリカの介入：(③ 　　　　　　　　　　　　　　　　)の調印を拒否、イギリス・フランス・オーストラリア・ニュージーランド・タイ・パキスタンと(④ 　　　　　　　　　　)(SEATO)結成⇨東南アジアでの共産主義勢力拡大に対抗

　Ⅴ　南北分断：アメリカに支援された(⑤ 　　　　　　　　　　　　　　　　　　　　)がバオダイを追放

　　　⇨南部にベトナム共和国を樹立

② カンボジアとラオス(フランス領インドシナ連邦)

　┌ a　カンボジア：1953年独立、国王(⑥ 　　　　　　　　　　)は中立政策を進める

　└ b　ラオス：1953年独立、政治的対立から内戦が始まる

▌南アジアの独立▐

① 第二次世界大戦後の状況

　独立をめぐりパキスタンの分離独立を求める(⑦ 　　　　　　　　　　　　　　　　　　　)のジンナーと統一インドを主張する(⑧ 　　　　　　　　　)が対立

② インドとパキスタン

　┌ a　分離独立：インド独立法制定(1947年)、(⑨ 　　　　　　　　)を初代首相としてヒンドゥー教徒が多数のインド連邦と、ジンナーを総督としてムスリムが多数の東西パキスタンに分離独立

　│　　　⇨ヒンドゥー教徒やシク教徒がインド連邦、ムスリムがパキスタンに移動し多数の難民発生

　│　b　宗教対立：ムスリムとの融和を求める(⑧ 　　　　　　　　)が暗殺される

　└　　＊インドはカーストによる差別の禁止を含む憲法を制定(1950年)、共和国となる

③ セイロン

　イギリス連邦内の自治領として独立(1948年)、非同盟中立政策を採用

　⇦ヒンドゥー教徒の(⑩ 　　　　　　　　)抑圧、仏教徒のシンハラ人優遇

　　⇨仏教を準国教とする新憲法を制定し(1972年)、スリランカとなる

▌イラン民族運動の挫折▐

① 第二次世界大戦時の状況

　中立を宣言するが、独ソ戦開始(1941年)でイギリス・アメリカがソ連に軍事援助

　⇨南北からイギリス軍とソ連軍が進駐、親ドイツの国王(⑪ 　　　　　　　　　　　　)は退位

② 石油国有化運動

　Ⅰ　国有化を求める運動：イギリス系の(⑫ 　　　　　　　　　　　　　　　　)に対する批判が強まる⇨製油所の労働者らの抗議活動を契機に石油国有化運動が高まる

Ⅱ　石油国有化(1951年)：(⑬　　　　　　　　　　　　　)首相が国内の多様な勢力の支持を受けて実現
　　　⇨国際石油資本がイラン産の石油をボイコットし、財政が行き詰まる
Ⅲ　国有化の挫折(1953年)：国王(⑭　　　　　　　　　　　　　　　)がイギリス・アメリカの支持
　　でクーデタ⇨(⑬　　　　　　　　　　　)失脚、石油国有化を軸とする民族運動が挫折する一方、
　　国王は国際石油資本と利益を共有し権力強化、冷戦のなか、アメリカの支援で軍事大国に

▌イスラエルの独立とパレスチナ戦争 ▶

[1]イスラエルの独立
　　第二次世界大戦後、パレスチナではイギリスの委任統治下でアラブ人とユダヤ人の対立が激化、(⑮
　　　　　　　　　　)のおこなわれたヨーロッパで多数のユダヤ人がパレスチナ移住を求める
Ⅰ　国連の決議(1947年)：イギリスは問題を国際連合に付託、国連はパレスチナをユダヤ人国家とア
　　ラブ人国家に分割する決議
Ⅱ　イスラエル建国(1948年)：イギリスが撤退すると(⑯　　　　　　　　　　)(ユダヤ＝ナショナ
　　リスト)はイスラエル建国を宣言、全世界からユダヤ人移民受け入れを表明
[2]パレスチナ戦争
　　(⑰　　　　　　　　　　　　　　)(パレスチナ戦争)：建国に反対するアラブ諸国との戦争
　　⇨イスラエルが勝利、国連の調停で独立を確保、多数のアラブ人が難民に
　　⇦パレスチナ解放をめざすアラブ諸国とイスラエルとのあいだで戦争が繰り返され、問題は深刻化

Question　下の写真をみて、以下の問いに答えてみよう。

パキスタンに移動するインドのムスリム

(1)インドの独立にあたり、なぜ全インド＝ムスリム連盟のジンナー
は、パキスタンの分離・独立を求めたのだろうか。

....
....
....

(2)独立達成後、インドとパキスタンはなぜ3回にわたって戦争をお
こなったのだろうか。

....
....
....
....
....
....
....
....
....

❸ 占領下の日本と民主化①

▌終戦処理と戦犯裁判 ▌

① 日本の占領

　（①　　　　　　　　　　　　　　　　　　　　　　　　　　　　　　　）（GHQ/SCAP）が設置（東京）、最高司

　令官は（②　　　　　　　　　　　　　　　）、日本政府を介した間接統治のかたちをとる

　＊沖縄・小笠原諸島・奄美群島などはアメリカ軍による直接軍政がしかれる

② 占領政策の方針決定

　連合国の代表で組織された（③　　　　　　　　　　　　　　）が設置（ワシントン）、占領政策の方針を決定し

　てアメリカ政府が具体的な指令を最高司令官に発する

　＊最高司令官の諮問機関として（④　　　　　　　　　　　　）が設置（東京）

③ 民主化に向けたGHQによる指令

　┌ a　（⑤　　　　　　　　　　　　）（1945年10月）：治安維持法の廃止、特別高等警察（特高）の廃止、政治犯

　│　　　の即時釈放など⇨対応できず東久邇宮稔彦内閣は総辞職、（⑥　　　　　　　　　　　　）内閣の

　│　　　成立

　│　b　（⑦　　　　　　　　　　　）の指令（1945年10月）：（⑧　　　　　　　）参政権の付与、労働組合の結成奨

　└　　　励、教育制度の自由主義的改革、秘密警察などの廃止、経済機構の民主化

④ 天皇の神格化の否定（1946年1月）：いわゆる「（⑨　　　　　　　　　　　）」

　⇨GHQは占領統治の安定のために天皇を必要と判断し、戦争責任を問わず

⑤ （⑩　　　　　　　　　　　　）（1946年1月）

　戦時中に積極的に戦争に協力したとみなされた人物の政界・財界・官界・言論界の指導的地位からの

　追放や超国家主義団体の解散を命令

　⇨約21万人が追放該当者となり、衆議院議員の約8割が総選挙に出馬できなくなる

⑥ 戦争犯罪人の処罰

　┌ a　戦争を指導した軍人・政治家・国家主義者28人を起訴（A級戦犯）⇨極東国際軍事裁判（（⑪

　│　　　　　　））がおこなわれ東条英機元首相、広田弘毅元首相ら7人が絞首刑

　│　b　戦時国際法違反（捕虜虐待）や人道に対する罪をおかした者として5700人を起訴（B・C級戦犯）

　└　　　⇨アジア各地で裁判がおこなわれ、4403人が有罪、984人が死刑となる

▌新憲法制定と民主化① ▌

① 政党政治の復活

　1945年10月以降、日本社会党・日本自由党・日本進歩党などが結成、日本共産党が合法化

　⇨総選挙（1946年4月）の結果、第一党の日本自由党を与党とする第1次（⑫　　　　　　　　）内閣が成立、

　（⑧　　　　　）議員39人が当選

② 日本国憲法の制定

　GHQは（⑥　　　　　　　　）内閣の示した憲法改正要綱を不十分として、民間の試案も参考に

　改正案を作成

　┌ a　（⑬　　　　　　　　）：国会を国権の最高機関とする

　│　b　（⑭　　　　　　　　　）：天皇は政治的な権限をもたない

　└　c　戦争放棄

　⇨帝国議会での審議・修正を経て、1946年11月3日公布、1947年5月3日施行

Question 下の写真をみて、以下の問いに答えてみよう。

アメリカ大使館にマッカーサー
を訪問した昭和天皇

(1)政府は当初、この写真の新聞掲載を禁止したが、それはなぜだろうか。

(2)GHQは政府の出した掲載禁止の処分をすぐに取り消したが、それはなぜだろうか。

3 占領下の日本と民主化②

▌新憲法制定と民主化② ▶

1 経済機構の民主化

- a　（①　　　　　　　）解体の実施：解体の対象となる（②　　　　　　　　　　）（株式の所有を通じて多数の企業を支配している会社）として83社を指定⇨経済の復興を優先する占領政策の転換により、実際に解体されたのは28社のみ
- b　（③　　　　　　　　　　　　　　　　　　　　）の制定（1947年）：巨大独占企業の分割のために325社が指定⇨実際に分割されたのは11社のみ
- c　（④　　　　　　　　　　　　）の制定（1947年）：（①　　　　　）の再形成を防ぐため、（②　　　　　　　　）やカルテル・トラストの結成禁止を定める

2 労働の民主化

- a　（⑤　　　　　　　　　　　）の制定（1945年）：労働組合と労働運動の公認⇨待遇改善、首切り反対、組織の民主化を求める労働争議が頻発
- b　（⑥　　　　　　　　　　　）の制定（1946年）：労働争議の調整方法や争議行為の制限を定める
- c　（⑦　　　　　　　　　　）の制定（1947年）：労働条件の最低条件を定める

3 農地改革の実施

（⑧　　　　　　　　　　　　　　　）を制定（1946年）し、不在地主の全農地、在村地主の1町歩（北海道は4町歩）をこえる農地を政府が買収、安価で小作農に売り渡す

4 教育の民主化

- a　（⑨　　　　　　　　　　）の制定（1947年）
- b　学校教育法の制定（1947年）

⇨国定教科書の廃止、国家主義的な教育の否定、生徒会やホームルームの導入などが実施される

＊学校制度：小・中・高・大の6・3・3・4制、中学校までを（⑩　　　　　　　　　）とする

5 その他の民主化政策

- a　（⑪　　　　　　　　　　）の制定（1947年）：都道府県知事の公選制を導入
- b　刑法の改正：（⑫　　　　　）罪や不敬罪（天皇や皇族に対する犯罪の規定）の廃止
- c　民法の改正：男女の不平等の是正

▌難航する復興 ▶

1 国民生活の困窮

物資不足による都市での食料・生活必需品の配給状況の悪化、急激なインフレによる生活苦

⇨農村への（⑬　　　　　　）、都市の焼け跡にできた（⑭　　　　　）での食料調達

2 政府による政策

- a　（⑮　　　　　　　　　　）の制定（1946年）：預金を封鎖、一定額を新円で引き出せるようにして通貨量を抑制
- b　（⑯　　　　　　　　　　　　）の導入：鉄鋼・石炭などの産業復興に必要な分野に資金と資材を優先的に配分⇨生産力は回復に向かうが、インフレはおさまらず

Question　下のグラフをみて、以下の問いに答えてみよう。

農地改革表

(1)「自作地と小作地」「自小作別の農家割合」から、どのような変化を読み取ることができるだろうか。

....

....

....

(2)「経営耕地別農家比率」から、どのような変化を読み取ることができるだろうか。

....

....

....

4 占領政策の転換と日本の独立①

中道政権の誕生

1 (①　　　　　　　　)内閣の成立(1947年6月)

総選挙と参議院議員選挙の実施(1947年4月)

⇨衆議院で(②　　　　　　　　　　)(書記長:(①　　　　　　　)が第一党となり、民主党(総裁:③

　　　　　　　)・国民協同党(書記長:三木武夫)の協力による(④　　　　　)連立内閣が成立

⇦与党内部の対立で退陣(1948年2月)、GHQは民主化推進のために(④　　　　　)政権の継続を望む

2 保守政権の誕生

Ⅰ　(③　　　　　　　　)内閣の成立(1948年3月)

(②　　　　　　　　　　)・民主党・国民協同党の連立内閣

⇨閣僚が関与する汚職事件((⑤　　　　　　　　　　　　))のために総辞職

Ⅱ　第2次(⑥　　　　　　　)内閣の成立(1948年10月)

第二党の民主自由党(のちの自由党)を与党とする

⇨総選挙(1949年1月)で過半数を獲得、(⑥　　　　　　　)は1954年まで内閣を組織

占領政策の転換と朝鮮戦争

1 占領政策の転換(民主化優先⇨(⑦　　　　　　　)優先)

中国の国共内戦は共産党が優勢となり、ドイツ・朝鮮は政治的に分断、東ヨーロッパ諸国の社会主義化も進む

⇨アメリカは日本経済を早期に再建させ、アジアの(⑧　　　　　　　)陣営の社会主義陣営からの防波堤とすることをはかる

2 (⑨　　　　　　　　　)の実施(1949年)

日本に派遣された銀行家ドッジの勧告にもとづいた政策

　a　超均衡予算の編成:補助金の支出や公債の発行を抑え、財政支出を抑制

　b　(⑩　　　　　　　　　)(1ドル=360円)の設定:国際経済への復帰

⇨インフレの収束、輸出の回復、生活必需品の配給の終了

3 (⑪　　　　　　　　　)の実施(1950年)

GHQによる共産主義者の公職追放、背景に人員整理をめぐる労使対立のなかでおこった日本国有鉄道(国鉄)をめぐる怪事件(松川事件など)の発生

4 朝鮮戦争の勃発(1950年6月)

アメリカを主体とした国連軍が派遣される

　a　(⑫　　　　　　　　　)の創設(1950年):日本に駐留していたアメリカ軍が朝鮮半島に出動することによる国内の治安維持の不安に対応

　　*1952年に保安隊と改称、のちに(⑬　　　　　)となる

　b　(⑭　　　　)景気の発生:朝鮮半島に出動するアメリカ軍の軍需品調達による好景気

平和条約の締結①

1 講和に向けた動き

(⑥　　　　　　)首相:アメリカ軍の日本駐留を認めるかたちでの早期講和を提案

⇨トルーマン大統領による対日講和の検討開始の表明

②アメリカによる再軍備要求

講和問題を協議するためアメリカの特使ダレスが来日

⇨ダレスは改憲による再軍備を求めるが、(⑥　　　　　　　　)首相は拒否

③日本国内の動き

a (⑮　　　　　　　　　　)論：早期の独立回復のために、西側諸国との講和をめざす⇨保守系の政党(自由党など)が主張

b (⑯　　　　　　　　　　)論：東側諸国を含むすべての国と講和すべきであるとする⇨日本共産党や学者の多くが主張

＊(②　　　　　　　　　　　)は講和条約の批准をめぐる党内対立から右派((⑮　　　　　　　　　)を主張)と左派((⑯　　　　　　　　)を主張)に分裂

Question 下のグラフをみて、以下の問いに答えてみよう。

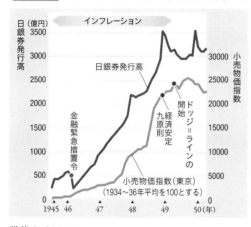

戦後のインフレ

(1)1946年に政府は金融緊急措置令を出して通貨量を抑えたにも関わらず、インフレをおさえることができなかったのはなぜだろうか。

....

....

....

....

(2)ドッジ＝ラインによって、インフレはどのようにおさまっていったのだろうか。

....

....

....

....

4 占領政策の転換と日本の独立②

平和条約の締結②

1（①　　　　　　　　　　　　　　　　　　　　　　　）の締結（1951年9月）

　参加国52国（日本を含む）、（②　　　　　　　　　）首相が講和会議の全権として参加

- a　中国：（③　　　　　　　　　）・（④　　　　　　　　　　　　　　　）ともに会議にまねかれず
  - ＊その後、（③　　　　　　　　　）と日華平和条約を締結（1952年）
- b　インド・ビルマ・ユーゴスラヴィア：条約案に対する不満から会議に参加せず
  - ＊その後、インド（1952年）・ビルマ（1954年）と平和条約を締結

2 条約の内容

- a　日本は（⑤　　　　　　）の独立、（⑥　　　　　　　）・南樺太・千島列島の放棄、（⑦　　　　　　　）・小笠原
  諸島のアメリカへの信託統治を容認する
- b　日本は（⑧　　　　　　　　　　　　　　　　　）の判決を受け入れる
- c　日本は条約締結国に対する（⑨　　　　　　　）請求権を放棄する⇨条約締約国は日本の独立を容認
  し、日本の（⑨　　　　　　　）義務を著しく軽減
  - ＊日本軍の占領を受けたフィリピン・インドネシア・ビルマ・ベトナム共和国（南ベトナム）と
    はその後、個別に（⑨　　　　　　　）協定を締結
- d　連合国軍の撤退（ただしその後、日本に外国軍隊が駐留・駐屯することはさまたげない）
  - ⇨（⑩　　　　　　　）・ポーランド・チェコスロヴァキアは条約内容への不満から調印を拒否

日米安保条約の締結

1（⑪　　　　　　　　　　　　　　　　　　）（日米安保条約）の締結（1951年9月）

　（①　　　　　　　　　　　　　　　　　　　　）と同日に締結

・条約の内容

- a　日本の希望によるアメリカ軍の日本駐留を定める
- b　駐留アメリカ軍を（⑫　　　　　　）の安全保障のために使用する
- c　日本の要望により外国によっておこされた（⑬　　　　　　　）鎮圧に駐留アメリカ軍を使用できる
- d　日本はアメリカ軍以外の軍隊を駐屯させない

2（⑭　　　　　　　　　　　　　　）の締結（1952年）

　アメリカ軍駐留の細目を規定、（⑮　　　　　　）での批准の必要のない行政協定の形式をとる

　内容：

- a　日本がアメリカ軍の駐留経費を負担
- b　駐留軍の活動に最大限の利便をはかる
- c　駐留軍関係者の犯罪の捜査、裁判をアメリカが実施

　⇨日本は（⑯　　　　）側陣営（資本主義陣営）の一員として国際社会に復帰

占領期の世相と文化

1 世相

　アメリカ映画やジャズ音楽の復活、言論の原則自由化などにより数多くの雑誌が発刊される

- a　流行歌：笠置シヅ子「東京ブギウギ」（1947年）など
- b　戦争に関する文学：竹山道雄『ビルマの竪琴』、学徒出陣戦没者遺稿集『（⑰
  　　　　　　　　　）』など

②文化

　a　学問・科学：（⑱　　　　　　　　　）のノーベル物理学賞の受賞（1949年）など
　b　スポーツ：古橋廣之進（水泳）の世界新記録樹立（1949年）など

Question　下の史料をみて、以下の問いに答えてみよう。

サンフランシスコ平和条約

第一条　(a)日本国と各連合国との間の戦争状態は、第二十三条の定めるところにより、この条約が日本国と当該連合国との間に効力を生ずる日に終了する。
(b)連合国は、日本国及びその領水に対する日本国民の完全な主権を承認する。

第二条　(a)日本国は、朝鮮の独立を承認して、済州島、巨文島及び欝陵島を含む朝鮮に対するすべての権利、権原及び請求権を放棄する。
(b)日本国は、台湾及び澎湖諸島に対するすべての権利、権原及び請求権を放棄する。
(c)日本国は、千島列島並びに日本国が千九百五年九月五日のポーツマス条約の結果として主権を獲得した樺太の一部及びこれに近接する諸島に対するすべての権利、権原及び請求権を放棄する。

第五条　……
(b)連合国としては、日本国との関係において国際連合憲章第二条の原則を指針とすべきことを確認する。
(c)連合国は、日本国が主権国として国際連合憲章第五十一条に掲げる個別的又は集団的自衛の固有の権利を有すること及び日本国が集団的安全保障取極を自発的に締結することができることを承認する。

（『日本外交文書』）

(1)ソ連などの東側諸国はなぜサンフランシスコ平和条約への調印を拒否したのだろうか。

....
....
....

(2)サンフランシスコ平和条約と同日に日米安全保障条約が結ばれたが、それはなぜだろうか。

....
....
....
....
....
....

....
....
....
....
....
....
....
....
....
....
....
....

1 集団防衛体制と核開発

集団防衛体制の構築

1 第二次世界大戦後のアメリカ合衆国とソ連

　　直接戦争状態に入らないが、相手を仮想敵国とみなし軍備強化⇨世界の各地域で集団防衛体制を構築

2 資本主義陣営の集団防衛機構

- a　（① 　　　　　　　　　　　　　　　　）（NATO）：1949年、西ヨーロッパ諸国と設立
- b　（② 　　　　　　　　　　）（OAS）：南北アメリカ大陸諸国
- c　（③ 　　　　　　　　　　　　　　　　）（SEATO）：東南アジアで共産主義拡大阻止
- d　（④ 　　　　　　　　　　　　　　　　）（中東条約機構・METO）：中東
- e　2国間の安全保障条約：数多く締結、日本とアメリカの（⑤ 　　　　　　　　　　　　　）
　　（1951年）⇨日本も西側陣営に組み込まれる

3 社会主義陣営の集団防衛機構

- a　西側陣営の動きに対抗し、集団防衛機構を構築
- b　直接の引き金：アメリカ・（⑥ 　　　　　　　　　　）・フランスが1955年に西ドイツの再軍備を認め、同時に西ドイツがNATOに加盟したこと⇨ソ連は東ヨーロッパ諸国と（⑦ 　　　　　　　　　　　　）（東ヨーロッパ相互援助条約）を結成

4 冷戦

　　1950年代半ばまでに、西側と東側はそれぞれ軍事ブロックを形成し、にらみ合う冷戦の状態に

核開発競争

1 アメリカの優位

- a　唯一の核保有国：戦後しばらく、アメリカは唯一の核兵器保有国
- b　核兵器の威力：（⑧ 　　　　　　）（8月6日）と（⑨ 　　　　　　）（8月9日）に投下された原子爆弾によって世界中が認識

　　⇨ソ連に対し、また西側諸国に対して圧倒的な軍事的優位に立つ

2 ソ連の原爆開発とその影響

　　1949年、ソ連が原爆開発に成功⇨核兵器の独占が崩れ、アメリカに強い衝撃

- a　赤狩りの開始：1950年からアメリカで上院議員（⑩ 　　　　　　　　　　　　　）が中心となり、左翼運動や共産主義を攻撃する「赤狩り」が始まる
- b　赤狩りの展開：社会の現状に批判的な人、赤狩りに疑問をいだいただけの人も攻撃の対象となり、職場を追われる⇨1954年になりようやく下火に

3 核開発競争

　　1952年、（⑥ 　　　　　　　　　　）が原爆の開発に成功、アメリカは原爆よりも巨大な破壊力をもつ水素爆弾（水爆）を開発、翌年ソ連も水爆実験の成功を発表

　　⇨両陣営は大量の核兵器を配備して相手を威嚇、世界が核戦争の脅威にさらされる

4 核開発競争の過熱

　　核兵器開発競争のなかで、大量の放射性降下物（「死の灰」）を生み出す核実験が実施される

- a　アメリカが太平洋の（⑪ 　　　　　　　　　）でおこなった核実験：周辺の住民が「死の灰」によって被爆
- b　（⑪ 　　　　　　　　　）での水爆実験（1954年）：日本のマグロ漁船（⑫

）が被爆、乗員に死傷者⇨日本で核兵器に対する反対運動が高揚するきっかけに

c　原子力の平和利用：アメリカ大統領（⑬　　　　　　　　　　　　　　　　　　）、核兵器開発競争の過
　　熱に危機感、ソ連を牽制する目的もあり、国際連合総会で原子力の平和利用提唱⇨各国で（⑭
　　　　　　　　）の開発が本格化

Question　下の地図をみて、問いに答えてみよう。

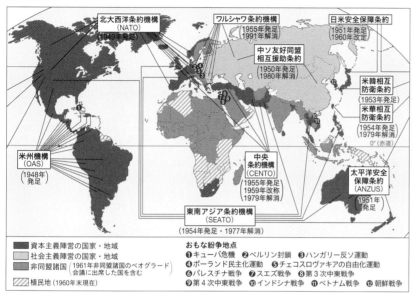

冷戦の時代に結ばれた世界の
諸同盟とおもな紛争地点

(1)西側陣営が結成したNATOは、冷戦期にどのような役割を果たしたのだろうか。

(2)ソ連と東欧諸国が結成したワルシャワ条約機構は冷戦期にどのような役割を果たしたのだろうか。

2 米ソ両大国と平和共存

▌戦後アメリカ社会 ▌

① 1950年代のアメリカ合衆国

　　a　原子力・航空機・コンピュータなど戦争と結びつく新しい産業部門の技術革新が経済成長促進

　　b　専門職・事務職・販売職（ホワイトカラー）の数が肉体労働者（ブルーカラー）の数を上回る

　　c　都市中間層を中心とする（①　　　　　　　　　　　　　）がアメリカ社会の特徴に

② 「軍産複合体」

　　肥大化した（②　　　　　　　　　）が存続、軍部と癒着を深め、政治への発言力を強める

　　⇨（②　　　　　　　　　）と軍部、政治機構の一部が一体化した「軍産複合体」が政治に影響力をもつ

③ 保守化と人権擁護

　　a　「（③　　　　　　　　　）」：冷戦の緊張のなかでアメリカ社会の保守化の現れ

　　b　人権擁護の世論：第二次世界大戦におけるユダヤ人大量虐殺などへの反省⇨アメリカでは根強
　　　　く残る（④　　　　　　　　　）に批判的な目が向けられる

　　c　学校教育における人種差別を憲法違反とする最高裁判決⇨（⑤　　　　　　　　　）運動につながる

▌ソ連の「雪どけ」▌

① 「雪どけ」と東ヨーロッパの社会主義体制

　　戦後のソ連：（⑥　　　　　　　　　）の復興を最優先、スターリンの独裁体制のもとで国民はきびしく監視
　　され、貧しい生活を強いられる

　　⇨スターリンが1953年に死去、後継者らは集団指導体制をしき、外交と内政両面で緊張緩和をはかる

　　a　外交：朝鮮戦争に停戦がもたらされ、（⑦　　　　　　　　　　　　　　　）と和解

　　b　内政：無実の罪で収容所に送られていた人々が釈放、消費財の生産を重視する動きもみられる

　　＊スターリン死後の変化は「雪どけ」と呼ばれて歓迎される

・東ヨーロッパの社会主義体制

　　東ベルリンで労働者が政府に退陣を求めて抗議運動⇨現地のソ連軍に鎮圧される

　　⇨東ヨーロッパの社会主義体制が国民の支持ではなく武力で維持されていることが明らかに

② スターリン批判とその影響

　　Ⅰ　（⑧　　　　　　　　　　　　　）の台頭：共産党第一書記としてソ連指導部内で台頭

　　　　a　平和共存：資本主義諸国との平和共存が可能であるとの立場を明確に⇨1955年、アメリカ・
　　　　　　ソ連・イギリス・フランスの指導者が会談、具体的な成果はなかったが、緊張緩和への期
　　　　　　待が高まる（（⑨　　　　　　　　　　　　　）会談）

　　　　b　スターリン批判：ソ連の改革前進のため、1956年にスターリンの大量処刑などを暴露して批
　　　　　　判し、（⑩　　　　　　　　　　　　　）も解散⇨世界に衝撃を与える

　　Ⅱ　東ヨーロッパの反ソ暴動

　　　　a　ポーランド：1956年6月、（⑪　　　　　　　　　）で反ソ暴動⇨ポーランド指導部が事態収拾

　　　　b　ハンガリー：1956年10月、反ソ暴動、首相（⑫　　　　　　）がワルシャワ条約機構からの脱退を
　　　　　　打ち出す⇨ソ連軍が軍事介入して鎮圧、（⑫　　　　　　）を処刑

　　Ⅲ　中ソ関係

　　　　（⑬　　　　　　　　　）がスターリンと似た独裁体制⇨スターリン批判で中ソ関係は悪化

③宇宙開発

　1957年、人類初の人工衛星（⑭　　　　　　　　　　　　　　　　）の打ち上げ成功、宇宙開発でアメ

　リカに先行⇨1961年、ガガーリンが最初の宇宙飛行を実現

④米ソ関係の冷え込み

　┌　a　　（⑧　　　　　　　　　　　　　　）の訪米：1959年、ソ連指導者では初めて訪米、緊張緩和を模索

　│　b　米ソ関係の悪化：1960年、アメリカの偵察機がソ連領内で撃墜される

　│　c　「（⑮　　　　　　　　　　　　　）」の建設：1961年、西ベルリンへの市民の大量流出を阻止す

　│　　　るために東ドイツ政府が西ベルリンを囲む「（⑮　　　　　　　　　　　　）」を築く⇨東西

　└　　　冷戦の象徴に

Question　下の写真をみて、以下の問いに答えてみよう。

(1)写真は1959年にソ連指導者としてはじめて訪米したフルシチョフ（右側、左はアメリカ大統領アイゼンハワー）である。訪米の背景にはフルシチョフのどのような思惑があったのだろうか。

　‥‥‥‥‥‥‥‥‥‥‥‥‥‥‥‥‥‥‥‥‥‥‥‥‥‥‥‥‥‥‥‥‥

(2)フルシチョフの訪米から2年後の1961年に「ベルリンの壁」が建設された。期待された緊張緩和はフルシチョフ訪米後、どのように変化していったのだろうか。

　‥‥‥‥‥‥‥‥‥‥‥‥‥‥‥‥‥‥‥‥‥‥‥‥‥‥‥‥‥‥‥‥‥

　‥‥‥‥‥‥‥‥‥‥‥‥‥‥‥‥‥‥‥‥‥‥‥‥‥‥‥‥‥‥‥‥‥

　‥‥‥‥‥‥‥‥‥‥‥‥‥‥‥‥‥‥‥‥‥‥‥‥‥‥‥‥‥‥‥‥‥

3 西ヨーロッパの経済復興

第二次世界大戦後の西ヨーロッパ

1 ヨーロッパの国際的地位の低下

　東ヨーロッパはソ連の支配下、西ヨーロッパはアメリカ合衆国の影響下に

　⇨西ヨーロッパ諸国の「帝国」としての地位は急激にゆらぐ

2 諸国の状況

　　a　イギリス：1945年の総選挙で労働党の（①　　　　　　　　　　）が保守党のチャーチルを破る

　　　　　⇨「ゆりかごから墓場まで」のスローガンで包括的な（②　　　　　　　　　　）を整備

　　b　フランス：大統領の権限が弱く議会の権限が強い（③　　　　　　　　　）⇨短命政権が続く

　　c　イタリア：第二次世界大戦後、（④　　　　　　　　　　）と緊密な関係をもった王政への批判

　　　　　⇨1946年の国民投票で王政廃止、共和政に移行

　　d　アイルランド：第二次世界大戦中は中立を維持、1949年にイギリス連邦を正式に離脱して共和

　　　　　政に移行

ヨーロッパ統合の開始

1 西ドイツの処遇

　　a　第二次世界大戦の戦後処理：第一次世界大戦後、ドイツを国際的に孤立させたことが（⑤

　　　　　　）党台頭をまねく⇨西ドイツを西ヨーロッパの復興過程に組み入れることをめざす

　　b　各国の国力低下：国家の枠をこえた協力体制をつくる必要性

2 ヨーロッパ統合の始まり

　　a　ヨーロッパ経済協力機構（OEEC）：1948年、マーシャル＝プランの受け皿

　　b　ベネルクス関税同盟：1948年、ベルギー・オランダ・ルクセンブルクによる経済協力

　　c　ヨーロッパ石炭鉄鋼共同体（ECSC）：1952年、フランス外務大臣（⑥　　　　　　　　　）の

　　　　　提案でフランス・西ドイツ・イタリア・ベルギー・オランダ・ルクセンブルクが石炭業・鉄

　　　　　鋼業の共同管理

　　⇨（⑦　　　　　　　　　）形成・国家主権の一部を超国家機構に譲渡⇨ヨーロッパ統合の直接の出発点

3 ヨーロッパ統合の進展

　　a　ヨーロッパ経済共同体（EEC）：1958年、ECSCに参加する6カ国により成立

　　b　（⑧　　　　　　　　　　　　　　）（EURATOM）：1958年、アメリカとソ

　　　　　連に対抗、原子力開発を共同で進める

　　＊これらの超国家機構は加盟国政府の政策決定を拘束できる

4 （⑨　　　　　　　　　　　　）

　　1967年、ECSC・EEC・EURATOMが統一し、（⑨　　　　　　　　　　　　）（EC）が成立

　　a　経済統合：EC加盟国に対する貿易の自由化、非加盟国に対して（⑩　　　　　　　　）を設け

　　　　　て関税同盟を形成、共通の農業・エネルギー・運輸政策実現など高度な経済統合

　　b　メリットとデメリット：市場拡大などのメリット、主権の行使が制限されるデメリット

5 西ドイツの経済復興

　　西ヨーロッパの経済はマーシャル＝プランや経済統合の進展により急速な回復をとげる

　　a　西ドイツの復興：1950年代末から「（⑪　　　　　　　　　）」と呼ばれる成果

　　b　（⑫　　　　　　　　　）政権：キリスト教民主同盟を率い、長期政権を築く⇨国際社会

└   への復帰とNATO加盟を実現、ヨーロッパ経済統合にも積極的

6 イギリスの動き

　伝統的にヨーロッパ大陸と距離をとり、超国家機構に政策決定を拘束されることをきらう

　⇨1960年、EECに加盟していない7カ国で(⑬　　　　　　　　　　　　　　　　　　　　　)

　　(EFTA)を結成、加盟国間で自由貿易をおこなうが、非加盟国に対する共通関税は設けない

　⇦1973年、アイルランド・デンマークとともにECに加盟しEFTAから脱退、以後EFTA加盟国は減少

┃ フランス第五共和政の動き ▶

1 経済復興と西ヨーロッパ

　経済復興が進むなか、西ヨーロッパではアメリカの主導権のもとからの脱却をめざす動きがおこる

2 アルジェリアの独立運動

　Ⅰ　勃発：1954年、フランスが(⑭　　　　　　　　　　　　　　)に敗北した直後

　Ⅱ　内乱の危機：1958年、フランス政府が(⑮　　　　　　　　　　　　　)(FLN)との妥協をはかると、

　　　フランス人入植者(コロン)が現地のフランス軍と提携して独立阻止のクーデタをおこす

　Ⅲ　(⑯　　　　　　　　　　　　　)の成立：ド゠ゴールが政権に復帰、大統領が強力な権限をもつ新憲法

　　　を制定⇨1959年に大統領に就任、保守派の期待に反して62年にアルジェリア独立を承認

3 ド゠ゴールの政策

　┌ a　原子爆弾の開発：1960年、開発に成功、アメリカ・ソ連・イギリスにつづく核保有国に

　└ b　ソ連との関係改善：1966年、NATOの軍事機構から脱退、モスクワを訪問

　⇨アメリカからの自立性を取り戻そうとする動きは(⑰　　　　　　　　　　)(デタント)の先ぶれに

Question　下の表をみて、問いに答えてみよう。

国名／期間	1900〜13	1913〜50	1950〜73	1973〜87	1987〜91
西ドイツ	3.0	1.3	5.9	1.8	3.7
フランス	1.7	1.1	5.1	3.0	3.0
イギリス	1.5	1.3	3.0	1.6	1.3
イタリア	2.8	1.4	5.5	2.4	2.7
日本	2.5	1.8	9.3	3.7	4.9
アメリカ	4.0	2.8	3.7	2.5	1.9

先進国の平均経済成長率　　　　　(単位：%)

(1)西ヨーロッパ各国がもっとも高い経済成長率を示している時代はいつだろうか。

(2)西ヨーロッパ各国が(1)の時代に高い経済成長をとげることができたのはなぜだろうか。

4 第三世界の連携と試練①

第三世界の連携

「（①　　　　　　　　　　）」：東西どちらの陣営にも属さない、アジア・アフリカ・ラテンアメリカなどの
　　　　　　　　　　　　　　非同盟諸国

①（②　　　　　　　　　　　　　　　）会議の開催

　Ⅰ　コロンボ会議（1954年）：セイロン（現、スリランカ）のコロンボで開催、南アジア・東南アジア5
　　　カ国の首脳が集まり、アジア・アフリカ諸国による会議の開催を提案

　Ⅱ　中華人民共和国の（③　　　　　　　　　）首相とインドの（④　　　　　　　　）首相が会談（1954年）
　　　⇨（⑤　　　　　　　　　　　）（領土保全と主権の尊重、不侵略、内政不干渉、平等と互恵、平和
　　　　共存）を発表

　Ⅲ　（②　　　　　　　　　　　　　）会議（バンドン会議）（1955年）：インドネシアのバンドン
　　　で開催、アジア・アフリカ29カ国の代表が参加
　　　⇨（⑥　　　　　　　　　　）（平和共存・非同盟主義・反植民地主義など）を発表

②第1回（⑦　　　　　　　　　　）会議（1961年）
　ユーゴスラヴィアの首都ベオグラードで開催、ユーゴスラヴィアの（⑧　　　　　　　　）大統領らが
　呼びかけ、25カ国の代表が参加⇨核兵器禁止、植民地主義の打破などをめざすことを宣言
　⇨以後繰り返し開催され、（①　　　　　　　　）諸国の結束を強める

印パ戦争と中印国境紛争

　Ⅰ　（⑨　　　　　　　　　　　　　　　　）戦争（第1次：1947〜48年、第2次：1965年）
　　　原因：カシミール地方の帰属をめぐる、インドとパキスタンの対立

　Ⅱ　中国とインドの対立
　　　┌ a　（⑩　　　　　　　　　　　　）（1959年）：チベットで民衆が蜂起⇨ダライ＝ラマ14世がイン
　　　│　　ドに亡命し、チベットの独立を宣言。中国とインドの関係が悪化
　　　│ b　（⑪　　　　　　　　　　　）紛争（1962年）：カシミール地方の国境をめぐって、チベットとインド
　　　└　　のあいだで紛争が発生⇨非同盟諸国の結束がそこなわれる

　Ⅲ　第3次（⑨　　　　　　　　　　　　　　）戦争（1971年）
　　　原因：東パキスタンがパキスタンからの独立を試みる⇨インドが東パキスタンを支援し開戦
　　　　⇨インドが勝利し、同年に東パキスタンが（⑫　　　　　　　　　　　）として独立

アフリカ諸国の独立

①北アフリカ・西アフリカの独立運動
　　┌ a　1951年にリビアが、1956年にはモロッコとチュニジアが独立
　　│ b　（⑬　　　　　　　　　）：フランス人入植者が独立に抵抗⇨民族解放戦線（FLN）が武装闘
　　│　　争を展開⇨1962年、ド＝ゴール大統領が独立を承認
　　│ c　ガーナ：1957年、（⑭　　　　　　　　　　　）を指導者としてイギリスから独立（サハラ砂漠以
　　└　　南で、アフリカ人が中心となって独立したはじめての国）
　　＊「（⑮　　　　　　　　　）」（1960年）：新たに17の独立国がアフリカに誕生
②アフリカ諸国の連帯
　　1963年、（⑯　　　　　　　　　）会議がエチオピアのアディスアベバで開催、アフリ

カ30カ国の首脳が集まり、(⑰　　　　　　　　　　　　　　　　　)機構(OAU)を結成

⇨アフリカ諸国の連帯と発展、植民地主義の克服をめざす

③独立後の混乱

原因：
- a　旧宗主国からの政治的・軍事的介入、旧宗主国に対する経済的従属関係の継続
- b　人工的な国境線が、様々な民族を分断⇨内戦やクーデタ、軍事政権の誕生にもつながる
- c　交通や電気・水道、教育など社会的経済基盤の弱さ：輸出用の単一作物の栽培や鉱物資源の採掘のための開発を優先したため

Ⅰ　(⑱　　　　　　　)動乱(1960〜65年)：1960年、(⑱　　　　　　　)共和国が独立

　　⇨銅などの鉱物資源をめぐって旧宗主国のベルギーが独立後も干渉し、内戦が発生

Ⅱ　ナイジェリア内戦(1967〜70年)：部族対立や石油資源をめぐる争いから発生、旧宗主国のイギリス、ソ連・フランスなども介入

Question　下の地図をみて、以下の問いに答えてみよう。

アフリカ諸国の独立

(1)1960年に独立した17の国家のうち、地図中のＡ〜Ｅの国名を答えなさい。

A：

B：

C：

D：

E：

(2)なぜ、アフリカには直線的な国境をもつ国が多いのだろうか。

4 第三世界の連携と試練②

▌エジプトの台頭と中東戦争 ▌

第二次世界大戦末期から、中東のアラブ諸国は（①　　　　　　　　　　　　　　　）を結成して連帯

①エジプト革命

　1952年、（②　　　　　　　　　）らの軍人がクーデタをおこして、ムハンマド＝アリー朝の国王を追放、共和政国家を建設

　　a　農地改革を断行：大地主の土地所有を制限して小作農に土地を分配
　　b　イギリス軍の（③　　　　　　　　　　　）地帯からの撤退を実現⇨エジプト、完全な独立を達成
　　c　積極的中立政策を提唱、（②　　　　　　　　　）は第三世界の有力な指導者となる
　　d　（④　　　　　　　　　　　　　　　　　）の建設を推進

②2度の中東戦争とイスラーム主義勢力の台頭

　Ⅰ　（⑤　　　　　　　　　）戦争（第2次中東戦争、1956〜57年）
　　　経過：米・英が、エジプトのソ連圏からの武器購入を懸念し、（④　　　　　　　　　　　　）建設への融資を撤回
　　　　　⇨1956年、（②　　　　　　　　）は（③　　　　　　　　　　　）の国有化を宣言
　　　　　　⇨英・仏・イスラエルがエジプトに侵攻するが、米・ソと国際世論の非難を受け停戦
　　　結果：a　中東では、イギリス・フランスにかわってアメリカの影響力が強まる
　　　　　　b　（②　　　　　　　　）はアラブ＝ナショナリズムの指導者の地位を確立

　Ⅱ　第3次中東戦争（6日間戦争、1967年）
　　　経過：パレスチナ問題をめぐり、アラブ諸国とイスラエルが対立
　　　　　　⇨イスラエルがヨルダン川西岸やガザ地区・ゴラン高原・シナイ半島などを占領
　　　結果：エジプトは大敗、アラブ＝ナショナリズムは打撃を受ける
　　　　　　⇨（⑥　　　　　　　　　　　）のようなイスラーム主義勢力が力をもつようになる

③（⑦　　　　　　　　　　　　　　　）（PLO）の活動
　パレスチナ人が結成した反イスラエル武装組織（議長：アラファト）
　⇨第4次中東戦争（1973年）後、政治的な交渉を重視、パレスチナ人の唯一正当な代表として（①　　　　　　　　　）の正式加盟国となり、国際連合のオブザーバー資格も認められる

▌ラテンアメリカ諸国とキューバ革命 ▌

①第二次世界大戦後のラテンアメリカ諸国：アメリカ合衆国の強い影響下におかれる

　Ⅰ　（⑧　　　　　　　　　　　）条約（リオ協定）の締結（1947年）：アメリカ合衆国とラテンアメリカ諸国が相互の軍事的支援を約束
　Ⅱ　パン＝アメリカ会議の開催（1948年）：会議を改組し、（⑨　　　　　　　　　）（OAS）を結成（アメリカ合衆国の主導）

②アメリカ合衆国の干渉に反発する動き

　　a　アルゼンチン：1946年に（⑩　　　　　　　　）が大統領となり、反米的ナショナリズムを掲げる
　　b　グアテマラ：1951年に左翼政権が誕生し、大土地所有を解消する農地改革を開始⇨1954年、アメリカ合衆国の支援を受けた軍部のクーデタで、左翼政権が倒される

③キューバの動向

　Ⅰ　キューバ革命（1959年）：（⑪　　　　　　　　　）やゲバラを指導者とする革命の結果、親米的な（⑫

　　　　　　　　　）政権が倒れる

　　　⇨革命政権は、農地改革を実施

Ⅱ　アメリカ合衆国、キューバと断交(1961年)：アメリカ合衆国は反革命勢力を支援するが失敗、キューバ、社会主義宣言でソ連寄りの姿勢を明確にする

　　　　　⇨アメリカ合衆国は、キューバに経済封鎖を実施

・キューバ革命後のラテンアメリカ諸国

　　┌　a　キューバ革命は、ラテンアメリカ諸国の民族運動や革命運動に大きな刺激を与える
　　│　b　アメリカ合衆国は「(⑬　　　　　　　　　　　　　　　　　　　)」を掲げてラテンアメリカ諸国に
　　└　　　経済援助を実施⇨1964年、(⑨　　　　　　　　　)の加盟国がキューバと断交

Question　下の地図をみて、以下の問いに答えてみよう。

ラテンアメリカ地域の動向

地図内の記載：

キューバ
1952　軍事クーデタ　バティスタ大統領再任
1959　キューバ革命
1961　社会主義宣言
1962　キューバ危機

メキシコ　ハイチ　パナマ　ベネズエラ

グアテマラ
1951　左翼政権成立
1954　軍事クーデタ　親米独裁政権成立
1986　民政移管

エルサルバドル

太平洋

ペルー　ブラジル　ボリビア

0°(赤道)

大西洋

ニカラグア
1979　ニカラグア革命　サンディニスタ民族解放戦線政権掌握
1990　親米政権成立、内戦終結

チリ
1970　人民連合政権成立
1973　軍事クーデタ
1974　ピノチェト軍事独裁政権成立
1988　国民投票で民政移管決定
1990　民政移管

アルゼンチン
1946　ペロン大統領就任
1955　軍事クーデタ
1973　ペロン大統領再任(〜74)
1976　親米軍事政権成立
1982　フォークランド戦争(対イギリス)
1983　民政移管

ウルグアイ

フォークランド諸島

(1)チリで、史上初の選挙による社会主義政権を立てたが、1973年の軍部によるクーデタで死亡した人物はだれか。

(2)アメリカ合衆国は、ラテンアメリカ諸国のどのような政策に対して、干渉を加えたのだろうか。

5 55年体制の成立①

日本社会党の統一と保守合同

①独立回復後の日本

- a サンフランシスコ平和条約締結後、吉田茂内閣は労働運動や社会運動の抑制をはかる
  - ⇨1952年の血のメーデー事件をきっかけに（①　　　　　　　　　　　　　）を成立させる
- b 1954年にMSA協定を締結し、アメリカからの援助の見返りに自衛力増強を義務付けられる
  - ⇨陸・海・空3隊からなる（②　　　　　　　　）が発足
- c 社会党や共産党など革新勢力は、占領期の民主的な改革を否定する「（③　　　　　　　　　　　）」と批判
  - ＊内灘（石川県）や砂川（東京都）で米軍基地反対闘争が展開
  - ＊アメリカの水爆実験で第五福竜丸が被曝すると（④　　　　　　　　　　　　）が高揚

②保守勢力の分裂

公職追放が解除され政界復帰をした（⑤　　　　　　　　　　）らが、自由党を離党して日本民主党を結成

⇨汚職事件から第5次吉田茂内閣は総辞職し、第1次（⑤　　　　　　　　　　）内閣が成立

③日本社会党の統一と保守合同

- a （⑤　　　　　　　　　　）内閣が憲法改正や再軍備への動きを見せる
  - ⇨1955年10月、左右両派に分裂していた日本社会党が統一して反対
  - ＊社会党は憲法擁護（護憲）と非武装中立を主張
  - ⇨1955年11月、保守の日本民主党と自由党が合流、（⑥　　　　　　　　　　）が誕生（＝（⑦　　　　　　　　　　））
  - ＊自民党は憲法改正（改憲）と再軍備（もしくは対米依存のもとでの安全保障）を追求
- b 55年体制：保守勢力の（⑥　　　　　　　　　　）と革新勢力の日本社会党の二大政党対立の時代
  - ＊自民党が国会議席の3分の2弱を占め、社会党は自民党の半分程度なので、政権交代はなし
  - ＊1993年の細川護熙内閣（非自民連立内閣）成立までの38年間の長期保守政権となる

国際社会への復帰と日ソ国交回復

①国際社会復帰への過程

日本は主権回復後、国際通貨基金（IMF）、関税及び貿易に関する一般協定（（⑧　　　　　　　））などの国際機関・組織に参加

⇨ソ連の拒否権により、国際連合には加盟できず

②日ソ国交回復交渉（自主外交）

ソ連との国交回復交渉は、ソ連占領下の国後島・択捉島などの一括返還をめぐり行きづまる

⇨1956年、（⑤　　　　　　　　　　）首相は領土問題を棚上げし、（⑨　　　　　　　　　　　　　）に調印

⇨ソ連が加盟賛成にまわり、日本の国際連合加盟が全会一致で承認される

③東南アジア諸国との戦時賠償交渉

ビルマなど東南アジアの4カ国と戦時賠償交渉をおこない、総額10億ドルの賠償を支払う

⇨建設工事や生産物の形をとったので、日本の商品・企業の東南アジア進出の足掛かりとなる

▌日米安全保障条約の改定 ▐

1 日米安保条約改定の背景
- a　反共包囲網形成に向け、米軍への援助と集団的自衛権を前提とした相互防衛義務を要求
- b　(⑩　　　　　　　　　)内閣は、安保条約を改定してより対等な日米関係を目指す

2 (⑪　　　　　　　　　　　　　　　　　　　　　　　　　　)(新安保条約)
　(⑩　　　　　　　　)首相が1960年1月に渡米して調印
- a　アメリカの日本防衛義務が明文化される
- b　「極東」の平和と安全への「脅威」に対し日本が協力するため、米軍の日本駐留の継続、日米の共同作戦、日本の軍備増強、在日米軍の行動に関する(⑫　　　　　　　　　)制を定める

3 安保改定反対運動の高揚
- a　革新勢力は、日本が戦争に巻き込まれる危険性が増大と主張して反対
- b　1960年5月、政府と自民党が警官隊を国会に導入して、衆議院で条約を強行採決⇨「民主主義の擁護」を求め、学生や一般市民のデモ隊が国会を包囲((⑬　　　　　　　　　　　　　))
- c　参議院の議決を経ないまま、衆議院の強行採決後1カ月で条約批准案が自然成立

Question　下の新聞記事をみて、以下の問いに答えてみよう。

安保条約反対運動の新聞記事

(1)安保反対運動は何を訴えようとしたのだろうか。

....
....
....

(2)60年安保闘争は学生も参加した「戦後最大の大衆運動」ともいわれる抗議行動だが、欧米や韓国・中国で学生が参加した抗議行動について調べてみよう。

....
....
....
....

5 55年体制の成立②

ベトナム戦争と沖縄返還

1 ベトナム戦争と日本

- a　ベトナム戦争の泥沼化：1965年、ベトナム民主共和国(北ベトナム)への爆撃(①　　　　　)開始
  - ⇨(①　　　　　)への発信基地として、沖縄の(②　　　　　　　　　)も使用
  - *(③　　　　　　　　)内閣は、自衛隊を派遣しなかったが、アメリカのベトナム戦争を支援
- b　アメリカ軍の目的は南ベトナム解放民族戦線の全滅
  - *同盟国の軍隊の応援を要請し、枯葉剤などの化学兵器やナパーム弾を多用
- c　ベトナム(④　　　　　　　　)の世界的な広がり：アメリカ・日本を含む
  - ⇨1969年、(⑤　　　　　　　　)大統領はベトナムからの段階的撤退を国民に公約
    - ⇨1969年、(⑤　　　　　　　)＝ドクトリンを発表
  - *アジア諸国の自助の強化とアメリカの軍事費負担の肩代わりを日本など同盟国に要請

2 (③　　　　　　　　)内閣の沖縄返還への取り組み

- a　沖縄の(⑥　　　　　　　　　　　　)：戦後、日本本土から切り離され、アメリカ軍の直接軍
  政下におかれ、日本の独立回復後も引き続きアメリカの施政下におかれていたので、住民は
  (⑥　　　　　　　　　)を展開
- b　(③　　　　　　　)首相と(⑤　　　　　　　　)大統領の共同声明：1969年11月の渡米時、
  日米安保条約の堅持、日本政府の核政策「核兵器を持たず、作らず、持ち込ませず」(＝(⑦
  　　　　))の尊重、1972年の沖縄返還などを取り決める
- c　(⑧　　　　　　　　)の調印(1971年6月)⇨1972年5月、沖縄は日本に返還されたが、
  沖縄のアメリカ軍基地はほとんど減少せず
  - *1960年代末～70年代半ば、日本本土のアメリカ軍基地は約3分の1に減少

韓国・中国との国交正常化

1 韓国(大韓民国)との国交正常化交渉

日本の「主権回復」後の国交正常化交渉：1952年～65年

日韓会談は植民地時代の事後処理、漁業問題で繰り返し中断

⇨(⑨　　　　　　　)政権の成立とともに韓国側の対日姿勢に変化が生じ、国交正常化交渉が進展

*竹島(韓国側の呼称は独島)をめぐる問題は未解決

2 (⑩　　　　　　　　　　)：1965年、(③　　　　　　　)内閣と(⑨　　　　　)政権が締結

- a　韓国を朝鮮半島唯一の合法的な政府と認め、国交を正常化
- b　韓国併合条約など戦前の諸条約が「もはや無効」であると確認
- c　韓国は賠償金の請求権を放棄⇨日本政府は総額8億ドルの援助を提供

3 中国(中華人民共和国)との国交正常化交渉

Ⅰ　台湾(中華民国国民政府)との国交正常化

日本の主権回復後の1952年、日華平和条約を締結

Ⅱ　中華人民共和国との国交正常化

(⑤　　　　　　　)大統領訪中による米中接近が背景

⇨(⑪　　　　　　　　　)：1972年、(⑫　　　　　　　　　)首相と周恩来首相が合意

      a　中華人民共和国が中国唯一の合法政府と認める

　　　　＊日本と台湾（中華民国国民政府）との国交は断絶

　　　　＊日台交流民間協定により、民間レベルでの交流は維持

　　　b　日本が戦時の加害責任を認める⇨中華人民共和国は戦争賠償の請求を放棄

④日中国交正常化の背景

　日本側：日本の財界が広大な中国市場に期待

　中国側：文化大革命による国内疲弊、中ソ対立による貿易停滞からの経済回復

Question　下のグラフをみて、以下の問いに答えてみよう。

北海道 4.3 km² (1.6%)

長崎 4.7 km² (1.8%)

山口 8.7 km² (3.3%)

東京 13.2 km² (5.0%)

神奈川 14.7 km² (5.6%)

青森 23.7 km² (9.0%)

広島 3.5 km² (1.3%)

千葉 2.1 km² (0.8%)

埼玉 2.0 km² (0.8%)

その他 1.3 km² (0.5%)

約263.2km²

沖縄県
184.9 km²
(70.3%)

在日アメリカ軍の施設・区域（専用施設）の分布

(1)なぜ沖縄には、アメリカ軍専用施設のほとんどが残されたのだろうか。

(2)沖縄以外のアメリカ軍専用施設はどのように利用されているだろうか。

6 日本の高度経済成長①

▎特需景気から高度経済成長へ ▎

① 経済成長の始まり

　朝鮮戦争の勃発により、日本経済はドッジ＝ラインによる深刻な不況から活気を取り戻す

　Ⅰ　（①　　　　　　　　　　　　　）＝朝鮮戦争特殊需要景気

　　　武器や弾薬の製造、自動車や機械の修理など、アメリカ軍の膨大な需要によって好景気が発生

　　⇨1951年には実質の国民総生産（GNP）が戦前の水準にまで回復

　Ⅱ　「（②　　　　　　　　　　　）」（1955〜57年）

　　　（①　　　　　　　　　　）の終了後も、繊維や金属を中心に生産が拡大し、好景気が発生

　　＊1956年度の『経済白書』は「（③　　　　　　　　　　　　　　　　　　）」と記す

　　⇨日本経済は戦後復興をおえ、（④　　　　　　　　）による経済成長の時期に入る

② 政府による経済成長政策

　1960年、岸信介にかわって（⑤　　　　　　　　　）が内閣を組織

　⇨（⑤　　　　　　　　　）は経済成長を第一の政策課題と考え、「国民所得倍増計画」を閣議決定

　　⇨日本は1968年には（⑥　　　　　　　　　）を抜いて、アメリカ合衆国につぐ世界第2位の国民総生

　　　産を実現、1973年の第1次石油危機まで、高い経済成長をとげる（高度経済成長）

　＊1964年には（⑦　　　　　　　　　　　　　　）（第18回オリンピック競技大会）、1970年には

　　（⑧　　　　　　　　　）（日本万国博覧会）が開催され、日本の経済成長を国内外にアピール

▎高度経済成長のメカニズム ▎

① 経済成長のメカニズム

　大企業による膨大な（⑨　　　　　　　　　）が経済成長を牽引、「投資が投資を呼ぶ」と表現される

　＊鉄鋼・造船・自動車・電気機械・化学などの部門で、アメリカの（④　　　　　　　　）の成果を取

　　り入れて設備の更新がおこなわれる

② 先進技術の導入と改良

　先進技術は品質管理や労務管理、流通・販売の分野にもおよぶ

　⇨導入後は日本の条件にあわせて独自に改良され、終身雇用・年功賃金・労使協調を特徴とする「（⑩

　　　　　　　　）」が確立

③ 産業構造の高度化とエネルギー革命

　┌ a　産業構造の高度化：第1次産業の比重が下がり、第2次・第3次産業の比重が高まる

　│　　＊工業生産額の約3分の2を重化学工業が占めるようになる

　│ b　エネルギー革命：中東の産油国から安価な原油が輸入されることで、（⑪　　　　　）から石油へ

　│　　のエネルギー転換が進む

　└　　＊1960年には三井鉱山三池炭鉱で大量解雇に反対する労働争議が展開（三池争議）

④ 国民所得の上昇

　┌ a　工業部門：（④　　　　　　　　）による労働生産性の向上、若年層を中心とする労働力不足、

　│　　「（⑫　　　　）」方式による労働運動によって賃金が大幅に上昇

　│ b　農業部門：1961年に（⑬　　　　　　　　）が制定され、農業の近代化と構造改善がはから

　│　　れる。農家所得も農業生産力の上昇や米価の政策的引上げ、農外所得の増加などで上昇

　└　　＊米などのわずかな例外を除き、食料の輸入依存が進み、食料自給率は低下

国際競争力の強化

1 輸出の急拡大

固定為替相場（1 ドル＝(⑭ 　　　　)円)による安定した国際通貨体制や、安価な資源の輸入に支えられて輸出が急速に拡大、日本は1960年代以降、大幅な貿易黒字を実現

⇨1964年、日本は経済協力開発機構((⑮ 　　　　))に加盟、資本の自由化が義務づけられる

2 大型合併の進展

国際競争力を強化するため、産業界では 3 社に分割されていた三菱重工業が再合併し、八幡製鉄と富士製鉄が合併して新日本製鉄が創立されるなど、大型合併が進む

＊三井・三菱・住友などの都市銀行は、系列企業への融資を通じて(⑯ 　　　　　　)を形成

Question 下の史料をみて、以下の問いに答えてみよう。

国民所得倍増計画の構想

(1) 計画の目的

国民所得倍増計画は、速やかに国民総生産を倍増して、雇用の増大による完全雇用の達成をはかり、国民の生活水準を大幅に引き上げることを目的とするものでなければならない。この場合とくに農業と非農業間、大企業と中小企業間、地域相互間ならびに所得階層間に存在する生活上および所得上の格差の是正につとめ、もって国民経済と国民生活の均衡ある発展を期さなければならない。

(『内閣公文』)

(1)池田内閣の国民所得倍増計画は、何を実現しようとしたのだろうか。

....
....

(2)国民所得倍増計画は10年で国民所得を倍増させることを目標としていたが、1 人あたりの実質国民所得は約 7 年で倍増を達成した。その理由について、貿易面から考えてみよう。

....
....
....

....
....
....
....
....
....
....
....
....
....
....
....
....

6 日本の高度経済成長②

消費の拡大と流通の変容

①消費の拡大

　高度経済成長期には消費が急速に拡大、所得・消費の水準も全般的に上昇

　＊生活様式や意識の均質化も進み、自分は社会の中間層に属していると考える人々が国民の8〜9割を占めるようになる((①　　　　　　　))

　消費拡大の要因：
- a　所得の増加が消費の拡大を引きおこし、大量生産による価格の引下げがさらに消費を拡大させたこと
- b　(②　　　　　　　)が進んで世帯数が増加したこと

②耐久消費財の普及
- a　「(③　　　　　　　)」：高度経済成長期の前半に普及した耐久消費財。電気洗濯機・白黒テレビ・電気冷蔵庫
- b　「(④　　　　　　　)」(「3C」)：1966年からの「いざなぎ景気」以降普及した耐久消費財。自動車(カー)・カラーテレビ・ルームエアコン(クーラー)

　＊耐久消費財は大量生産・大量販売体制や割賦販売制度の確立によって普及、自動車工場では組立てライン方式が採用され、松下幸之助が設立した松下電器は系列販売網を整備

③流通の変容

　(⑤　　　　　　　)が急成長し、1972年には売上高で百貨店を上回る

社会の変貌

①交通の変貌
- a　自動車：1965年に名神高速道路、1969年に東名高速道路が開通、自家用自動車が普及し、自動車が交通手段の主役になる(モータリゼーション)
- b　鉄道：1964年に東京・新大阪間で(⑥　　　　　　　)が開通
- c　航空：1960年にジェット機が導入され、一挙に拡大

②食生活の変貌

　食生活の洋風化が進み、肉類や乳製品の消費が増加

　⇨米は供給過剰となり、1970年から米の価格を維持しようとする(⑦　　　　)政策が開始

③マスメディア・教育の変貌
- a　マスメディア：新聞・雑誌・テレビが大衆文化の担い手となり、大量の広告(CM)が人々の購買力をあおる
- b　教育：高等教育の大衆化が進み、1970年には高校進学率が82%、短大・大学進学率が24%をこえる

高度経済成長のひずみ

①過疎化・過密化
- a　過疎化：農村・山村・漁村では過疎化が進み、高齢化が進展
- b　過密化：大都市圏では過密化が進み、地価の安い郊外に向けて宅地開発⇨大阪府の千里ニュータウンや東京都の(⑧　　　　　　　)が建設
  - ＊公共交通の混雑や道路交通の渋滞、交通事故の増加も深刻な問題に

2 公害問題

大気汚染・水質汚濁・騒音などが慢性化、企業の環境破壊に政府の対策が追いつかず、被害者は放置
⇨1960年代後半以降、公害反対の住民運動が発生、(⑨　　　　　　　　)(熊本県)・四日市ぜんそく(三
重県)・イタイイタイ病(富山県)・新潟水俣病(新潟県)をめぐる四大公害訴訟では被害者側が勝訴
　⇨政府も1967年に(⑩　　　　　　　　　　)法を制定、71年に(⑪　　　　　　)を発足させる

3 (⑫　　　　　　　　　　)の増加

高度経済成長のひずみが明らかになるなか、日本社会党と日本共産党が推す美濃部亮吉が東京都知事
に当選するなど、大都市で革新政党が与党となる(⑫　　　　　　　　　　)が増加

Question　下の地図をみて、以下の問いに答えてみよう。

日本のおもな公害

(1)公害は、なぜ発生したのだろうか。

....

....

(2)政府の公害対策は、なぜ遅れたのだろうか。

....

....

....

....

....

....

....

....

....

....

....

....

....

....

....

7 核戦争の恐怖から軍縮へ

▌キューバ危機 ▌

1 キューバ革命後の情勢

Ⅰ　1959年、キューバで(① 　　　　　　　　　)らが指導する革命が発生、親米的なバティスタ政権を
打倒⇨(① 　　　　　　　　　)政権が成立、農地改革による(② 　　　　　　　　　　　)などを実行

Ⅱ　アメリカはキューバの政策が、ソ連寄りだとみなして敵対視

Ⅲ　(① 　　　　　　　　　)政権が国内のアメリカ企業の国有化に着手⇨アメリカとの外交関係は断
絶、アメリカの(③ 　　　　　　　　)大統領は(① 　　　　　　　　)政権の打倒を企てるが失敗

　＊キューバ、社会主義宣言を発表

2 キューバ危機の経過

Ⅰ　キューバ：核武装を望み、ソ連に支援を要請

Ⅱ　ソ連：(④ 　　　　　　　　　　)(共産党第一書記、兼首相)は要請を受け入れて、1962年に
キューバにミサイル基地の建設を開始⇨アメリカ本土が、核兵器を搭載できるミサイルの射程距
離に入る

Ⅲ　アメリカ：キューバを海上封鎖し、ソ連船への立ち入り検査実施を宣言⇨核戦争の危機(一触即
発の状態)

Ⅳ　アメリカとソ連の妥協が成立⇨危機は回避

　┌　a　ソ連：キューバのミサイル基地撤去
　└　b　アメリカ：キューバへの侵攻を断念

　⇨米ソ両首脳の意思疎通を改善するため、両者を直結する電話(ホットライン)が敷設される

▌西ドイツの東方外交 ▌

1 緊張緩和(＝(⑤ 　　　　　　　　))の動き

西ヨーロッパで、東側諸国との関係改善をめざす独自の外交政策が展開される

2 西ドイツ

フランスの(⑥ 　　　　　　　　　)による対ソ外交が西ドイツに刺激をあたえる

Ⅰ　初代首相(⑦ 　　　　　　　　　　)(キリスト教民主同盟)は、東側諸国との国交樹立を拒否

Ⅱ　(⑧ 　　　　　　　)(外務大臣⇨首相、社会民主党)が「(⑨ 　　　　　　　　)」を展開して、
ルーマニア・チェコスロヴァキアなどの東ヨーロッパ諸国との国交樹立を推進

　⇨1972年、(⑩ 　　　　　　　　　)条約を調印し、東西ドイツがたがいを国家として
承認

　⇨1973年、東西ドイツが(⑪ 　　　　　　　　)に同時加盟

▌核軍縮へ ▌

1 核開発競争

アメリカ・ソ連・イギリス・フランスにつづいて、(⑫ 　　　　　　)が原子爆弾の実験に成功(1964年)

2 核開発に歯止めをかけようとする動き

核保有国にとっては、核の独占という意味をもつ

　┌　a　(⑬ 　　　　　　　　　　)条約(地下を除く核実験禁止条約、PTBT)：アメリカ・
　　　イギリス・ソ連の3国が調印(1963年)

b　（⑭　　　　　　　　）条約（NPT）：アメリカ・ソ連・イギリスが署名(1968年)⇨署名国
　　　　が世界中に広がり、アメリカ・ソ連・イギリス・フランス・（⑫　　　　　）の５カ国以外は核
　　　　兵器を保有できない仕組みがつくられる
　　　＊実際には核保有国が増加：（⑮　　　　　　　）・パキスタン・北朝鮮
　　　＊核保有の可能性がある国：イスラエル
　　c　アメリカとソ連が、現状の弾道ミサイル保有量を上限とする協定を締結(1972年)：ニクソン大
　　　　統領の訪中で米中関係が好転し、ソ連もアメリカとの関係改善に積極的になったため

Question　下の写真をみて、以下の問いに答えてみよう。

ワルシャワでひざまずくブラント

(1)ユダヤ人に対して、ナチス＝ドイツがとった政策は
どのようなものだったのだろうか。

....

....

....

(2)ブラント首相の「東方外交」とはどのような外交政
策だろうか。

....

....

(3)ドイツで発生したつぎのa〜dの出来事が、発生順に正しく並んでいるものを、下の①〜④から選べ。
　a　「ベルリンの壁」が建設された。
　b　ソ連が、西ベルリンに対して「ベルリン封鎖」と呼ばれる措置を開始した。
　c　ワルシャワ条約機構が設立された。
　d　東西ドイツが、国際連合に同時加盟した。
　　①　a→d→c→b　　②　b→a→d→c　　③　b→c→a→d　　④　c→b→a→d

8 冷戦構造のゆらぎ①

▌かわる世界 ▌

1960年代は、東西のどちらの陣営にとっても大きな変化の時代となる

1 東側陣営

    [a　ソ連と中国の対立激化：社会主義の路線をめぐる対立と、ユーラシア大陸における主導権争い
    [b　ソ連が、チェコスロヴァキアの改革運動を弾圧

2 西側陣営

    各地でベトナム反戦運動がおこる⇨反戦運動は、アメリカでの人種差別への抗議とも結びつく

3 (①　　　　　　　　　　　　　)世代の登場

  (①　　　　　　　　　　　　　)世代が、各地の変革運動の担い手となる

  *(①　　　　　　　　　　　　　)：第二次世界大戦終結後の数年間、出生率が著しく増加した時

    期に誕生し、1960年代(とくに後半)に成人を迎えた人々

▌中ソ対立と中国の混乱 ▌

1950年代後半〜1960年代初頭、中国はソ連の(②　　　　　　　　　　　　)批判に反発して、急進的な社会

主義政策をとる

1 「(③　　　　　　　)」：(④　　　　　　　　　)の主導で1958年に始まった増産政策

  内容：原始的な溶鉱炉(土法高炉)による鉄鋼の大量生産、ダム建設、(⑤　　　　　　　　　　　)の設立(農

    村部の住民を集団農場へと組織)

  結果：生産活動が混乱、大規模な自然災害も重なり多数の餓死者が出る

    「(③　　　　　　　)」の失敗⇨現実主義的実務派の劉少奇・(⑥　　　　　　　)が台頭

2 「(⑦　　　　　　　　　　　　　　　　)」(文革)

  巻き返しをはかる(④　　　　　　　　　)が始めた大規模な政治運動(1966〜77年)、紅衛兵と呼ばれる若者

  を動員して、旧来の社会制度や資本主義の名残を排撃

  ⇨(④　　　　　　　　　)の権力が強化され、劉少奇や(⑥　　　　　　　)らは失脚、多大な犠牲者を出し、

    大混乱をもたらす

    ⇨(④　　　　　　　　　)の死(1976年)をきっかけに収束

3 中ソ対立

  中ソ対立が始まり、ソ連から派遣された技術者が引き上げる

  ⇨武力衝突に発展((⑧　　　　　　　　　　)紛争)

  ⇨中国は独力で1964年に原子爆弾、67年に水素爆弾の開発に成功

▌「プラハの春」とソ連の停滞 ▌

1 1950年代後半〜1960年代前半のソ連：フルシチョフ(共産党第一書記、兼首相)が指導

    [a　(②　　　　　　　　　　　　)批判と言論統制の緩和⇨共産党内の保守派は警戒
    [b　農業改革：場当たり的で不作をまねく
    [c　中ソ対立やキューバ危機など、外交でも混乱が続く

  ⇨1964年、フルシチョフが共産党内の保守派により解任され引退、(⑨　　　　　　　　　　　　)が新指

    導部を率いる

2 チェコスロヴァキアの改革運動

1968年、(⑩　　　　　　　　　　　)が共産党の指導者となり、より自由な社会主義をめざす

⇨幅広い国民に支持され「(⑪　　　　　　　　　　　)」と呼ばれる改革運動が盛り上がる

⇔(⑨　　　　　　　　　)が率いるソ連の指導部は、ワルシャワ条約機構軍を侵攻させ、「(⑪

　　　)」を弾圧

3 (⑨　　　　　　　　　)指導下のソ連

　(②　　　　　　　　　)批判は後退、言論統制が強化され、経済成長は著しく鈍化

Question　下の写真をみて、以下の問いに答えてみよう。

「プラハの春」

(1)チェコスロヴァキアでは、1948年に共産党が政権を掌握した。共産党政権成立のきっかけとなった、チェコスロヴァキア＝クーデタの経過はどのようなものだったのだろうか。

....

....

....

(2)なぜソ連の新指導部は、チェコスロヴァキアの改革運動を弾圧したのだろうか。

....

....

....
....
....
....
....
....
....
....
....
....
....
....
....
....
....
....
....
....

8 冷戦構造のゆらぎ②

ベトナム戦争

① ベトナムの南北分断

　インドシナ戦争(1946〜54年)でベトナムは南北に分断され、対立が生じる

　　北部：(①　　　　　　　　　　　　　　　　　　)国(北ベトナム、社会主義建設をめざす)

　　南部：(②　　　　　　　　　　　　　　)国(南ベトナム、アメリカが支援)

　⇨1960年、南ベトナムで、反政府組織(③　　　　　　　　　　　　　　　　)が結成さ
　　れ、内戦が始まる

　　　⇨アメリカのケネディ大統領は南ベトナムへの軍事支援を実施、北ベトナムは(③
　　　　　　　　　　　　　　)を支援

② ベトナム戦争の開始

　1965年、(④　　　　　　　　　　　　)大統領が北ベトナムへの空爆((⑤　　　　　))を開始し、アメリカ
　の軍事介入が本格化する

③ ベトナム戦争の展開

　　a　北ベトナム(ソ連と中国が軍事支援)＋(③　　　　　　　　　　　　　　　　　　)
　　　：密林でゲリラ戦を展開

　　b　南ベトナム＋アメリカ軍：アメリカ軍は毒性の強い(⑥　　　　　　　)を散布、一般の民衆をも
　　　殺害

アメリカの動揺

① アメリカ国内の動き

　　a　ベトナム反戦運動：アメリカ軍の蛮行、戦死者の増加への抗議の声が国際的に広がる

　　b　黒人差別に反対する(⑦　　　　　　)運動：(⑧　　　　　　　)牧師らが指導

　　＊1964年には、投票・教育・公共施設利用上の人種差別を禁止する(⑦　　　　　　)法が成立

② (⑨　　　　　　　　　　)世代の台頭

　(⑨　　　　　　　　　　　　　)世代を中心に、社会改革を求める運動が盛り上がる(1960年代後
半、西側諸国で広くみられた現象)

　⇨ヒッピーやロックといった(⑩　　　　　　　　　　　　)も生まれる

③ ベトナム戦争の終結

　1973年、ベトナム和平協定が締結される：停戦とアメリカの撤退を決定、同年(⑪　　　　　　)
　大統領のもと、アメリカ軍がベトナムから撤退

　⇨1975年、南ベトナムの首都サイゴン(現、ホーチミン)が陥落

　　⇨1976年、北ベトナムの主導による南北統一が実現し、(⑫
　　　　　　　　)が成立

米ソの緊張緩和

① アメリカ・ソ連の威信の低下

　アメリカはベトナム戦争、ソ連は「プラハの春」の鎮圧により、国際的な威信が低下する

② アメリカと中国の接近

　アメリカは、ソ連との関係改善の足がかりとして中華人民共和国に接近する

$\left[\begin{array}{l} a \quad 1971年、(⑬ \qquad)の代表権が、中華民国(台湾)から中華人民共和国へと移る \\ b \quad 1972年、(⑪ \qquad)大統領が中華人民共和国を訪問 \end{array}\right.$

⇨ソ連は、アメリカが中国と接近したため、アメリカとの関係改善をはかる

 ⇨ヨーロッパで始まっていた緊張緩和((⑭   ))が本格化

Question 下の写真をみて、以下の問いに答えてみよう。

キング牧師

(1)アメリカ合衆国で奴隷制度が廃止された経緯はどのようなものだったのだろうか。

....

....

(2)奴隷制度が廃止されたにもかかわらず、黒人への差別が続いていたのはなぜだろうか。

....

....

....

....

....

....

....

....

....

....

....

....

....

....

....

....

....

....

....

㉖p.206〜208

❾世界経済の転換

1970年代の世界経済の転換

1970年代におこった2つのできごとが、世界経済の転換点となる

```
┌ a　（①　　　　　　　　　　　　　　　）（金とドルとの交換率を固定し交換を保証）の停止
└ b　第1次（②　　　　　　　　　　　）の発生：戦争を契機に原油価格が高騰
```

ドル＝ショック

①アメリカの経済力のゆらぎ

　　大戦後の世界経済：（③　　　　　　　　　　　　　　　　　）体制

　　特徴：ドルと金との交換率を固定した（①　　　　　　　　　　　　　　　）と、基軸通貨のドルと各国通貨

　　　　　の交換比率を一定にした固定相場制を基盤とする仕組み（アメリカの圧倒的な経済力が前提）

　　崩壊：（④　　　　　　　　　　）戦争によってアメリカの金保有量は減少、経済力は大きく低下

　　　　　⇨ニクソン大統領は、1971年に（①　　　　　　　　　　　　　　　）の停止を発表（＝（⑤

　　　　　　　　　　　　　　　　　））

　　　　　⇨固定相場制にかわり、西側諸国ではドルと各国通貨の交換レートが変動する（⑥

　　　　　　　　　　　　　）を導入⇨（③　　　　　　　　　　　　　　　　）体制は終焉

②資本主義経済の変化

　　（⑤　　　　　　　　　　　　　　）後も、ドルは基軸通貨としての役割を果たす

　　⇔資本主義経済は、アメリカへの一極集中から、アメリカ・西ヨーロッパ・日本の三極構造へ

　　　　⇨アメリカの経済的影響力が相対的に低下、西ヨーロッパの統合が進む

経済成長重視の見直し

1950〜60年代、公害や公害病、環境破壊が社会問題化（高度経済成長期の日本でも被害）

⇨経済成長を無条件に追求する価値観が見直される

石油危機

①（⑦　　　　　　　　　　　　　）戦争の開始（1973年）

　　エジプトとシリアがイスラエルを攻撃するが、イスラエルの勝利で終結

　　⇔（⑧　　　　　　　　　　　　　　　　）（OAPEC）は、エジプトとシリアを支援して石油

　　戦略を発動、原油生産の削減、西側諸国に対する石油の禁輸・輸出制限を実施

　　⇨第1次（②　　　　　　　　　　）が発生

②（②　　　　　　　　　）の結果

```
┌ a　西側諸国では、原油価格の高騰で大規模な企業の倒産や人員削減などが生じる
│ b　省エネルギー化が進展：量よりも質を重視する時代へ
│ c　ハイテクノロジー（ハイテク）化が加速し、情報産業が重要な産業部門となる
└ d　日本では、高度経済成長が終息⇨安定成長の時代へ
```

③世界経済の混乱への対応

　　1975年、世界経済の混乱に対応するため、西側の主要諸国首脳が参加して（⑨　　　　　　　　　　）（先

　　進国首脳会議）が開催される

石油危機後の東西陣営

[1] 西側諸国

Ⅰ　第二次世界大戦後：多くの国が社会保障の充実した（⑩　　　　　　　）の実現をめざす

Ⅱ　1980年代～：イギリスの（⑪　　　　　　　　）首相、アメリカの（⑫　　　　　　　）大統領、日本の中曽根康弘首相らが、（⑬　　　　　　　　　　　）を政策方針に掲げる

　　⇨自由放任経済へ転換、「（⑭　　　　　　　）政府」の実現をめざし、規制緩和や民営化の推進、公共事業支出の抑制を実施

[2] 東側諸国

　a　ソ連：原油・天然ガスを大量に産出⇨原油価格の高騰で利益を得る

　b　東欧諸国：ソ連の安価な原油・天然ガスに依存

　⇨重工業重視、非効率な生産方式は変化せず、省エネルギー化とハイテクノロジー化が遅れる

Question　下のグラフをみて、以下の問いに答えてみよう。

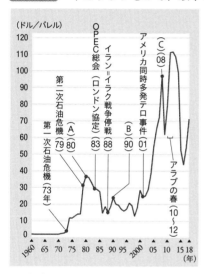

原油価格の推移

(1)グラフ中の（A）～（C）の時期に発生した出来事として適当なものは次の①～③のどれだろうか。

　①　リーマン＝ショック

　②　イラク、クウェートに侵攻

　③　イラン＝イラク戦争始まる

A：　　　　　　　　B：　　　　　　　　C：

(2)石油危機は、西側諸国や東側諸国に、それぞれどのような影響を与えたのだろうか。

10 アジア諸地域の経済発展と市場開放①

開発独裁とアジアの経済発展

① (① 　　　　　　　　　　)体制の形成

　1960年代後半から、アジア諸地域で(① 　　　　　　　　　　)と呼ばれる政治体制が形成される

　⇨軍部も含めた独裁的・強権的な政治体制下で、経済発展を優先させる政策がとられる

　　特徴：┌ a　労働者の賃金を低くおさえて外国企業を誘致

　　　　　│ b　外資を利用して、労働集約的な工業製品を先進国に輸出⇨輸出指向型工業化が進展

　　　　　│ c　反共の姿勢をとることで、西側諸国からの技術提供や優遇された金利での融資、無償の

　　　　　└　　　資金援助を受ける(日本の政府開発援助(ODA)などを含む)

② (② 　　　　　　　　　　　)(NIES)の発展

　韓国・台湾・香港・シンガポール、ブラジル・メキシコなどは輸出指向型工業化を進め、1970～80年代にかけて高い経済成長率を実現

③ (③ 　　　　　　　　　　　)(ASEAN)の成立

　1967年、マレーシア・タイ・フィリピン・インドネシアとシンガポールの5カ国で結成、当初は北ベトナムなどの社会主義勢力に対抗

　⇨東南アジア域内の政治的・経済的協力を進め、地域的な自立性を高める方向に向かう

1960～70年代のアジア諸地域

① 韓国

　Ⅰ　民主化運動が高まり、李承晩大統領が失脚(1960年)

　Ⅱ　軍事クーデタ後、(④ 　　　　　　　)が大統領に就任(1961年)⇨強権的な政権下で経済が発展

　　┌ a　財閥企業を中心に輸出指向型工業化を進める

　　│ b　1965年の(⑤ 　　　　　　　　)条約で日本と国交を正常化⇨日本からの無償資金と借款、技

　　│ 　　術協力を得る

　　│ c　ベトナム戦争で特需が発生、ベトナム派兵の見返りとしてアメリカからの外資導入も進む

　　└ d　1970年代、製鉄や造船などの重化学工業化が進む

② 台湾：国民党の一党体制のもと、(⑥ 　　　　　　　)・蔣経国父子による強権的政治がおこなわれる

　　┌ a　1950年代、アメリカの資金援助を受けて輸入代替工業化が進む

　　└ b　1960年代、輸出指向型工業化をめざし経済成長を実現

③ マレーシア

　Ⅰ　マラヤ連邦にイギリス領ボルネオ、シンガポールが加わり、マレーシアが成立(1963年)

　Ⅱ　中国系住民(華人)を中心としてシンガポールが分離・独立(1965年)

　　　⇨シンガポールは(⑦ 　　　　　　　　　　　)首相の独裁的な政治下で工業化を推進

　Ⅲ　(⑧ 　　　　　　　　)が首相に就任(1981年)、マレー系住民を中心に国民統合を推進

　　　⇨日本・韓国をモデルとした経済開発政策をとる

④ インドネシア

　　┌ a　(⑨ 　　　　　　　)大統領：共産党・イスラーム勢力・国民党の諸勢力を統制し、中国との

　　│ 　　関係を強化⇨1965年に失脚、共産党は軍部に弾圧される

　　└ b　軍部を掌握する(⑩ 　　　　　　　)が大統領に就任、工業化をめざす

5 フィリピン

1965年、(⑪　　　　　　　　　　　　　)が大統領に就任、独裁的な権力を手にし、アメリカなどからの外資を導入して経済開発政策を展開

6 タイ

1958年、クーデタが発生し、立憲君主政のもとで軍事政権が樹立

⇨反共の独裁的体制を構築しつつ、外資導入と工業化をめざす

7 中国

Ⅰ　周恩来と毛沢東があいついで死亡(1976年)：事実上、文化大革命は終了

Ⅱ　(⑫　　　　　　　　)が実権を掌握(1978年)

　　⇨農業・工業・国防・科学技術の「四つの現代化」などの(⑬　　　　　　　　)路線を推進

Ⅲ　(⑭　　　　　　　　　　　　　　　)条約が締結される(1978年)

　　⇨1979年、日本から中国への政府開発援助(ODA)が始まる

Question　下のグラフをみて、以下の問いに答えてみよう。

(指数)
800
700
600
500
400
300
200
100
0

日本
中国
韓国
マレーシア
タイ
フィリピン
インドネシア
シンガポール
インド

(1970年を100とする)

1960 62 64 66 68 70 72 74 76 78 80(年)

東アジア・東南アジア諸国のGDP(名目)の推移

(1)1970年代以降、東アジア・東南アジアでは急速に工業化が進んだ。おもにどのような工業が発達したのだろうか。

(2)東アジア・東南アジア諸国の急速な工業化の背景となった国内的な要因、国際的な要因は何だろうか。

10 アジア諸地域の経済発展と市場開放②

日本の安定成長

① 高度経済成長の終わり

　1973年に始まる第1次石油危機により、日本の経済成長率は1974年に戦後初のマイナス成長

　⇨高度経済成長は終わりを迎える

　⇨省エネ型の産業、省エネ商品の開発、省エネ型のライフスタイルを追求し、欧米諸国と比べると相対的に高い成長率（3〜5％前後）を維持（（①　　　　　　　　　　））

② 企業と労働環境の変化

　a　企業：省エネ化・人員削減・パート労働への切替えなど「（②　　　　　　　　　）」につとめ、マイクロ＝エレクトロニクス技術を駆使、オフィス＝オートメーション化を進める

　b　労働環境：労働組合が弱体化、「サービス残業」が日常化、「過労死」が社会問題に

③ 貿易黒字の拡大

　省エネ型の自動車、電気機械や半導体・集積回路、コンピュータなどハイテク産業が生産をのばす

　⇨日本の貿易黒字は大幅に拡大、欧米諸国とのあいだに（③　　　　　　　　　）が発生

経済大国へ

① 「経済大国」日本

　1980年、世界の国民総生産（GNP）に占める日本の割合は約10％に達し、日本は「経済大国」に

　⇨開発途上国に対する政府開発援助（（④　　　　　　　））供与額も世界最大規模になる

　　⇨1980年代半ば以降には1人あたりの国民所得でアメリカを追い抜く

② アメリカによる市場開放要求

　アメリカは日本に対し輸出規制を求める一方、農産物に対する市場開放をせまる

　⇨日本は1988年に（⑤　　　　　　　　　　　　　）の輸入自由化、1993年に米市場部分開放を決定

③ アジア・太平洋地域の相互依存関係の深まり

　1980年代にはアジアNIES、ASEAN、中国が経済成長をとげる

　⇨1989年、アジア太平洋経済協力（（⑥　　　　　　　））が発足

プラザ合意からバブル経済へ

① 円高・ドル安への転換

　アメリカではレーガン大統領のもと、財政赤字と国際収支赤字の「（⑦　　　　　　　　　　）」が発生

　⇨為替レートを調整するため、1985年にニューヨークで開かれたG5で円とマルクの為替相場を上昇させることが同意される（（⑧　　　　　　　　　））

　　⇨ドル高・円安は、一挙に円高・ドル安に転換

② 円高不況対策

　政府・日本銀行は円高不況の対策として、公定歩合の引下げによる金融緩和と、公共事業の拡大による景気刺激策をとり、国内需要（内需）の拡大をはかる

　＊（⑧　　　　　　　　　）による急激な円高を避けるため、ドル買い・円売りの市場介入がおこなわれ、国内の通貨量が増加

③「（⑨　　　　　　　　　　　　　　）」の発生

増加した通貨が株式と不動産に投資され、株価と地価が高騰し、「（⑨　　　　　　　　　　　　　）」が発生

　　┌　a　企業の対応：金融市場での資金運用によって利益を得る「財テク」を進め、短期的な利益獲得
　　│　　　をねらった投機的な土地取引を拡大
　　└　b　政府・日本銀行の対応：公定歩合を引き上げ、不動産融資を抑制

　⇨急激に景気が後退し、「（⑨　　　　　　　　　　　　　）」は崩壊へ

▌民営化と規制緩和▐

①新自由主義の潮流

　1980年代には新自由主義的な潮流が世界的に強くなり、日本政府は民間活力の育成のため、民営化と
　規制緩和を進める

②（⑩　　　　　　　　　　　　　）内閣の登場

　1982年、「戦後政治の総決算」を掲げる（⑩　　　　　　　　　　　　　）内閣が発足

　政策：┌　a　日米韓関係の緊密化と防衛費の大幅な増額
　　　　│　b　行財政改革：老人医療や年金などの社会保障を後退させ、電電公社（現、NTT）・専売公
　　　　└　　　社（現、JT）・（⑪　　　　　）（現、JR）の民営化を断行

　⇨財政再建のための大型間接税の導入は、竹下登内閣のもとで（⑫　　　　　　　　）（3％）として実現

Question　下のグラフをみて、以下の問いに答えてみよう。

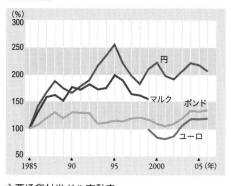

主要通貨対米ドル変動率

(1)日本の円と西ドイツのマルクの上昇が著しいのはなぜだ
ろうか。

....
....
....

(2)円の対ドル相場が上昇したことで、日本の産業はどのよ
うな影響を受けたのだろうか。

....
....

❶冷戦の終結と国際情勢

ソ連の行き詰まり

1️⃣ソ連の（①　　　　　　　　　　　　　　）軍事介入（1979年）

　（①　　　　　　　　　　　　　　　　）の社会主義政権を支えるため⇨介入は泥沼化

　⇨西側諸国はソ連を強く非難、米・日本・中国などがモスクワ＝オリンピックをボイコット（1980年）

　　⇨緊張緩和（デタント）は停止し、東西関係が再び冷え込む

2️⃣アメリカの軍備拡張

　（②　　　　　　　　　　　）大統領（1980年当選）は、ソ連の核ミサイルを迎撃する戦略防衛構想を発表

　⇨ソ連は軍事のハイテクノロジー化に遅れ

　＊指導部も高齢化、54歳の（③　　　　　　　　　　　　　）を新書記長に選出（1985年）

3️⃣ソ連の沈滞とその原因

　┌　a　アメリカとの軍備拡張競争のために、国内総生産（GDP）の約4分の1を軍事支出にあてる
　│　b　原油価格の低下
　│　c　（④　　　　　　　　　　　　　　）原子力発電所（現、ウクライナ）で爆発事故発生（1986
　└　　　年）、　ソ連の沈滞を象徴

新思考外交

1️⃣ソ連の（③　　　　　　　　　　）書記長の外交：「新思考外交」

　Ⅰ　（⑤　　　　　　　　　　　　）（INF）全廃条約の調印（1987年）：アメリカとの関係改善をはかる

　Ⅱ　（①　　　　　　　　　　　）からのソ連軍の撤退を決定（1988年）

2️⃣冷戦の終結

　（③　　　　　　　　　　　　）は東ヨーロッパ社会主義圏に対する内政干渉を否定⇨共産主義政党の

　一党支配体制の放棄、社会主義から資本主義への転換が急速に進む

　⇨東欧革命と呼ばれる改革運動が始まる（1989年）

　　展開：┌　a　東ドイツ：東西を隔てていた「ベルリンの壁」が民衆の手によって破壊される
　　　　　│　b　チェコスロヴァキア：「プラハの春」弾圧時に解任されたドプチェクが復権
　　　　　│　c　ルーマニア：改革に抵抗した（⑥　　　　　　　　　　　）大統領が処刑される
　　　　　└　d　ポーランド：自主管理労働組合「連帯」を率いる（⑦　　　　　）が大統領となる

　⇨（③　　　　　　　　　　）書記長とアメリカの（⑧　　　　　　　）（第41代）大統領がマルタ

　　島沖で会談し、冷戦の終結を宣言（1989年12月）

3️⃣東西ドイツの統一

　（⑧　　　　　　　　　　）大統領と西独のコール首相が交渉を進め、ドイツ統一が実現（1990年10月）

イラン＝イスラーム革命

1️⃣イラン＝イスラーム革命

　Ⅰ　革命前のイラン：1960年代に国王パフレヴィー2世が、欧米化・近代化政策を推進

　　　⇨独裁政治や、貧富の格差への民衆の不満がつのり、反王政運動が高揚

　Ⅱ　イラン＝イスラーム革命：反体制派の宗教学者（⑨　　　　　　　　　）が帰国し、1979年に（⑩　　　　　　　　　　　　　　　　　　　　　）国が成立

　　　⇨イスラーム教にもとづく国家建設が開始、アメリカには敵対的な姿勢をとる

2 (⑪　　　　　　　　　　　　　　)戦争(1980年)の発生

イラクの(⑫　　　　　　　　　)大統領が、油田地帯の併合をねらって侵攻

⇨アメリカはイラクを支援するが、決着がつかないまま1988年に停戦

［ 湾岸戦争 ］

1 イラクがクウェートに侵攻(1990年)

イラクは、かつてクウェートはイラクの一部であったと主張

2 イラクへの非難

米・ソ合意のもと、国際連合の安全保障理事会は、イラクへの武力行使を容認する決議を採択

⇨1991年1月、アメリカを中心とする(⑬　　　　　　　　)軍がイラクを攻撃しクウェートを解放

3 冷戦終結後の国際情勢

冷戦終結後、湾岸戦争のような地域レベルでの紛争が発生、個々の国家の領土的野心、あるいはナショナリズムなどがおもな要因

Question　下の写真をみて、以下の問いに答えてみよう。

中距離核戦力全廃条約の調印

(1)1980年代前半のソ連は、どのような状態にあったのだろうか。

....

....

....

....

(2)レーガン大統領は、対ソ強硬姿勢から対話路線に転じた。この転換の経済的な背景は何だろうか。

....

....

....

....

....

....

....

....

....

....

....

....

....

....

....

....

2 ソ連の崩壊と経済のグローバル化

ソ連崩壊

① ゴルバチョフの改革

　外交：「新思考外交」

　内政：社会主義体制の「建て直し」（＝「（①　　　　　　　　　　　　　　）」）

　　　┌ a　資本主義を部分的に導入して経済の活性化をはかる

　　　│ b　「（②　　　　　　　　　　　）（情報公開）」による言論の自由化

　　　│ c　新たな議会として人民代議員大会を開催⇨ソ連大統領にゴルバチョフを選出（1990年）

　　　└ d　複数政党制の導入を決定

　　結果：経済が混乱し成果はあがらず⇨社会主義の放棄と資本主義への転換を求める声が高まる

② ソ連の連邦制のゆらぎ

　　　┌ a　中央アジアやカフカスなどで民族紛争が表面化

　　　│ b　バルト３国が一方的に独立を宣言（1990年）

　　　└ c　ロシア共和国で、急進的な改革を主張する（③　　　　　　　　　　）が大統領に当選（91年）

③ ソ連の崩壊

　　共産党の保守派はソ連の国際的な発言力の低下、国内の混乱に危機感を覚える

　　⇨1991年8月、ゴルバチョフを軟禁してクーデタをおこす

　　　⇨（③　　　　　　　　　　）を中心とするモスクワ市民が抵抗し、クーデタは3日で失敗

　・（④　　　　　　　　　　　　　　）（CIS）の創設（1991年12月）

　　ソ連を構成するロシア・ウクライナ・ベラルーシの3共和国が設立に合意

　　⇨ゴルバチョフがソ連大統領を辞任して、ソ連は崩壊

ユーゴスラヴィア紛争

① （⑤　　　　　　　　　　　）・クロアティアの独立

　ユーゴスラヴィア連邦の指導者ティトーの死（1980年）後、連邦の解体が進み、（⑥　　　　　　　　　）

　のミロシェヴィチなど、ナショナリズムに訴える指導者が現れる

　　⇨（⑤　　　　　　　　　　）とクロアティアが、ユーゴスラヴィアからの独立を宣言（1991年）

　　　⇨（⑥　　　　　　　　）の影響が強いユーゴスラヴィア連邦軍が軍事介入、ECの仲裁により停戦

② （⑦　　　　　　　　　　　　　　）の内戦（1992〜95年）

　独立をめぐり、（⑥　　　　　　　　）人・クロアティア人・ムスリム人のあいだに、複雑な民族対立・

　宗教対立が発生、民間人への激しい殺戮をともなう

③ （⑧　　　　　　　　）紛争

　1996年、（⑥　　　　　　　　　）の（⑧　　　　　　　　）地区に住むアルバニア系住民が、分離独立を

　要求して政府と対立

　　⇨国連安全保障理事会は武力介入しなかったが、1999年、北大西洋条約機構（NATO）が（⑧

　　　　　　）空爆を実行、（⑥　　　　　　　　　　）勢力を追放

経済のグローバル化

① 経済のグローバル化の進展

　冷戦終結後、国境をこえた人・物・資本の移動の自由化が進展、インターネットの実用化で情報量が

増加、遠隔地間の交流も容易となる

2 ヨーロッパの統合

1993年、（⑨　　　　　　　　　　　　　　　）条約の調印によって、ヨーロッパ共同体（EC）が、（⑩

　　　　　　　　　　　）（EU）へと発展し、広大な単一市場が成立する

　　⇨単一通貨（⑪　　　　　　　　）を導入（1999年）、2004年には、東ヨーロッパ8カ国がEUに加盟

3 国境をこえた自由貿易圏の整備

- a 北米自由貿易協定（NAFTA）が発効（1994年）：アメリカ・カナダ・メキシコの3カ国が自由貿易圏を形成⇨アメリカ＝メキシコ＝カナダ協定（USMCA）が発効（2020年）
- b （⑫　　　　　　　　　　　　　　　　　）（APEC）が発足（1989年）：アジア・太平洋地域での自由貿易圏の実現をめざす

4 （⑬　　　　　　　　　　　　　　　）（WTO）が発足（1995年）

通商紛争の調停機能をもつ、自由貿易体制構築のための国際機関⇨関税及び貿易に関する一般協定（GATT）は発展的に解消

　⇨東ヨーロッパ諸国・ロシアも加盟し、経済のグローバル化を推進

Question 下の地図をみて、以下の問いに答えてみよう。

(1)スロヴェニアとクロアティアの独立の動きに、セルビアの影響が強いユーゴスラヴィア連邦軍が軍事介入したのはなぜだろうか。

....

(2)ユーゴスラヴィアで、ソ連崩壊後に紛争がおきたのはなぜだろうか。

....
....
....
....
....

旧ユーゴスラヴィアの民族分布

地図凡例：
1990年当時の民族分布
- セルビア人
- クロアティア人
- ムスリム人
- スロヴェニア人
- アルバニア人
- マケドニア人
- モンテネグロ人
- ハンガリー人
- ブルガリア人

オーストリア　ハンガリー　旧ユーゴスラヴィアの領域　ルーマニア　スロヴェニア　クロアティア　ボスニア＝ヘルツェゴヴィナ　セルビア　クロアティア内戦（1991〜95）　モンテネグロ　コソヴォ　ブルガリア　ボスニア内戦（1992〜95）　北マケドニア　コソヴォ紛争（1997〜99）　イタリア　アルバニア　ギリシア

....
....
....
....
....
....
....
....

3 開発途上国の民主化と独裁政権の動揺

■ ラテンアメリカ

1 1980年代の民政移管の動き

- a　アルゼンチン：1982年、（①　　　　　　　　　　　　　　　　　）諸島の領有をめぐりイギリスと戦う
   （（①　　　　　　　　　　　　　　　）戦争）⇨敗北し、軍事政権が倒れて民政移管実現（1983年）
- b　ブラジル：1964年以来軍事政権が続く⇨民政移管が決定（1985年）
- c　チリ：（②　　　　　　　　　　）が社会主義政権を樹立（1970年）⇨クーデタで軍事政権成立（1973年）⇨国民投票で民政移管が決定（1988年）

2 アメリカ合衆国への反発：ベネズエラでチャベス政権成立（1999年）

■ 東南アジアとインド

- a　フィリピン：独裁的なマルコス大統領が失脚（1986年）⇨（③　　　　　　　）が大統領に就任
- b　インドネシア：（④　　　　　　　　　　　　　　　　　　）（1997年）後にスハルト大統領失脚⇨民政移管
- c　ベトナム：南北統一後、社会主義をおそれ南部から脱出する人々が難民となり国際問題化⇨（⑤　　　　　　　　）（刷新）を開始（1986年）、市場開放・外資導入による工業化で経済成長実現
- d　カンボジア
   - I　（⑥　　　　　　　　　　　　　）を指導者とする民主カンプチア成立（1975年）
      農業を基盤とする共産主義を理想に都市から農村への強制移住を進め、従わない人々を虐殺
   - II　ベトナムがカンボジアに出兵し、（⑥　　　　　　　　　　　　　）政権を打倒（1978年）
      ⇨中国がベトナムに侵攻し、（⑦　　　　　　　　　）が始まる（1979年）
         ⇨国際的な非難を受け、ベトナム軍はカンボジアから撤退（1989年）
   - III　カンボジア和平協定調印（1991年）、国際連合による暫定統治が始まる
      ⇨シハヌークを国王とする、カンボジア王国が成立（1993年）
- e　ビルマ（（⑧　　　　　　　　　）と改称）：軍事政権から文民政権へ移行（2016年）⇨（⑨　　　　　　　　　　）が政権を指導⇨2021年から軍が全権を掌握
- f　インド：国民会議派政権が計画経済から経済の自由化と外資導入へ転換（1991年）⇨インド人民党を中心とする政権が成立すると（1998年）、情報産業などを中心に急速に経済成長

■ 韓国と台湾

1 韓国と北朝鮮

韓国：朴正熙大統領の暗殺（1979年）後、民主化運動が活発化

　　⇨（⑩　　　　　　　　　　）の発生（1980年）：市民と軍隊が衝突

　　　⇨その後も軍事政権が続くが、冷戦の緩和のなかで、外交方針の転換と民主化が進展

- a　ソ連・中国と国交を正常化、北朝鮮とともに国際連合に加盟（1991年）
- b　民主化運動の指導者（⑪　　　　　　　）が大統領に就任（1998年）、北朝鮮との交流を進める

北朝鮮：金日成の死後、息子の（⑫　　　　　　　　）が政権を継承し、独自の閉鎖的社会主義体制を維持

2 台湾

蔣介石の死後、息子の蔣経国が総統となる⇨38年間続いた戒厳令を解除（1987年）

⇨蔣経国の死後、台湾出身の（⑬　　　　　　　）が総統となり民主化を推進

　⇨2000年、民主進歩党の（⑭　　　　　　　）が当選（国民党に属さない初の総統の誕生）

▌中国の民主化問題 ▐

①プロレタリア文化大革命（文革）終了後の中国

　鄧小平が実権を掌握⇨改革開放を推進しつつ、共産党の一党支配を継続

　　a　（⑮　　　　　　　　　　　）の解体、農業生産の請負制、外資導入などで、市場経済化をはかる
　　b　西側諸国・ソ連との関係改善へ⇨1997年、イギリスからの（⑯　　　　　　　）返還が実現
　　c　（⑰　　　　　　　　　）事件（1989年）の発生：民主化運動を政府が武力弾圧し国際的な批判を浴びる

②民族問題

　ソ連解体後の、中央アジア諸国の独立・モンゴルの社会主義体制放棄は中国に衝撃を与える

　⇨モンゴル人やウイグル人への統制を強化し、少数民族の反発や国外からの批判をまねく

▌南アフリカ ▐

Ⅰ　第二次世界大戦後、多数派の黒人を隔離する（⑱　　　　　　　　　　　　　　　　　）政策を導入

　　白人による支配を維持するため、人種間の結婚の禁止、居住地域の制限などを実施

　　⇨国内外からの批判、（⑲　　　　　　　　　　　　　　）（ANC）の抵抗

Ⅱ　デクラーク政権が（⑱　　　　　　　　　　　　　　）政策を見直し、差別法を撤廃（1991年）

Ⅲ　（⑲　　　　　　　　　　　　　　）の指導者（⑳　　　　　　　　）が大統領に就任（1994年）

Question　下の写真をみて、以下の問いに答えてみよう。

天安門広場に集まった人々（1989年）

(1)集まった人々は何を要求していたのだろうか。

....

....

(2)20世紀後半の東アジア諸地域において、民主化
と経済政策の動向にはどのような関係があったの
だろうか。

....

....

....

....

....

....

....

....

....

....

....

....

....

....

....

....

4 地域紛争の激化

▌中東の紛争▐

1 PLO（（①　　　　　　　　　　　　　　　　　　　　　　　　　））とイスラエルの対立

　1987年末から、（②　　　　　　　　　　　　　　　　　　　　　）と呼ばれる、イスラエルに抵抗するパレスチ
　ナ人の民衆蜂起が始まる

　　⇨PLO、パレスチナ国家の独立を宣言（1988年）

　　　⇨PLOの（③　　　　　　　　　　　　　　　）議長とイスラエルの（④　　　　　　　　　）首相が、クリントン米大
　　　統領の仲介を受け（⑤　　　　　　　　　　　　　　　）を結ぶ（1993年）

　　　　⇨交渉決裂（2000年）後、（②　　　　　　　　　　　　　　　　　　　　　）が再開。イスラエル軍との衝突
　　　　で多くの犠牲を出す

2 アメリカの中東政策に対する反感の高まり

　湾岸戦争後も、アメリカ軍が湾岸地域に駐留したことによる

　　Ⅰ　アメリカ本土で（⑥　　　　　　　　　　　　　　　　　　　　　）が発生（2001年9月11日）：イスラーム過
　　　激派組織（⑦　　　　　　　　　　　　　　　　　　　）（指導者ウサーマ＝ビン＝ラーディン）が実行

　　Ⅱ　対テロ戦争の始まり

　　　┌ a　アメリカの（⑧　　　　　　　　　　　）（43代）政権は、ウサーマ＝ビン＝ラーディンがアフガニス
　　　│　　タンの（⑨　　　　　　　　　　　　　　）政権の保護下にあると考え、アフガニスタンを攻撃
　　　│　　し政権を打倒
　　　│ b　イスラエルが、パレスチナ自治政府をテロ支援国家とみなして軍事侵攻（2002年）⇨パレス
　　　│　　チナ自治区と自国領とを隔てる（⑩　　　　　　　　　　　）の建設に着手
　　　│ c　対テロ戦争：アメリカ対イスラームなど、人々を分断する不寛容な社会現象が生じる⇨新た
　　　└　　なテロを生み、世界各地にテロ事件が拡散

3 イラク戦争

　アメリカがイラクを攻撃し（イラク戦争）、（⑪　　　　　　　　　　　　　）政権を打倒（2003年）

　　⇨アメリカはイラクが大量破壊兵器を保有しているとみなしていたが、確認されず

　　　⇨対テロ戦争の正当性がゆらぎ、欧米の軍介入に対する反感が広まる

　　　⇦イラクは、スンナ派とシーア派の内戦のため無政府状態となる

・シリア内戦

　「（⑫　　　　　　　　　　　　　）」の影響で、内戦が始まり（2011年〜）、国内の秩序が崩壊

　影響：┌ a　「IS（イスラム国）」など過激な武装組織が出現し、シリア・イラク地域で勢力を誇示
　　　　│ b　アメリカ・ロシアのほか、イラン・サウジアラビア・トルコなど中東諸国が介入
　　　　│ c　難民が発生し、トルコ・ヨルダン・レバノンなどの中東諸国やEU諸国へ流入⇨難民受
　　　　└　　入れをめぐり各地で世論が分断され、排外的なナショナリズムが高揚

▌アフリカの紛争▐

1 激しい紛争

　┌ a　（⑬　　　　　　　　　　　）：フツ族の過激派が、少数派ツチ族などを虐殺（1994年）⇨内戦
　│　　に自然災害（旱魃）が重なり多数の難民が発生
　│ b　イスラーム過激派の活動⇨21世紀に入り、ISなどと連携した活動が活発化、対テロ戦争の対象
　└　　となる

② 紛争の背景

植民地期の人為的な国境線による民族の分断や、民族・宗教間の差別

⇨国民国家としての統合が困難

⇨政治的対立、資源の配分・地域間の経済格差をめぐる争い、難民の発生、武器の大量流通などが紛争の発生と激化につながる

③ 紛争解決のための取り組み：全体として、地域紛争は終息する傾向

- a 国際連合の（⑭　　　　　　　　　　　　　　　　　　）（PKO）：停戦監視、兵力引き離し、選挙監視、人道支援など⇨マリ、スーダン西部のダルフール、南スーダンなどでは紛争が継続、PKO要員にも犠牲
- b 国際NGO：人道支援で大きな役割を果たす
- c （⑮　　　　　　　　　　　　　　　）（AU）：紛争地域に平和維持部隊を派遣し、紛争解決と平和構築に当たる⇨国連とAUの連携も始まる

Question 下の地図をみて、以下の問いに答えてみよう。

パレスチナ自治区

(1)地図中のa〜cの各地域の名称を答え、イスラエルの占領地となった経緯を説明しよう。

a：　　　　　　　　　　b：　　　　　　　　　　c：

経緯：

(2)bの地域の統治をめぐって、パレスチナ人とイスラエルとのあいだでどのような問題が生じているだろうか。

5 国際社会のなかの日本①

▌55年体制の崩壊 ▌

1 1989年の日本と世界

    ⌈ a　日本：昭和天皇が死去し、元号が「平成」と改められる

    ⌊ b　世界：「ベルリンの壁」が崩壊し、東西冷戦が終結

  ⇨時代が大きく動くなか、日本では政治と大企業の癒着が国民の批判を浴び、選挙制度改革や政界再編をめざす動きが強まる

2 自由民主党の分裂と下野

  衆議院の選挙制度改革を柱とする政治改革をめぐって、自由民主党では意見が対立して離党者が続出

  ⇨1993年、新生党・新党さきがけなどの新党が誕生、自由民主党は衆議院の議席が過半数を割る

    ⇨非自民8党派による連立内閣が成立、日本新党の（①　　　　　　　　）が総理大臣となる

    ＊自由民主党が長期にわたって政権を維持してきた（②　　　　　）体制は崩壊

3 非自民連立内閣の混乱と崩壊

    ⌈ a　（①　　　　　　　　　　）内閣：衆議院議員総選挙に小選挙区比例代表並立制を導入する選挙制度

    │　　　改革を導入するが、政権内の対立が表面化して退陣

    │ b　羽田孜内閣：新生党出身。（①　　　　　　　　）内閣を継承するが、（③　　　　　　）党

    ⌊　　　が連立を離脱し、短命に終わる

4 自由民主党の政権復帰

  1994年、（③　　　　　　　　　　）党の（④　　　　　　　　　）を首相とする連立内閣が成立

  ⇨自由民主党は政権に復帰、（③　　　　　　　　）党は（⑤　　　　　　　　　　　　　）条約の堅持や

  （⑥　　　　　　　　）の合憲を認めるなど、従来の政策を大きく転換

    ⇨（④　　　　　　　　）首相が1996年に退陣すると、自由民主党の橋本龍太郎が政権を引き継ぐ

▌バブル経済の崩壊 ▌

1 金融不安の広がり

  1989年、日本銀行が公定歩合を引き上げて金融引締め政策に転じる

  ⇨まもなく（⑦　　　　　　　　）は崩壊

    ⇨1990年には株価が、1992年には地価が下落を開始（資産デフレ）、大量の不良債権を抱えた金融機関の経営が悪化し、金融不安が広がる

2 不況の長期化

  銀行の貸し渋りもあって企業の設備投資は消極的になり、所得の減少で個人消費も冷え込み、不況が長期化（＝（⑧　　　　　　　　　））

  ⇨企業は事業の整理や人員削減など経営の効率化を進めるが、大量の失業者が発生

  ＊円高も進み、日本経済を牽引してきた輸出主導・大量生産型の産業が内需の不振、国際競争力の低下にさらされる

3 市場開放・規制緩和の動き

  日本経済が低迷するなか、金融・流通分野を中心に市場開放・規制緩和が急速に進む

    ⌈ a　（⑨　　　　　　　　）法の改正：持株会社の設立が解禁、金融業界再編の契機に

    ⌊ b　大規模小売店舗法（大店法）の廃止：中小小売業者の保護法制を廃止

④貿易の自由化の促進

　GATT主催の国際交渉（ウルグアイ＝ラウンド）の結果、1993年に農産物輸入自由化の原則を受け入れ
　⇨1999年、（⑩　　　）の輸入自由化が実施

Question　下の写真をみて、以下の問いに答えてみよう。

山一証券の破綻

(1)バブル経済崩壊後には、山一証券をはじめ多くの
金融機関の経営が破綻したが、その要因は何だろう
か。

　………………………………………………………
　………………………………………………………

(2)バブル経済崩壊後、金融機関は経営破綻を避ける
ためにどのような対策をおこなっただろうか。また、
政府は金融機関の経営破綻を避けるためにどのよう
な対策をおこなっただろうか。

　………………………………………………………
　………………………………………………………
　………………………………………………………
　………………………………………………………
　………………………………………………………

5 国際社会のなかの日本②

国際貢献

１　湾岸戦争と日本

　日本は1991年の湾岸戦争勃発に際し、アメリカから国際貢献をせまられる

　⇨日本は多国籍軍には参加せず、多国籍軍やクウェートなど湾岸諸国に多額の資金援助をおこなう

２　PKOをめぐる議論の高まり

　続発する地域紛争に、国連平和維持活動（PKO）で対応する動きが国際的に高まる

　⇨1992年、日本では（①　　　　　　　　　　　）法が成立、（②　　　　　　　　　　　　）の海外派遣が可能に

　　⇨日本は同年９月から混乱の続くカンボジアなどへ（②　　　　　　　　　　）を派遣

３　日米安保の強化

　　　a　日米グローバル＝パートナーシップ宣言（1992年）：宮沢喜一首相とブッシュ（41代）大統領が
　　　　　発表、日本は冷戦後のアメリカの世界戦略にそって地球規模で軍事協力をおこなうと宣言

　　　b　日米防衛協力指針（（③　　　　　　　　　　　　　　　））の改定（1997年）：「日本周辺有事」の際に
　　　　　（②　　　　　　　　　　）がアメリカ軍の後方支援にあたることを決定

　　＊アフガニスタン戦争やイラク戦争でも、一連の特別措置法にもとづき、（②　　　　　　　　　　）が派遣

４　ODA（政府開発援助）の動向

　日本政府は1992年、ODA大綱を閣議決定、ODAの基本原則を定める

　⇨バブル経済崩壊後は援助額がのび悩むとともに、国益重視の視点が強調されるようになる

転換点としての戦後50年

１　1995年の日本

　戦後最大の不況に見舞われて金融機関の破綻が相次ぐ

　⇨財政再建をめざして（④　　　　　　　　）を５％に引き上げ、医療費の患者負担を増加させるなど社会
　　保障改革を進めるが、かえって個人消費の縮小をまねく

２　1995年の社会の動き

　　　a　（⑤　　　　　　　　　　　　　　　　　　）（１月）：マグニチュード7.3の大地震が大阪・兵庫周
　　　　　辺を襲い、6400人をこえる死者を出す

　　　b　地下鉄サリン事件（３月）：新興宗教団体（⑥　　　　　　　　　　　　　）が東京の地下鉄内で化
　　　　　学兵器サリンを使用する無差別テロをおこす

　　　c　村山談話（８月15日）：村山富市首相が第二次世界大戦中の日本の植民地支配と侵略を謝罪

　　　d　少女暴行事件（９月）：（⑦　　　　　　　）でアメリカ軍兵士による少女暴行事件が発生、（⑦　　　　　　　）
　　　　　県民の怒りが爆発し、アメリカ軍基地の縮小・撤去や日米安保体制の見直しが叫ばれる

　　　e　高速増殖炉「（⑧　　　　　　　　）」ナトリウム漏れ事故（12月）

21世紀の政治

１　（⑨　　　　　　　　　　　　　　）内閣の登場

　2001年、自由民主党の（⑨　　　　　　　　　　　　）が連立内閣を組織

　⇨新自由主義的な政策を実施、不良債権処理の抜本的解決を掲げるとともに、財政赤字の解消と景気
　　の浮揚をめざして、大胆な民営化（郵政事業など）と規制緩和を進める

　⇨福祉政策の後退や地方経済の疲弊をまねき、所得格差・地域格差が広がる

2 政権交代

2006年の（⑨　　　　　　　　　　　）首相の退陣後、首相は安倍晋三・福田康夫・麻生太郎とめまぐる
しく交代

⇨2009年の衆議院議員総選挙で（⑩　　　　　）党が圧勝、鳩山由紀夫が組閣

　⇔（⑩　　　　　）党政権は安定せず、2010年の参議院議員選挙で大敗

3 自由民主党の政権復帰

2011年3月に（⑪　　　　　　　　　　　　　　）が発生、震災処理の不手際もあって菅直人内閣は総辞職
に追い込まれ、野田佳彦が組閣

⇨2012年の衆議院議員総選挙で（⑩　　　　　）党は大敗、自由民主党と公明党の連立政権が成立し、第
　2次安倍晋三内閣が成立

＊第2次安倍内閣は憲法9条の解釈を大きく変更、（⑫　　　　　　　　　　　　　　　）を行使できるよう
にするため、2015年に安全保障関連法案を強行採決

Question　下の写真をみて、以下の問いに答えてみよう。

カンボジアでのPKO

(1)PKO協力法は、なぜ成立したのだろうか。

　　　　　　　　　　　　　　　　　　　　　　　　　　

　　　　　　　　　　　　　　　　　　　　　　　　　　

(2)PKO協力法にもとづいて、自衛隊はどのよう
な活動をおこなったのだろうか。

① 現代世界の諸課題

▌グローバル化がもたらす問題 ▌

① 福祉国家の形成とその転機

- a　福祉国家の形成：西側諸国は社会主義陣営に対抗し、（① 　　　　　　　　　　　　）を整備
- b　（② 　　　　　　　　　　　　）の台頭：２度の石油危機による経済危機⇨規模の大きな政府は非効
  率で、規制や税の負担が自由な経済活動をさまたげているとし、支出削減や規制緩和を主張

　⇨イギリスの（③ 　　　　　　　　　　）政権、アメリカのレーガン政権登場で福祉国家体制に転機

② グローバル化

　冷戦終結後、経済のグローバル化が進む⇨経済格差の拡大など様々な課題をもたらす

③ リーマン＝ショック

- Ⅰ　アメリカ合衆国の低金利政策(2001年)⇨住宅への投資が活発化し住宅価格が上昇
- Ⅱ　銀行の危機：低所得者向けの住宅融資（（④ 　　　　　　　　　　　　　））の供給拡大
  (2004年頃〜)、ヨーロッパの銀行も（④ 　　　　　　　　　　　　　　　）の供給に参加
- Ⅲ　リーマン＝ショック：2008年９月、アメリカ大手融資銀行リーマン＝ブラザーズが（④
  　　　　　　　　　）証券による負債で経営破綻⇨アメリカ・ヨーロッパで銀行の破
  綻があいつぎ、株価は大暴落、世界は（⑤ 　　　　　　　　）以来の経済危機に直面

④ ユーロ危機

- a　ユーロの地位：ヨーロッパ連合(EU)の通貨。アメリカ合衆国のドルにつぐ主要な通貨
- b　ユーロ導入の条件：物価の安定や財政の健全性、為替の安定性など
- Ⅰ　（⑥ 　　　　　　　　）の危機：2009年に巨額の財政赤字隠しが発覚⇨（⑥ 　　　　　　　）国債
  の暴落、外国為替市場でユーロが下落
- Ⅱ　危機の連鎖：アイルランド、ポルトガル、（⑦ 　　　　　　　　　　）にも経済不安が広がる⇨EUは
  （⑥ 　　　　　　　　　）の経済支援を決定、経済状況の悪化する国に財政緊縮を求める
  ＊ユーロ危機はユーロの脆弱性を露呈し、EU内の経済的格差を明らかにする

▌排外主義の台頭 ▌

① 難民と排外感情

　2010年末から11年にアラブ諸国で民衆運動が発生⇔多くの国々は安定した社会を築けず

　⇨シリアやイラクで「（⑧ 　　　　　）(イスラム国)」を称する過激派が活動

　　⇨2014年以降、シリアやアフガニスタン、（⑨ 　　　　　　　　　　）などからヨーロッパへの難民
　急増、EUは加盟国に難民を割り当てるが、各国で反移民・反イスラーム的風潮が高まる

　＊2015年以降、（⑧ 　　　　）がヨーロッパで活動、難民出身者が事件をおこしたことが排外感情を刺激

② 各国の排外主義

- a　フランス：移民排斥を訴える（⑩ 　　　　　　　　　）が人気を高める
- b　イギリス：2020年１月、EUから離脱
- c　ドイツ：（⑪ 　　　　　　　　）首相は難民受け入れに積極的だが、2017年の総選挙で反難民を
  主張する政党が得票率をのばす
- d　東ヨーロッパ：排他的ナショナリズムを掲げる政党が台頭
- e　アメリカ：2017年１月、「アメリカ＝ファースト」、メキシコからの不法移民排斥を掲げた（⑫
  　　　　　　　　）が大統領に就任

▌人権問題 ▐

- a　男女間の不平等：女性に参政権が認められたのは1893年のニュージーランドが最初
- b　（⑬　　　　　　　　）に対する差別が根強く存在

▌自然環境問題 ▐

- a　自然環境問題の発生：地球（⑭　　　　　　　）、オゾン層の破壊、生物多様性の減少、海洋汚染、
    熱帯雨林破壊など
- b　「（⑮　　　　　　　　　　　）」：将来の世代に負担をかけずに現在の世代の幸福を追求
    ⇨環境資源の保全と活用を両立させる概念を環境と開発の問題に適用
- c　国連環境開発会議（環境サミット）：1992年、ブラジルの（⑯　　　　　　　　　　　）
    で開かれる⇨「地球環境問題」に諸国が力をあわせて取り組む第一歩となる

▌情報化社会 ▐

- a　情報化の進展：（⑰　　　　　　　　）の台数が固定電話を上まわり、インターネットの利用が
    進み、コンピュータが家電製品化⇨新たな需要を生み出し、人々の生活を変化させる
- b　経済のグローバル化：全地球規模でリアルタイムに情報収集・交換ができ、インターネット上
    で特定の国家や金融機関が関わらない（⑱　　　　　　　　）が流通
- c　情報化社会の課題：倫理面も含めた情報セキュリティが課題、個人情報を悪用する犯罪も多発

Question　下の写真をみて、次の問いに答えてみよう。

リーマン＝ショックを報じる新聞

(1)リーマン＝ブラザーズの経営破綻はリーマン＝ショックと呼ばれる経済危機の契機となった。大手融資銀行のリーマン＝ブラザーズはなぜ経営破綻に追い込まれたのだろうか。

(2)リーマン＝ブラザーズの経営破綻は、世界の経済にどのような影響をおよぼしたのだろうか。

② 現代日本の諸課題

▌人口減少社会の到来 ▌

① 人口の減少

　日本の人口は1989年は１億2300万人、2008年には１億2800万人まで増加

　⇨2018年には１億2600万人に減少、2045年には１億人を割り、（①　　　　　　　　　　　　　）が急速に進

　　むと想定されている

　影響：┌ a　家族や地域社会の機能を縮小させ、労働人口の減少による（②　　　　　　　　　　）の阻害

　　　　│ b　税収や保険料の減少による国民生活のセーフティーネットともいえる（③

　　　　│　　　　　　　　　　　）にも深刻な影響

　　　　└ c　都市と地方の（④　　　　　　　）の拡大、地方の過疎化

　対応：外国人労働者の受入れ、「地方創生」などの人口減少社会への取り組み

② 多様な価値観が共有される社会へ

　日本は人口減少のなかでどのような幸福を求めて生きていくか、世界からも注目を集めており、多様

　な価値観の共有がめざされている

▌原子力発電と自然災害 ▌

① 原子力発電

　資源が乏しい日本では、（⑤　　　　　　　　　）は地球温暖化への影響が少なく、安価で大量のエネルギー

　供給が可能であるとして注目される

　⇨1974年、田中角栄内閣のもと（⑥　　　　　　　　　　）の公布で原子力発電所の建設推進

　⇨高速増殖炉「もんじゅ」（福井県敦賀市）の事故（1995年）や、茨城県東海村での臨界事故（1999年）、

　　（⑦　　　　　　　　　　　　　　）における東京電力福島第一原子力発電所の事故（2011年）などがあい

　　つぐ

　　⇨原子力発電の安全性に対する強い懸念

　＊現在は再生エネルギーの開発が積極的に進められ、エネルギー供給のあり方が問われる

② 自然災害

　現在の日本は、毎年多くの自然災害に見舞われている

　┌ a　熊本地震（2016年４月）

　│ b　北海道胆振東部地震（2018年９月）⇨電力の供給がとだえて、ブラックアウトの状態が長く続く

　│ c　西日本豪雨（2018年７月）⇨広島・岡山・愛媛県を中心に甚大な被害

　└ d　台風で関西国際空港への連絡道路にタンカーが衝突して空港孤立（2018年９月）

　⇨異常気象による災害への臨機応変な対応策が模索

▌現在の日本とこれからの日本 ▌

① 深化する国際関係

　アメリカやEUなど先進諸国との関係は成熟期に達し、中国やインド、アジアNIESやASEAN諸国が

　経済発展した結果、日本経済のアジア地域への依存度は深まる

　⇨海外からの訪日客数は、2013年に1000万人をこえて、2018年には3119万人にのぼる

　　⇨海外から近年、「（⑧　　　　　　　　　　　　　　　）」など日本への関心の高まり

　　＊人口が減少していくなか、「（⑨　　　　　　　　　）」としての新しい国のあり方が考えられ、日

本のよさの発信をおこなう取組みが進められている

②安全保障をめぐる諸問題

東アジアでは北朝鮮の核開発や日本人拉致問題、中国の軍事的台頭に直面

⇨2015年、日米防衛協力の新ガイドラインが成立、日米の同盟関係強化

　⇦(⑩　　　　　)ではアメリカ軍専用施設の多くが返還されず、騒音・事故の問題が続く

③これからの日本

世界では(⑪　　　　　　　　)やテロがやまない

＊日本は世界で唯一の戦争(⑫　　　　　　　　)である一方、第二次世界大戦では近隣諸国に対して大きな損害を与えたことは忘れてはならない

＊(⑬　　　　　　　　　　)は、徹底した(⑭　　　　　　　　)の原則をもち、(⑬　　　　　　)の前文に「全世界の国民が、ひとしく恐怖と欠乏から免かれ、平和のうちに生存する権利を有することを確認する」とある

⇨こうした理念をもった国として、日本は(⑮　　　　　　　　)の平和と安全への貢献が求められる

Question　下のグラフをみて、以下の問いに答えてみよう。

日本の人口ピラミッド

(1)人口が減少した日本社会では、どのような問題が想定されるだろうか。

....

....

....

....

(2)人口が減少する社会で、経済成長を維持していくためにはどのようなことが考えられるだろうか。

....

....

....

....

....

....

....

....

....

....

....

....

....

....

写真所蔵・提供先一覧

歴史総合 近代から現代へ　ノート

2022年2月　初版発行

編　者	歴史総合ノート編集部
発行者	野澤　武史
印刷所	共同印刷株式会社
製本所	有限会社　穴口製本所
発行所	株式会社　山川出版社

〒101-0047　東京都千代田区内神田1-13-13
電話　03-3293-8131（営業）／8135（編集）
https://www.yamakawa.co.jp/

ISBN978-4-634-05806-4　　　　　　　　　　　　　NMII0103

歴史総合 近代から現代へ　ノート

解答

山川出版社

第1章　結びつく世界
1 アジア諸地域の繁栄と日本①（p.4〜5）
①ビザンツ　②スレイマン1世　③カピチュレーション　④ウィーン　⑤シーア派　⑥イスファハーン　⑦ガージャール朝　⑧アクバル　⑨ジズヤ（人頭税）　⑩アウラングゼーブ　⑪アジア域内貿易　⑫港市国家　⑬香辛料　⑭マニラ　⑮銀

Question
(1)この建物を築いたサファヴィー朝は、生糸などの特産物をインドなどアジア諸国のほか、外交関係を結んだヨーロッパ諸国にも輸出した。このような貿易による利益によって繁栄したと考えられる。
(2)「イスファハーンは世界の半分」

アジア諸地域の繁栄と日本②（p.6〜7）
①鄭和　②倭寇　③ポルトガル　④豊臣秀吉　⑤女真（満洲）　⑥チベット　⑦科挙　⑧辮髪　⑨銀　⑩広州　⑪白蓮教徒の乱

Question
(1)中国の伝統的な髪型をせず、髪をそり上げていて丈の短い服を羽織っており、「倭」人を野蛮で下品と考えている。
(2)倭寇が活動していたころの日本は室町時代にあたるが、室町幕府が成立した14世紀は南北朝の動乱期であり、また15世紀後半からは応仁の乱をきっかけに戦乱が全国に広がるなど、倭寇の取り締まりをおこなえるほどの強い力を幕府などの中央権力がもつことができなかったから。

アジア諸地域の繁栄と日本③（p.8〜9）
①徳川家康　②軍役　③宗氏　④参勤交代　⑤長崎　⑥宗門改め　⑦生糸　⑧砂糖　⑨銀　⑩銅　⑪俵物　⑫三都　⑬綿花（木綿）　⑭菜種＊⑬⑭順不同　⑮年貢米　⑯島津氏　⑰昆布　⑱松前氏

Question
(1)長崎に中国・オランダの商船が来航して幕府との貿易がおこなわれた。また、対馬の宗氏を通じて朝鮮と、薩摩の島津氏を通じて琉球との通交と貿易がおこなわれた。アイヌとの交易は松前の松前氏を通じておこなわれた。
(2)俵物は蝦夷地などで生産され、長崎から中国の商船で輸出されたほか、薩摩藩を介して琉球に持ち込まれ、琉球経由でも中国に輸出された。

2 ヨーロッパにおける主権国家体制の形成とヨーロッパ人の海外進出①（p.10〜11）
①銀　②首都　③近世　④神聖ローマ帝国　⑤中央集権　⑥主権国家体制　⑦ルイ14世　⑧ピューリタン革命　⑨名誉革命　⑩共和政

Question
(1)議会の同意なしに法を停止することや、議会の承認なしに税金を課すること、議会の同意なしに常備軍をつのり、維持することなど。
(2)日本国憲法第1条において、象徴天皇制を宣言し、憲法のもと天皇制を維持している。ただし主権は国民に存することも明確にしている。

ヨーロッパにおける主権国家体制の形成とヨーロッパ人の海外進出②（p.12〜13）
①カトリック　②プロテスタント　③イエズス会　④科学革命　⑤香辛料　⑥オスマン　⑦マルコ＝ポーロ　⑧大航海時代　⑨スペイン　⑩サトウキビ

Question
(1)南北アメリカにはインカ帝国など先住民の国家が栄えていた。アジアには明やオスマン帝国、ムガル帝国などの帝国が成立し繁栄していた。東南アジアには、交易で栄える港市国家が各地に成立していた。
(2)地中海では14世紀頃、アジア産の香辛料などを取引する貿易が活発になっていたが、オスマン帝国が地中海へ進出し、アジア産品に高い税を課したため、新たな貿易路の開拓が求められたから。

第2章　近代ヨーロッパ・アメリカ世界の成立
1 ヨーロッパ経済の動向と産業革命（p.14〜15）
①オランダ　②関税　③綿織物　④毛　⑤三角　⑥奴隷　⑦砂糖　⑧科学　⑨鉄鉱石　⑩石炭＊⑨⑩順不同　⑪女性　⑫子ども＊⑪⑫順不同　⑬機械打ちこわし　⑭時間　⑮世界の工場　⑯資本家　⑰蒸気船　⑱鉄道　⑲電気　⑳一体化

Question
(1)写真のドレスのように、華やかで多様な色やデザインが可能だったからではないか。
(2)1867年は輸入品の第1位が綿織物、第7位が綿糸であった。しかし1886年以降綿糸生産は急上昇し、97年には綿糸の輸出と輸入は逆転した。さらに1913年には、原料の綿花を輸入し、綿糸や綿織物という工業製品を輸出するにいたった。

2 アメリカ独立革命とフランス革命①（p.16〜17）
①七年戦争　②プランテーション　③印紙法　④代表なくして課税なし　⑤ボストン茶会事件　⑥大陸会議　⑦独立宣言　⑧ワシントン　⑨幸福の追求　⑩三権分立　⑪連邦制

Question
(1)すべての人々の平等、生命、自由、幸福を追求する権利、革命をおこす権利。
(2)権利の章典が、王と議会が共同統治をおこなうことを宣言したのに対し、独立宣言は、イギリス国王の圧政を列挙し、「神」によって自由や幸福の追求

権が与えられているとして、革命を肯定する。

アメリカ独立革命とフランス革命②(p.18〜19)
①三部会 ②バスティーユ牢獄 ③人権宣言 ④第一共和政 ⑤徴兵制 ⑥恐怖政治 ⑦第一帝政 ⑧民法典 ⑨ロシア ⑩大陸封鎖令 ⑪解放戦争 ⑫ワーテルローの戦い

Question
(1)イギリスとの貿易を禁止した大陸封鎖令をロシアが守らなかったため。
(2)フランス革命が自由と平等を理念とするのに対し、ナポレオンはみずから皇帝となり、兄弟を他国の国王とするなど、理念と矛盾する行動をとったため、諸国は反発した。

❸19世紀前半のヨーロッパ①(p.20〜21)
①ナポレオン ②ウィーン会議 ③神聖ローマ帝国 ④自由 ⑤七月 ⑥民主 ⑦国民 ⑧初等 ⑨民族 ⑩国民国家 ⑪ギリシア ⑫ベルギー ⑬ポーランド ⑭アイルランド

Question
(1)現在も使われているフランスの国旗(三色旗:トリコロール)である。
(2)フランス革命・ナポレオン戦争終結後の、ウィーン体制下のフランスにおいて、革命以前に権力を握っていたブルボン王朝が復活して専制政治を繰り返したのに対し、1830年に再びパリの民衆が立ち上がり、ブルボン復古王朝を打倒した七月革命を描いたものである。

19世紀前半のヨーロッパ②(p.22〜23)
①プロイセン ②サルデーニャ ③フランクフルト国民議会 ④二月革命 ⑤第二共和政 ⑥ナポレオン3世 ⑦第二帝政 ⑧穀物法 ⑨自由貿易 ⑩資本家 ⑪労働者 ⑫組合 ⑬資本主義 ⑭社会主義 ⑮マルクス ⑯エンゲルス*⑮⑯順不同 ⑰共産党宣言

Question
(1)資本主義社会の成立によって生まれた、全世界の労働者階級(プロレタリア)。
(2)工業化の進展により誕生した資本主義社会において、労働者は資本家からしいたげられ、搾取されている。これまでの人類の歴史はすべて階級闘争の歴史であり、何ももたない労働者は、失うものは何もない。世界中の労働者はこの状況を打破するために今こそ立ち上がり、団結すべき時である。

❹19世紀後半のヨーロッパ①(p.24〜25)
①クリミア ②サルデーニャ ③パリ ④パクス=ブリタニカ ⑤インド ⑥万国博覧会 ⑦二大政党

⑧ナポレオン3世 ⑨プロイセン=フランス(普仏) ⑩第三共和政 ⑪パリ=コミューン

Question
(1)クリミア戦争において、女性看護団を率いて、傷病兵らの看護に尽力した。
(2)自国の傷病兵への献身的な看護はもちろん、兵舎に併設された病院の衛生改革をおこなって死亡率を劇的に下げたことや、敵味方分け隔てなく負傷者の看護に尽力して人命を救ったことなどから、「クリミアの天使」とたたえられ、その活動が、のちの近代看護法の確立や、国際赤十字の設立へとつながっていった点。

19世紀後半のヨーロッパ②(p.26〜27)
①ヴィットーリオ=エマヌエーレ2世 ②サルデーニャ ③カヴール ④青年イタリア ⑤ガリバルディ ⑥イタリア王国 ⑦ユンカー ⑧鉄血政策 ⑨プロイセン=オーストリア(普墺) ⑩ヴィルヘルム1世 ⑪文化闘争 ⑫社会主義者鎮圧法 ⑬社会保険制度 ⑭社会民主 ⑮ベルリン ⑯三国同盟

Question
(1)フランス(パリ郊外)のヴェルサイユ宮殿(鏡の間)。
(2)隣国であるドイツとフランスは、領土や国境線をめぐって、長年対立関係にあった。プロイセン=フランス(普仏)戦争に勝利したプロイセンの首相ビスマルクは、宿敵であったフランスに敗北の屈辱を味わわせ、またドイツの勝利を広く内外に知らしめるため、あえてドイツ皇帝の戴冠式の場として、フランスの象徴ともいえるヴェルサイユ宮殿を選んだ。

19世紀後半のヨーロッパ③(p.28〜29)
①クリミア戦争 ②アレクサンドル2世 ③農奴解放令 ④第1インターナショナル ⑤マルクス ⑥デュナン ⑦ベンサム ⑧ヘーゲル ⑨ランケ ⑩ダーウィン ⑪パストゥール ⑫レントゲン

Question
(1)人間の祖先がサルであるという進化論をとなえたダーウィンに対し、顔がダーウィン・体がサルの風刺画を描くことによって、批判の気持ちを込めて皮肉っている。
(2)人間は決してサルなどから進化したのではなく、人間は神がみずからの姿に似せてつくった万物の霊長であるというキリスト教の考え方が、社会で広く受け入れられていた。

❺19世紀のアメリカ大陸①(p.30〜31)
①インディオ ②奴隷 ③クリオーリョ ④ナポレオン ⑤ボリバル ⑥モンロー宣言 ⑦ルイジアナ ⑧カリフォルニア ⑨ニューヨーク ⑩強制移住

(1)アメリカ(北米)大陸の先住民(当時のヨーロッパ人、もしくはヨーロッパから移住してきた人々に「インディアン」と呼ばれていた人々)。

(2)18世紀後半にイギリスからの独立を果たしたアメリカ合衆国は、19世紀に入ると白人を中心として、急速にその領土を西に拡大した(西部開拓・西漸運動)。その結果、それまで平穏な暮らしを送っていた多くの先住民たちは、住み慣れた土地を強制的に追われることになり、見知らぬ土地への長距離にわたる強制移住の途上で、多くの人々が命を落とした。

19世紀のアメリカ大陸②(p.32～33)
①民主　②アメリカ＝イギリス　③綿花　④共和
⑤リンカン　⑥アメリカ連合国　⑦南北　⑧奴隷解放宣言　⑨大陸横断鉄道　⑩人種差別

Question

(1)1861年に始まった、合衆国史上最大の内戦である南北戦争のさなかになされたものであり、アメリカが2つに分裂してしまうかもしれないという、危機的な状況のもとでおこなわれた。

(2)かつて自由と平等の精神にもとづいてわれわれの祖先が建国したこの国は、現在大きな内戦のただなかにあり、分裂の危機に直面している。人民の、人民による、人民のための政府を地上から消滅させないために、われわれは必ずこの戦いに勝利し、合衆国の分裂を阻止しなければならない。

⑥西アジアの変容と南アジア・東南アジアの植民地化①(p.34～35)
①東方問題　②ムハンマド＝アリー　③スエズ運河
④ウラービー　⑤タンジマート　⑥ミドハト憲法
⑦ミドハト＝パシャ　⑧アブデュルハミト2世　⑨アフガーニー　⑩パン＝イスラーム　⑪タバコ＝ボイコット

Question

(1)地中海と紅海を結び、さらにアラビア海・インド洋を通過して、ヨーロッパからアジアにまで直接海路で移動することを可能にしている。

(2)大航海時代以降、ヨーロッパからアジアへの海路でのルートは、アフリカの西岸から南端の喜望峰をまわり、インド洋を横切るというものであった。しかし、スエズ運河の開通によって、アジアへの移動に必要な距離や時間が飛躍的に短縮され、さらに安全性も高まったことで、ヨーロッパ諸国のアジアへの進出が、より一層加速することとなった。

西アジアの変容と南アジア・東南アジアの植民地化②(p.36～37)
①ムガル　②東インド　③プラッシー　④綿織物

⑤シパーヒー　⑥ヴィクトリア　⑦インド帝国　⑧強制栽培制度　⑨海峡植民地　⑩ビルマ　⑪マニラ
⑫阮朝　⑬黒旗軍　⑭清仏　⑮大津　⑯フランス領インドシナ連邦　⑰チュラロンコン

Question

(1)1810年前後にイギリスからの輸出が急激に増加し、1820年前後には、インドからヨーロッパへの輸出を上回っている。

(2)18世紀後半に綿工業の分野から始まったイギリスの産業革命が、19世紀初頭に本格化し、急激な工業化とともに大量の機械織りの綿布が国内で生産され、その製品市場として、インドをはじめとするアジアが選ばれたため。

⑦中国の開港と日本の開国①(p.38～39)
①広州　②アヘン　③三角　④林則徐　⑤南京　⑥香港島　⑦最恵国待遇　⑧租界　⑨アロー　⑩北京
⑪アイグン　⑫沿海州　⑬洪秀全　⑭太平天国　⑮李鴻章　⑯郷勇　⑰洋務運動　⑱中体西用　⑲総理各国事務衙門(総理衙門)　⑳大院君

Question

(1)自由貿易を求めてヨーロッパ(イギリス)から中国にやってきた使節が、中国(清)の皇帝に謁見しているところ。

(2)産業革命の結果「世界の工場」となったイギリスは、対等な立場での自由貿易を望み、綿製品をはじめとする工業製品を、大量に中国(清)に売りたかった。しかし、清は諸外国との外交関係を「皇帝への朝貢」としてとらえており、またヨーロッパ船の来航も広州1港に限定するなど、両者の外交・貿易に関する考え方には、明確な違いがあった。そのため、この交渉は失敗した。

中国の開港と日本の開国②(p.40～41)
①ラクスマン　②レザノフ　③鎖国　④捕鯨船　⑤異国船打払令(無二念打払令)　⑥天保の薪水給与令
⑦尊王攘夷論　⑧ペリー　⑨阿部正弘　⑩台場　⑪日米和親条約　⑫下田　⑬反射炉　⑭蕃書調所　⑮海軍伝習　⑯琉米条約

Question

(1)天保の薪水給与令

(2)外国船とみうけたならば、念入りに事情を取り調べ、食料や薪・水などが不足して帰国しにくい事情があれば、望みの品を与え、帰国させるようにすること。

(3)幕府は中国・朝鮮・琉球・オランダ以外の国と関わりをもたない「鎖国」の方針をとっており、外国から軍事攻撃を受けた場合に幕府の威信が傷つくことを恐れていたから。

中国の開港と日本の開国③(p.42～43)

①日米修好通商条約　②ハリス　③領事裁判権　④関税自主権　⑤公武合体　⑥井伊直弼　⑦安政の大獄　⑧桜田門外の変　⑨薩英戦争　⑩禁門の変　⑪長州征討　⑫高杉晋作　⑬桂小五郎(木戸孝允)　⑭西郷隆盛　⑮薩長同盟　⑯横浜　⑰生糸　⑱茶　⑲織物　⑳輸入超過

Question

(1)日本と中国は生糸・茶を輸出し、綿織物・毛織物を輸入した点が共通する。
(2)工業化が進んだ欧米諸国で、機械を用いて生産された。
(3)日本は武器・艦船の輸入が多い。一方、中国はアヘンが輸入品の第1位である。
(4)日本では、西洋軍事技術の導入が進むなかで、幕府や諸藩による武器や艦船の輸入が増大した。一方、中国は北京条約でアヘン貿易の合法化を認めていたのに対し、日本は日米修好通商条約などでアヘンの輸入を認めなかった。

第3章　明治維新と日本の立憲体制
■1明治維新と諸改革①(p.44～45)

①大政奉還　②徳川慶喜　③公議政体　④岩倉具視　⑤王政復古の大号令　⑥戊辰戦争　⑦奥羽越列藩同盟　⑧五箇条の誓文　⑨五榜の掲示　⑩版籍奉還　⑪知藩事　⑫家禄　⑬廃藩置県　⑭府知事　⑮県令
＊⑭⑮順不同

Question

(1)徳川慶喜が大政奉還を上表したもの。
(2)朝廷のもとで徳川家を含む有力諸藩が合議する政権が意図されている。
(3)ともに天皇のもとでの会議による意思決定を重視し、世界の列国と並び立つ国をつくることがめざされている。

明治維新と諸改革②(p.46～47)

①四民平等　②戸籍　③華族　④士族　⑤平民　⑥徴兵告諭　⑦徴兵令　⑧秩禄処分　⑨金禄公債証書　⑩廃刀令　⑪新貨条例　⑫国立銀行条例　⑬国立銀行　⑭地租改正　⑮地券　⑯地価　⑰学制　⑱福沢諭吉　⑲郵便制度　⑳文明開化

Question

(1)学問は、各自が身を立て、知識を開き、才芸をみがくためにあり、立身出世の手段であると述べられている。
(2)「国民」に対して、身分・職業・性別に関係なく、学ぶ必要があることを強調し、保護者に対して子どもに教育を受けさせる義務を課している。

■2明治初期の対外関係①(p.48～49)

①お雇い外国人　②工部省　③鉄道　④富岡製糸場　⑤岩倉使節団　⑥岩倉具視　⑦条約改正　⑧日露和親条約　⑨択捉島　⑩樺太　⑪開拓使　⑫屯田兵　⑬樺太・千島交換条約　⑭北海道旧土人保護法

Question

(1)岩倉使節団
(2)将来の条約改正の希望を伝え、その前提として欧米の制度や文物を視察し、導入をはかるために派遣された。
(3)副使は西洋化を象徴する断髪・洋装姿だが、大使は天皇の代理人として日本の伝統的な正装姿であるちょんまげ・着物姿である。

明治初期の対外関係②(p.50～51)

①日清修好条規　②尚泰　③西郷隆盛　④太陽暦　⑤征韓論　⑥明治六年の政変(征韓論政変)　⑦台湾出兵　⑧琉球漂流民殺害事件　⑨李鴻章　⑩琉球処分　⑪沖縄県　⑫日朝修好条規(江華条約)　⑬江華島事件　⑭小笠原諸島　⑮尖閣諸島　⑯竹島　⑰移民

Question

(1)日清修好条規
(2)清は朝貢国である朝鮮・琉球を含むと解釈していたが、日本は領土の範囲に限ると解釈していた。
(3)日清間の同盟関係のような規定となっており、欧米諸国の嫌疑を受けることを懸念したから。

■3自由民権運動と立憲体制①(p.52～53)

①民撰議院設立の建白書　②板垣退助　③立志社　④愛国社　⑤漸次立憲政体樹立の詔　⑥新聞紙条例　⑦佐賀の乱　⑧西南戦争　⑨地方三新法　⑩地租　⑪国会期成同盟　⑫集会条例　⑬開拓使官有物払下げ　⑭大隈重信　⑮伊藤博文　⑯国会開設の勅諭　⑰自由党　⑱立憲改進党　⑲松方正義　⑳秩父

Question

(1)民撰議院を設立して広く人民の言論の道を開くことで、上級の役人による権限を制限することができ、それが皇室や人民の安全や幸福につながると述べている。
(2)政府に対して税をおさめている人々。

自由民権運動と立憲体制②(p.54～55)

①伊藤博文　②ドイツ　③華族　④貴族院　⑤内閣制度　⑥井上馨　⑦欧化政策　⑧三大事件建白運動　⑨保安条例　⑩枢密院　⑪大日本帝国憲法　⑫欽定　⑬大権　⑭法律　⑮臣民　⑯教育に関する勅語(教育勅語)　⑰民党　⑱山県有朋　⑲選挙干渉　⑳大逆

Question
(1)兵役と納税が義務と規定された。権利として所有権や信教・言論・出版・集会などの自由が認められたが、法律などによる制約を受けるものと規定された。
(2)天皇は無限の権限をもって国をおさめるのではなく、あくまでも憲法の内容に従うことが明確にされた。

第4章　帝国主義の展開とアジア
■ 条約改正と日清戦争(p.56～57)
①金玉均　②壬午軍乱(壬午事変)　③甲申事変(甲申政変)　④天津条約　⑤李鴻章　⑥脱亜論　⑦シベリア　⑧大津事件　⑨陸奥宗光　⑩日英通商航海条約　⑪甲午農民戦争(東学の乱)　⑫下関条約　⑬遼東半島　⑭台湾総督府　⑮三国干渉　⑯憲政党　⑰軍部大臣現役武官制　⑱立憲政友会　⑲元老　⑳大韓帝国

Question
(1)朝鮮の保守派と清が結びつきを強めて、ともに近代化を進めようとしないこと。
(2)欧米列強と同様に、武力を背景に清や朝鮮に対してのぞむということ。

■ 日本の産業革命と教育の普及①(p.58～59)
①殖産興業　②内国勧業博覧会　③日本銀行　④銀　⑤紡績　⑥企業勃興　⑦金　⑧日本鉄道会社　⑨鉄道国有法　⑩三菱　⑪日本郵船会社　⑫大阪紡績会社　⑬インド　⑭女性　⑮中国　⑯製糸　⑰器械製糸　⑱アメリカ

Question
(1)アジアは、原料である綿花の輸入先、工業製品である綿糸・綿織物の輸出先だった。欧米は、鉄・機械類といった軍需品・重工業資材の輸入先、工業製品である生糸・絹織物の輸出先だった。
(2)対関東州では綿布輸出と大豆・豆粕輸入、対朝鮮では綿織物移出・米移入、対台湾では米・砂糖移入など、租借地・植民地が日本経済に占める役割は大きかった。列強の植民地も綿花や米・砂糖の生産・輸出を通じて、本国の経済を支える役割を果たしていた。

日本の産業革命と教育の普及②(p.60～61)
①政商　②三菱　③三井　④財閥　⑤官営(八幡)　⑥中国　⑦労働組合期成会　⑧治安警察法　⑨工場法　⑩肥料　⑪寄生地主　⑫義務教育　⑬東京大学　⑭福沢諭吉　⑮大隈重信

Question
(1)義務教育では、すべての国民に近代的な法や技術を利用するための基本的な知識を得させるととも

に、教育勅語に示されたような天皇を中心とする国家に忠義をつくす国民の養成がめざされた。一方、高等教育では、選抜された一部の人間に対して近代国家の中心となる官僚、技術者、法律や政治の専門家、実業界で活躍する人間、教育者などの養成がはかられた。
(2)官僚や欧米からの技術導入にあたる技術者を養成するために、中学・大学の系列がつくられた一方、費用負担なしに教員を養成する師範学校の系列を設けることで、教育の普及をはかるねらいがあった。

■ 帝国主義と列強の展開①(p.62～63)
①石油　②電力　③重化学工業　④第2次産業革命　⑤帝国主義　⑥プロイセン=フランス(普仏)　⑦労働者政党　⑧ドイツ　⑨自治領　⑩労働党　⑪アイルランド自治

Question
(1)アメリカとドイツが、19世紀後半から20世紀初頭にかけて、急速にその世界シェアを拡大している。
(2)1870年代は、「パクス=ブリタニカ」と呼ばれる絶頂期を迎えていたイギリスが、世界全体の約4割と、圧倒的なシェアを誇っていた。しかし19世紀後半、後発国のアメリカとドイツが急激な工業化を進め、そのシェアを急速に拡大した結果、同世紀末には立場が逆転して、20世紀初頭には、アメリカがシェア4割超を占めるまでに成長して、世界一の工業国の地位に上りつめた。逆に、ドイツにも抜かれたイギリスは、産業革命以来の「世界の工場」としての地位から、完全に転落した。

帝国主義と列強の展開②(p.64～65)
①ドレフュス　②社会党　③ヴィルヘルム2世　④社会主義者鎮圧法　⑤世界政策　⑥社会民主党　⑦ベルンシュタイン　⑧シベリア鉄道　⑨ニコライ2世　⑩アメリカ=スペイン　⑪セオドア=ローズヴェルト　⑫棍棒　⑬パナマ運河　⑭門戸開放　⑮移民　⑯第2インターナショナル

Question
(1)絵の人物はアメリカ合衆国大統領セオドア=ローズヴェルト、立っている海はカリブ海。
(2)圧倒的な武力を背景に、周辺諸国に圧力をかけて自分たちのいうことを聞かせようとする、アメリカ帝国主義の基本方針(棍棒外交)・基本政策(カリブ海政策)を表している。

■ 世界分割と列強の対立①(p.66～67)
①リヴィングストン　②ベルギー　③南アフリカ　④ケープタウン　⑤カイロ　⑥カルカッタ　⑦ファショダ　⑧英仏協商　⑨エチオピア　⑩イタリア=トルコ　⑪リベリア　⑫アボリジニ　⑬マオリ　⑭

ハワイ

Question

(1)彼(イギリス・ケープ植民地首相ローズ)の右足は、アフリカ南端のケープ植民地(ケープタウン)に、左足はアフリカ北部のエジプト(カイロ)に、それぞれおかれている。

(2)ローズが「アフリカをまたぐ巨人」となっていることは、エジプト(カイロ)からケープ植民地(ケープタウン)まで、アフリカを「縦(南北)」に支配する、イギリスのアフリカ縦断政策を意味している。

世界分割と列強の対立②(p.68〜69)

①メキシコ革命 ②ヴィルヘルム2世 ③再保障 ④露仏同盟 ⑤プロイセン＝フランス(普仏) ⑥ビザンティウム(イスタンブル) ⑦バグダード＊⑥⑦順不同 ⑧光栄ある孤立 ⑨日英同盟 ⑩英仏協商 ⑪英露協商 ⑫三国協商 ⑬三国同盟

Question

(1)日本

(2)19世紀、ロシアはヨーロッパ方面で数度にわたって南下政策を試みたが、ほかのヨーロッパ諸国によってはばまれた。そこで19世紀後半以降、アジア方面への進出をめざすようになった。イギリスはロシアの極東進出を阻止したいが、そのために多くの軍事力を割くことはできなかったため、日清戦争に勝利し、当時急速にその国際的地位を高めていた日本に、アジアにおけるロシアの南下を食い止める役割を期待して、「光栄ある孤立」政策を捨て、最初の同盟の相手国に日本を選んだ。

5 日露戦争とその影響①(p.70〜71)

①租借地 ②門戸開放 ③戊戌の変法 ④戊戌の政変 ⑤康有為 ⑥西太后 ⑦義和団 ⑧扶清滅洋 ⑨8カ国連合軍 ⑩北京議定書(辛丑和約) ⑪満洲 ⑫日英同盟協約 ⑬日韓議定書 ⑭日本海海戦 ⑮セオドア＝ローズヴェルト

Question

(1)日清戦争での清の敗北をきっかけとして、列強が清の領土内に勢力範囲を設定していった中国分割を風刺している。

(2)手前左からイギリス(ヴィクトリア女王)、ドイツ(ヴィルヘルム2世)、ロシア(ニコライ2世)、フランス(共和国を象徴するマリアンヌという女性)、日本(サムライ姿)で、背後で清がなすすべもなく手を上げている。

日露戦争とその影響②(p.72〜73)

①ポーツマス条約 ②小村寿太郎 ③樺太(サハリン) ④日比谷焼打ち事件 ⑤日韓協約 ⑥日英同盟協約 ⑦桂・タフト協定 ⑧統監府 ⑨ハーグ密

使事件 ⑩義兵運動 ⑪韓国併合条約 ⑫朝鮮総督府 ⑬土地調査事業 ⑭関東都督府 ⑮南満洲鉄道株式会社(満鉄) ⑯日本人移民排斥運動 ⑰青鞜 ⑱西園寺公望 ⑲大逆事件

Question

(1)樺太の割譲は南半分だけ実現した。遼東半島にある旅順・大連を中心とする地域の租借権、長春以南の鉄道と付属する権益は、ロシアから日本に譲渡された。

(2)増税や人的犠牲に見合うだけの賠償金が必要だとして提案した。また、ロシアの影響力を極東から完全に排除すべく、沿海州の割譲、遼東半島における権利の譲渡、極東艦隊の不設置などを提案した。

日露戦争とその影響③(p.74〜75)

①科挙 ②華僑 ③孫文 ④中国同盟会 ⑤三民主義 ⑥武昌 ⑦辛亥革命 ⑧中華民国 ⑨袁世凱 ⑩溥儀 ⑪五族共和 ⑫モンゴル人民共和国 ⑬インド国民会議 ⑭全インド＝ムスリム連盟 ⑮ファン＝ボイ＝チャウ ⑯ドンズー ⑰ホセ＝リサール ⑱立憲革命 ⑲青年トルコ

Question

(1)日清戦争後、孫文が日本に滞在していたときに、日本の東京でとられた。

(2)日清戦争における清の敗北後、孫文は清朝打倒をめざして武装蜂起を企てたが失敗し、日本に亡命していた。彼は日本で犬養毅をはじめとする多くの支援者を獲得して力を得て、また海外華僑のあいだに革命思想を広めて革命諸団体の結集をはかり、1905年、日本の東京で、中国同盟会を組織した。

第5章 第一次世界大戦と大衆社会

1 第一次世界大戦とロシア革命①(p.76〜77)

①ヨーロッパの火薬庫 ②ボスニア・ヘルツェゴヴィナ ③バルカン同盟 ④サライェヴォ ⑤第一次世界大戦 ⑥ベルギー ⑦毒ガス ⑧戦車＊⑦⑧順不同 ⑨イタリア ⑩総力戦 ⑪挙国一致体制

Question

(1)いまにも吹きこぼれそうな大釜(「バルカン問題」)を、列強が戦々恐々としながらおさえ込もうとしている。

(2)バルカンにはスラヴ系と非スラヴ系の民族がおり、オスマン帝国が支配していた。宗教的にはカトリックや正教徒、ムスリムがいて対立しており、それを背後からオーストリアとロシアが操るなど、民族・宗教的な対立と列強間の対立がからみあっていたため。

第一次世界大戦とロシア革命②(p.78〜79)

①青島 ②二十一カ条の要求 ③サイクス・ピコ協

定　④フセイン・マクマホン協定　⑤バルフォア宣言　⑥無制限潜水艦作戦　⑦ウィルソン　⑧十四カ条　⑨ブレスト＝リトフスク条約　⑩キール軍港　⑪ドイツ共和国

Question

(1)中国の主権を侵害する内容であり、日本が中国を保護国化すると欧米諸国に思われるため。

(2)日本が求めたものは、中国における権益の拡大であり、中国にあったドイツの山東省の権益やロシアから継承した旅順・大連、南満洲鉄道などの権益が、中国に戻らなくなってしまうため。

第一次世界大戦とロシア革命③(p.80〜81)

①ペトログラード　②二月(三月)革命　③ソヴィエト　④レーニン　⑤ケレンスキー　⑥十月(十一月)革命　⑦平和に関する布告　⑧土地に関する布告　⑨モスクワ　⑩シベリア出兵　⑪赤軍　⑫共産党　⑬新経済政策　⑭コミンテルン　⑮ソヴィエト社会主義共和国連邦　⑯日ソ基本条約

Question

(1)1つはシベリア鉄道に沿って進み、もう1つは樺太周辺に進んでいる。

(2)日本は7万2000人の軍隊をシベリアへ送り、権益の獲得や日本への共産主義流入を防ぐ目的で、1920年1月にはバイカル湖に近いイルクーツクまで占領した。

2 国際平和と安全保障①(p.82〜83)

①賠償金　②ヴェルサイユ条約　③民族自決　④委任統治　⑤国際連盟　⑥ヴェルサイユ体制　⑦ワシントン会議　⑧四カ国条約　⑨日英同盟協約(日英同盟)　⑩海軍軍備制限条約　⑪九カ国条約　⑫ワシントン体制

Question

(1)ウィルソンの「十四カ条」で国際平和機構の創設が提案されたことが契機となった。

(2)アメリカ・ソヴィエト＝ロシア・ドイツが加盟していないこと、軍事制裁ができないこと、議決法が総会での全会一致であったことが問題であった。

国際平和と安全保障②(p.84〜85)

①選挙法改正　②女性参政権　③労働党　④ウェストミンスター憲章　⑤イギリス連邦　⑥アイルランド独立戦争　⑦ルール占領　⑧ヴァイマル憲法　⑨ヒンデンブルク　⑩シュトレーゼマン　⑪ドーズ案　⑫ムッソリーニ　⑬ファシスト党　⑭ローマ進軍　⑮ロカルノ条約　⑯ブリアン　⑰不戦条約　⑱ケロッグ

Question

(1)1925年にロカルノ条約を締結して、ヴェルサイユ

体制を維持することを再確認し、ドイツの国際連盟加盟も果たした。

(2)戦争に対する反省から、ロカルノ条約によって地域的集団安全保障体制を構築し、軍縮条約を結んだ。さらに不戦条約が結ばれ、多数の国が参加した。

3 アジア・アフリカ地域の民族運動①(p.86〜87)

①三・一独立運動　②原敬　③文化政治　④五・四運動　⑤陳独秀　⑥魯迅　⑦孫文　⑧第1次国共合作　⑨蔣介石　⑩北伐　⑪国民政府　⑫張作霖　⑬毛沢東

Question

(1)軍事集団が各地に分立し、国家が統一されていない状態。

(2)軍事集団や外国の干渉に対しては協力できるため国共合作がおこなわれたが、資本主義のもとでの発展をめざす国民党は、社会主義体制をめざす共産党の台頭を恐れ、クーデタで共産党を弾圧した。

アジア・アフリカ地域の民族運動②(p.88〜89)

①タタ　②インド統治法　③ローラット法　④ガンディー　⑤プールナ＝スワラージ　⑥塩の行進　⑦パキスタン　⑧スカルノ　⑨インドネシア国民党　⑩タキン党　⑪ホー＝チ＝ミン　⑫インドシナ共産党　⑬立憲革命　⑭アフリカ民族会議　⑮パン＝アフリカ主義運動　⑯ムスタファ＝ケマル　⑰トルコ共和国　⑱カリフ制　⑲シオニズム　⑳パフレヴィー朝

Question

(1)写真の人物はアタテュルク(ムスタファ＝ケマル)で、みずからが進める、アラビア文字からローマ字への文字改革の実施につとめている。

(2)スルタン制やカリフ制を廃止して政教分離を進めた。また、文字をローマ字にかえ女性に参政権を与えるなど、近代化とトルコ＝ナショナリズムの育成がはかられた。

4 大衆消費社会と市民生活の変容(p.90〜91)

①フォード　②大衆消費社会　③サラリーマン　④ラジオ　⑤クー＝クラックス＝クラン　⑥禁酒法　⑦日本　⑧職業婦人　⑨キング　⑩円本

Question

(1)1920年前後から1925年前後にかけての時期と、1930年から1932年ころにかけての時期に起きている。

(2)1920年前後からの増大は、中等教育段階への進学率の上昇など、高学歴者の増加が影響していたと考えられる。一方、1930年以降の増加は、翌年に満洲事変が始まるなど、戦争報道への関心が高まったからだと考えられる。

**5社会・労働運動の進展と大衆の政治参加①(p.92
～93)**
①西園寺公望　②軍部大臣現役武官制　③桂太郎
④犬養毅　⑤立憲政友会　⑥第１次護憲運動　⑦立
憲同志会　⑧山本権兵衛　⑨シーメンス事件　⑩
二十一カ条の要求　⑪寺内正毅　⑫憲政会　⑬重化
学　⑭シベリア出兵　⑮富山　⑯原敬　⑰天皇機関
説　⑱民本主義　⑲新人会　⑳3
Question
(1)ヨーロッパを中心に戦争が発生したことで、ヨー
ロッパからの輸入がとまった一方、重化学工業・造
船業でヨーロッパへの輸出が、繊維業では戦争によ
る好景気にわくアメリカへの輸出が増大したから。
(2)赤字だった貿易収支は黒字に転じ、国内は好景気
にわいた。一方、輸出超過による物不足から物価が
上昇した。

**社会・労働運動の進展と大衆の政治参加②(p.94～
95)**
①国際労働機関　②労働争議　③小作争議　④日本
農民組合　⑤新婦人協会　⑥婦人参政権獲得期成同
盟会　⑦全国水平社　⑧日本共産党　⑨関東大震災
⑩朝鮮人　⑪大杉栄　⑫高橋是清　⑬加藤高明　⑭
犬養毅　⑮護憲三派　⑯政友本党　⑰普通選挙法
(衆議院議員選挙法改正)　⑱治安維持法　⑲日ソ基
本条約　⑳無産政党
Question
(1)1890年は、全人口の1.1%で45万人であったが、
1928年には、全人口の約20％で1241万人に増加した。
(2)1928年は、全人口の約20％で1241万人であったが、
2017年は選挙人の資格も18歳以上に引き下げられ、
全人口の83.7％と大幅に増加したことがわかる。

第6章　経済危機と第二次世界大戦
1世界恐慌の発生と各国の対応(p.96～97)
①ウォール街　②市場経済　③ドイツ　④農産品
⑤過剰生産　⑥供給過多＊⑤⑥順不同　⑦金保有量
⑧イギリス　⑨管理通貨制度　⑩スターリング(ポ
ンド)＝ブロック　⑪オタワ　⑫特恵関税制度　⑬
共和党　⑭農業調整法　⑮テネシー川流域開発公社
⑯善隣外交　⑰トロッキー　⑱ラパロ条約　⑲五カ
年計画
Question
(1)1931年から32年にかけて。
(2)金本位制を離脱し、ポンド安になり、輸出がしや
すくなったと考えられる。
(3)彼の発揮したリーダーシップが社会不安の拡大を
おさえ、国民は団結して困難に立ち向かおうとした
から。

2ファシズムの台頭(p.98～99)
①反共産主義(反共主義)　②ユダヤ　③国会議事堂
放火事件　④全権委任　⑤総統　⑥国際連盟　⑦再
軍備宣言　⑧ラインラント　⑨エチオピア　⑩人民
戦線内閣　⑪フランコ　⑫オーストリア　⑬ズデー
テン　⑭ミュンヘン会談　⑮宥和政策　⑯独ソ不可
侵条約
Question
(1)世界恐慌がドイツ経済を直撃し、不況に苦しんで
いたドイツの人々がナチ党の掲げるヴェルサイユ体
制の打破や共産主義の排除に共感したためだと考え
られる。
(2)1932年の選挙で共産党が躍進したことに対して、
保守勢力が警戒感を強めてナチ党への期待が高まっ
たからだと考えられる。

3日本の恐慌と満洲事変①(p.100～101)
①憲政の常道　②幣原外交　③戦後恐慌　④金融恐
慌　⑤田中義一　⑥モラトリアム　⑦治安維持法
⑧張作霖　⑨浜口雄幸　⑩金解禁　⑪昭和恐慌　⑫
ロンドン海軍軍備制限条約　⑬統帥権干犯問題
Question
(1)三井・三菱・住友
(2)鉱業、鉄鋼、運輸・通信、商事・貿易で3大財閥・
8大財閥へ6割以上の資本金が集中していることが
わかる。また、普通銀行数が減少する一方で5大銀
行への預金占有率が上昇するなど、多くの産業で企
業集中の動きが強まり、財閥が金融・流通面から日
本の産業支配を進めていったことが読み取れる。

日本の恐慌と満洲事変②(p.102～103)
①柳条湖事件　②南満洲鉄道　③国際連盟　④犬養
毅　⑤満洲国　⑥溥儀　⑦五・一五　⑧斎藤実　⑨
日満議定書　⑩リットン調査団　⑪高橋是清　⑫金
輸出再禁止　⑬農山漁村経済更生運動
Question
(1)左から満洲国に住む漢・朝鮮・満洲・モンゴル・
日本(または漢人を含んだ満洲人・朝鮮人・モンゴ
ル人・白系ロシア人・日本人)の5つの民族を表し
ている。
(2)「五族協和」のもとに満洲人を中心に5つの民族
が肩を組み合って協力して進んでいく国家であるこ
とを意味している。

4日中戦争と国内外の動き①(p.104～105)
①美濃部達吉　②国体明徴声明　③統制　④二・
二六事件　⑤高橋是清　⑥広田弘毅　⑦日独防共協
定　⑧日独伊三国防共協定　⑨華北分離工作　⑩中
国共産党　⑪蔣介石　⑫張学良　⑬西安事件　⑭盧
溝橋事件　⑮第2次国共合作　⑯国民精神総動員運

動　⑰戦時統制経済　⑱国家総動員法
Question
⑴日本軍は、1937年7月におさた盧溝橋事件ののち、中国大陸を南下して、11月には上海を占領、12月には南京を占領した。中国政府（国民政府）は、首都を南京から、武漢、そして奥地の重慶に移した。
⑵南からはベトナムのハノイから重慶に至る「仏印ルート」や、ビルマからの「ビルマルート」。北からは、「新疆ルート」があり、これらの援蒋ルートを通じて中華民国政府の支援をおこなった。

日中戦争と国内外の動き②（p.106〜107）
①東亜新秩序　②蒋介石　③汪兆銘　④南京事件　⑤日米通商航海条約　⑥新体制運動　⑦日独伊三国同盟　⑧大政翼賛会　⑨隣組　⑩産業報国会　⑪国民学校　⑫神社　⑬皇民化
Question
⑴戦時下の映画は「ニュース映画」として、日本軍の進軍の様相を国民に伝える役割を担ったため。国策映画では戦争遂行が宣伝されていたが、同時に娯楽映画としての作品も上映され、大衆の支持を得ていた。
⑵1942年以降、日本軍の敗北が続くなかで、映画などの娯楽に振りわける資金・資材がなくなっていったと考えられるから。また、空襲が始まったことで、映画館が焼失するなどして失われていったから。

⑤第二次世界大戦と太平洋戦争①（p.108〜109）
①ポーランド　②ユダヤ人　③チャーチル　④フランス　⑤ペタン　⑥ド＝ゴール　⑦バルト3国　⑧レジスタンス　⑨武器貸与法　⑩大西洋憲章　⑪日ソ中立条約　⑫南部仏印　⑬松岡洋右　⑭東条英機　⑮真珠湾　⑯配給制　⑰学徒出陣　⑱サイパン島
Question
⑴日本は権益の維持・拡大とそのための軍需資源の確保のため、中国や東南アジアをめざした。こうした日本の動きにアメリカは反対し、経済制裁をおこなったため。
⑵左の表からわかるように、日本は戦争を継続させるための軍需資源が乏しかったため、東南アジアを占領して資源を確保し、アメリカとの戦争を継続していこうとしていたから。

第二次世界大戦と太平洋戦争②（p.110〜111）
①スターリングラード　②コミンテルン　③アウシュヴィッツ　④カイロ　⑤テヘラン　⑥ノルマンディー　⑦ヤルタ　⑧空襲　⑨東京大空襲　⑩沖縄戦　⑪ポツダム宣言　⑫広島　⑬長崎　⑭連合国　⑮枢軸国

Question
⑴関東地方では、東京・神奈川が、中部地方では愛知が、西日本では、大阪・兵庫、そして広島が10万戸以上の被害を受けた。
⑵空襲被害があった都市には、軍需工場があることが多かった。しかし、戦争末期になると、アメリカ軍はしだいにほかの都市への無差別爆撃をするようになった。

第7章　戦後の国際秩序と日本の改革
①新たな国際秩序と冷戦の始まり（p.112〜113）
①大西洋憲章　②ニューヨーク　③安全保障理事会　④多数決　⑤金ドル本位制　⑥GATT　⑦トルーマン＝ドクトリン　⑧マーシャル＝プラン　⑨イタリア　⑩コミンフォルム　⑪チェコスロヴァキア＝クーデタ　⑫人民民主主義体制　⑬ティトー　⑭通貨改革　⑮西ベルリン　⑯経済相互援助会議　⑰ドイツ連邦共和国　⑱資本主義
Question
⑴アメリカはこの宣言以前から武器貸与法などでイギリスへの援助協力を進めていたが、この宣言でアメリカは、ドイツとの対決姿勢を明確にした。
⑵ローズヴェルトは植民地の人々にも適用することを望んだが、チャーチルは植民地の維持を主張していた。

②アジア諸地域の独立①（p.114〜115）
①重慶　②土地改革　③毛沢東　④蒋介石　⑤新民主主義　⑥中ソ友好同盟相互援助　⑦カイロ会談（カイロ宣言）　⑧李承晩　⑨金日成　⑩安全保障理事会　⑪人民義勇軍　⑫第1次五カ年計画　⑬旧宗主国　⑭アメリカ　⑮スカルノ　⑯アウン＝サン
Question
⑴南北に2つの国が成立した当時、朝鮮民主主義人民共和国は、経済・軍事面で南の大韓民国に対して優位に立っていたため。
⑵中華人民共和国は、中ソ友好同盟相互援助条約を結び、社会主義陣営に属する姿勢を示していた。中国が義勇軍を派遣したのは、朝鮮民主主義人民共和国の瓦解を阻止するため、および国連軍が中朝国境の鴨緑江にまでせまり、中国の安全がおびやかされたため。

アジア諸地域の独立②（p.116〜117）
①ホー＝チ＝ミン　②ベトナム国　③ジュネーヴ休戦協定　④東南アジア条約機構　⑤ゴ＝ディン＝ジエム　⑥シハヌーク　⑦全インド＝ムスリム連盟　⑧ガンディー　⑨ネルー　⑩タミル人　⑪レザー＝シャー　⑫アングロ＝イラニアン石油会社　⑬モサッデグ　⑭パフレヴィー2世　⑮ホロコースト　⑯

シオニスト　⑰第1次中東戦争
Question
(1)1937年の州選挙で多くの州でヒンドゥー教徒が政権をとると、全インド＝ムスリム連盟はイスラーム国家パキスタン建設を目標に掲げ、戦後の独立にあたっても分離・独立を求めたため。
(2)インド領内のムスリムはパキスタンへ、パキスタン領内のヒンドゥー教徒はインドに移動した。この移動の際に略奪や暴行などが発生し、相互に敵対視するようになった。そしてカシミール地方の帰属や東パキスタンの独立をめぐり、3回にわたるインド＝パキスタン戦争がおこった。

❸占領下の日本と民主化①(p.118〜119)
①連合国軍最高司令官総司令部　②マッカーサー　③極東委員会　④対日理事会　⑤人権指令　⑥幣原喜重郎　⑦五大改革　⑧婦人（女性）　⑨人間宣言　⑩公職追放令　⑪東京裁判　⑫吉田茂　⑬国民主権　⑭象徴天皇制
Question
(1)天皇とマッカーサーが並び立つのは「不敬」であると考えられたため。
(2)GHQは日本国内における思想・言論の自由などの市民的自由の保障を進めており、天皇に関する自由な議論についても奨励していたため。

占領下の日本と民主化②(p.120〜121)
①財閥　②持株会社　③過度経済力集中排除法　④独占禁止法　⑤労働組合法　⑥労働関係調整法　⑦労働基準法　⑧自作農創設特別措置法　⑨教育基本法　⑩義務教育　⑪地方自治法　⑫大逆　⑬買出し　⑭闇市　⑮金融緊急措置令　⑯傾斜生産方式
Question
(1)全農地の半分近くを占めていた小作地が1割未満に減少し、ほとんどの農家が土地を所有するようになり、みずからは農業に従事せずに土地を集積する寄生地主の存在は否定された。
(2)2町以上の土地を所有する大地主の割合が減少する一方、5反未満の土地を新たに所有した零細な自作農の割合が増加した。

❹占領政策の転換と日本の独立①(p.122〜123)
①片山哲　②日本社会党　③芦田均　④中道　⑤昭和電工事件　⑥吉田茂　⑦経済復興　⑧資本主義　⑨ドッジ＝ライン　⑩単一為替レート　⑪レッド＝パージ　⑫警察予備隊　⑬自衛隊　⑭特需　⑮単独講和　⑯全面講和
Question
(1)物資の生産・流通機構が崩壊していたために生じる物不足のため、物価の高騰を防ぐことができなか

った。さらに傾斜生産方式による政府の資金・資材の投入と、産業振興のための政府の補助金によって、インフレはさらに進んだ。
(2)補助金の支出や公債の発行が抑制された超均衡予算となり、財政支出が大幅に削減された。また単一為替レートの設定により日本は輸出の振興をはかり、国際経済に復帰することでインフレも収束していった。

占領政策の転換と日本の独立②(p.124〜125)
①サンフランシスコ平和条約　②吉田茂　③中華民国　④中華人民共和国　⑤朝鮮　⑥台湾　⑦沖縄　⑧極東国際軍事裁判　⑨賠償　⑩ソ連　⑪日米安全保障条約　⑫極東　⑬内乱　⑭日米行政協定　⑮国会　⑯西　⑰きけわだつみの声　⑱湯川秀樹
Question
(1)独立回復後に日本国内に外国軍隊の駐屯・駐留を認めることや、賠償放棄などの内容に対して不満があり、また、西側陣営への日本の組み込みをはかるアメリカとそれに追随する日本の講和方針に対して反発したため。
(2)条約の発効によって連合国軍が撤退することが定められたが、アメリカ側としては朝鮮戦争が続くなか、その後もアメリカ軍の駐留を続け、極東の安全保障のために使用できるようにするため。また日本側も再軍備の負担を避け、経済復興を実現するためにはアメリカに依拠し、基地の提供の見返りに独立後の安全保障をアメリカに依存することが有利だと判断したため。

第8章　冷戦と世界経済
❶集団防衛体制と核開発(p.126〜127)
①北大西洋条約機構　②米州機構　③東南アジア条約機構　④バグダード条約機構　⑤日米安全保障条約　⑥イギリス　⑦ワルシャワ条約機構　⑧広島　⑨長崎　⑩マッカーシー　⑪ビキニ環礁　⑫第五福竜丸　⑬アイゼンハワー　⑭原子力発電
Question
(1)NATOは冷戦期間中、各地の紛争鎮圧に出動するなどの実戦を経験しなかった。欧州での戦争勃発を阻止したとも評価できる。
(2)ハンガリー動乱やプラハの春に軍事介入し、自由化運動を抑圧した。

❷米ソ両大国と平和共存(p.128〜129)
①大衆消費社会　②軍需産業　③赤狩り　④黒人差別　⑤公民権　⑥重工業　⑦ユーゴスラヴィア　⑧フルシチョフ　⑨ジュネーヴ4巨頭　⑩コミンフォルム（共産党情報局）　⑪ポズナニ　⑫ナジ　⑬毛沢東　⑭スプートニク1号　⑮ベルリンの壁

(1)ジュネーヴ4巨頭会談による緊張緩和への期待の高まりと、宇宙開発でのアメリカに対する優位を背景に、さらなる緊張緩和を求めた。

(2)1960年にアメリカの偵察機がソ連領内で撃墜される事件がおこり、米ソ関係は冷え込んだ。また東ベルリンから西ベルリンへの市民の流出が続き、それを阻止するためにベルリンの壁が築かれた。

③西ヨーロッパの経済復興（p.130〜131）

①アトリー　②社会福祉体制　③第四共和政　④ファシズム　⑤ナチ　⑥シューマン　⑦共通市場　⑧ヨーロッパ原子力共同体　⑨ヨーロッパ共同体　⑩共通関税　⑪経済の奇跡　⑫アデナウアー　⑬ヨーロッパ自由貿易連合　⑭インドシナ戦争　⑮民族解放戦線　⑯第五共和政　⑰緊張緩和

Question

(1)1950〜73年

(2)マーシャル＝プランの受け入れによる経済復興、ECSCから始まる経済統合の進展などによる。

④第三世界の連携と試練①（p.132〜133）

①第三世界　②アジア＝アフリカ　③周恩来　④ネルー　⑤平和五原則　⑥平和十原則　⑦非同盟諸国首脳　⑧ティトー　⑨インド＝パキスタン（印パ）　⑩チベット動乱　⑪中印国境　⑫バングラデシュ　⑬アルジェリア　⑭エンクルマ（ンクルマ）　⑮アフリカの年　⑯アフリカ諸国首脳　⑰アフリカ統一　⑱コンゴ

Question

(1)A：ニジェール　B：コートジヴォワール　C：トーゴ　D：ナイジェリア　E：コンゴ共和国

(2)列強がアフリカを植民地化する際に、地図上で人工的な国境を定めたため。

第三世界の連携と試練②（p.134〜135）

①アラブ連盟　②ナセル　③スエズ運河　④アスワン＝ハイダム　⑤スエズ　⑥ムスリム同胞団　⑦パレスチナ解放機構　⑧米州相互援助　⑨米州機構　⑩ペロン　⑪カストロ　⑫バティスタ　⑬進歩のための同盟

Question

(1)アジェンデ

(2)グアテマラの左翼政権やキューバの革命政権が農地改革をおこない、アメリカ合衆国の会社の所有地が対象とされると、アメリカは干渉を加えた。グアテマラでは軍部のクーデタを支援し、キューバとは断交した。

⑤55年体制の成立①（p.136〜137）

①破壊活動防止法　②自衛隊　③逆コース　④原水爆禁止運動　⑤鳩山一郎　⑥自由民主党　⑦保守合同　⑧GATT　⑨日ソ共同宣言　⑩岸信介　⑪日米相互協力及び安全保障条約　⑫事前協議　⑬60年安保闘争

Question

(1)新安保条約締結により日本が戦争に巻き込まれる危険性からの改定反対のみでなく、警官隊を導入した衆議院での強行採決に対し、民主主義の擁護を求める動きが加わった。

(2)フランスでは1968年の5月騒動でパリ大学が学生運動の中心となった。1980年に発生した韓国の光州事件では軍事政権に反対する学生が参加している。1989年の中国の天安門事件は民主化を求めた学生たちの行動であった。

55年体制の成立②（p.138〜139）

①北爆　②嘉手納基地　③佐藤栄作　④反戦運動　⑤ニクソン　⑥祖国復帰運動　⑦非核三原則　⑧沖縄返還協定　⑨朴正煕　⑩日韓基本条約　⑪日中共同声明　⑫田中角栄

Question

(1)1940年代後半〜50年代には「東アジアの共産化」に対する軍事力展開という点で、60年代にはベトナム戦争における北爆への発進基地として活用され、現代も中国の海洋進出への対応など、地勢的に沖縄の重要性が強く認識されているから。

(2)青森県にはロシア機を警戒する三沢基地が、神奈川県には第七艦隊母港の横須賀基地や艦載機訓練の厚木基地が、東京都には空軍の横田基地がおかれている。

⑥日本の高度経済成長①（p.140〜141）

①特需景気　②神武景気　③もはや戦後ではない　④技術革新　⑤池田勇人　⑥西ドイツ　⑦東京オリンピック　⑧大阪万博　⑨設備投資　⑩日本的経営　⑪石炭　⑫春闘　⑬農業基本法　⑭360　⑮OECD　⑯企業集団

Question

(1)工業地帯の形成と農村からの労働力供給による産業構造の高度化をはたして、10年間で国民総生産を倍増させて完全雇用を実現し、国民の生活水準を大幅に引き上げようとした。

(2)中東から安価な原油が輸入されることで、エネルギー革命が進展し、生産活動が盛んになったことや、1ドル＝360円という円安での固定為替相場が維持されたことによって輸出が急速に拡大したことが、国民所得を大幅に押し上げる原動力になったと考えられる。

日本の高度経済成長②（p.142〜143）

①中流意識　②核家族化　③三種の神器　④新三種の神器　⑤スーパーマーケット　⑥東海道新幹線　⑦減反　⑧多摩ニュータウン　⑨水俣病　⑩公害対策基本　⑪環境庁　⑫革新自治体

Question

(1)高度経済成長の一方で、工場から排出された汚染物質の処理が不十分だったことにより発生した。

(2)経済成長を優先して対策を進めなかったため、対策が遅れた。公害訴訟が提訴されるようになると、政府は公害対策基本法の制定や環境庁の設置に踏み切った。

❼核戦争の恐怖から軍縮へ（p.144〜145）

①カストロ　②土地国有化　③ケネディ　④フルシチョフ　⑤デタント　⑥ド＝ゴール　⑦アデナウアー　⑧ブラント　⑨東方外交　⑩東西ドイツ基本　⑪国際連合　⑫中国　⑬部分的核実験禁止　⑭核拡散防止　⑮インド

Question

(1)組織的な迫害を実施し、ゲットーと呼ばれるユダヤ人居住区に隔離したあと、強制収容所に送り込んで数百万人を殺害した。

(2)ソ連をはじめとする東側諸国との和解協調を促進する外交。

(3)③

❽冷戦構造のゆらぎ①（p.146〜147）

①ベビーブーマー　②スターリン　③大躍進　④毛沢東　⑤人民公社　⑥鄧小平　⑦プロレタリア文化大革命　⑧中ソ国境　⑨ブレジネフ　⑩ドプチェク　⑪プラハの春

Question

(1)1948年、チェコスロヴァキアのベネシュ大統領が、マーシャル＝プランの受け入れを決定すると、ソ連はこれを撤回させ、さらに共産党が街頭デモを組織して、ベネシュを辞任に追い込んだ。

(2)新指導部はチェコの改革運動が、ソ連や東欧社会主義国に波及することを恐れたから。

冷戦構造のゆらぎ②（p.148〜149）

①ベトナム民主共和　②ベトナム共和　③南ベトナム解放民族戦線　④ジョンソン　⑤北爆　⑥枯葉剤　⑦公民権　⑧キング　⑨ベビーブーマー　⑩カウンターカルチャー　⑪ニクソン　⑫ベトナム社会主義共和国　⑬国際連合　⑭デタント

Question

(1)南北戦争中の1863年、リンカン大統領は国際世論に訴えるために奴隷解放宣言を発表した。戦争後の憲法の修正によって奴隷制は正式に廃止され、解放黒人に法的に平等な権利が認められた。

(2)黒人の政治参加や公共施設使用を制限する州法が制定されるなど、新たな形の人種差別が生まれたため。

❾世界経済の転換（p.150〜151）

①金ドル本位制　②石油危機　③ブレトン＝ウッズ　④ベトナム　⑤ドル＝ショック　⑥変動相場制　⑦第4次中東　⑧アラブ石油輸出国機構　⑨サミット　⑩福祉国家　⑪サッチャー　⑫レーガン　⑬新自由主義　⑭小さな

Question

(1)A：③　B：②　C：①

(2)石油危機は西側諸国に打撃を与えたが、技術革新もうながした。先進国首脳会議が開催され、福祉国家は見直しをせまられ、新自由主義の風潮が強まった。一方、東側諸国は原油価格高騰で利益を得たが、技術革新で西側に遅れをとった。

❿アジア諸地域の経済発展と市場開放①（p.152〜153）

①開発独裁　②新興工業経済地域　③東南アジア諸国連合　④朴正熙　⑤日韓基本　⑥蔣介石　⑦リー＝クアンユー　⑧マハティール　⑨スカルノ　⑩スハルト　⑪マルコス　⑫鄧小平　⑬改革開放　⑭日中平和友好

Question

(1)人件費の比率が高い、繊維工業のような軽工業。

(2)多くの国々で開発独裁と呼ばれる、経済発展を優先する政治体制がとられ、西側諸国の資金援助を受けて工業化が進んだ。中国は文化大革命終了後、改革開放路線に転じ、日本の援助も受けた。

アジア諸地域の経済発展と市場開放②（p.154〜155）

①安定成長　②減量経営　③貿易摩擦　④ODA　⑤牛肉・オレンジ　⑥APEC　⑦双子の赤字　⑧プラザ合意　⑨バブル経済　⑩中曽根康弘　⑪国鉄　⑫消費税

Question

(1)財政赤字・貿易赤字の「双子の赤字」に苦しむアメリカ経済の回復に向け、プラザ合意でドル高の是正が決まり、一挙にドル安円高・マルク高となったため。

(2)円高の加速により自動車・家電などの日本製品は割高となり、輸出産業が打撃を受けた。

第9章　グローバル化する世界

❶冷戦の終結と国際情勢（p.156〜157）

①アフガニスタン　②レーガン　③ゴルバチョフ　④チョルノービリ（チェルノブイリ）　⑤中距離核戦

力　⑥チャウシェスク　⑦ワレサ　⑧ブッシュ　⑨ホメイニ　⑩イラン＝イスラーム共和　⑪イラン＝イラク　⑫フセイン　⑬多国籍

Question
(1)アフガニスタンへの軍事介入で西側と中国の非難を浴び、東西関係は冷え込んだ。アメリカは最新技術を用いた戦略構想を打ち出したが、ソ連の経済はアメリカとの軍拡競争にたえられる状況ではなかった。
(2)1981年に大統領に就任したレーガンは、「強いアメリカ」をめざして軍備拡張につとめていたが、財政赤字と国際収支赤字という「双子の赤字」が発生し、アメリカは、1985年に債務国に転落、これが路線転換の背景となった。

②ソ連の崩壊と経済のグローバル化(p.158〜159)
①ペレストロイカ　②グラスノスチ　③エリツィン　④独立国家共同体　⑤スロヴェニア　⑥セルビア　⑦ボスニア＝ヘルツェゴヴィナ　⑧コソヴォ　⑨マーストリヒト　⑩ヨーロッパ連合　⑪ユーロ　⑫アジア太平洋経済協力　⑬世界貿易機関

Question
(1)クロアティアのなかには、セルビア系住民が多く住む地域があったため。
(2)ユーゴスラヴィアをまとめていたのは、社会主義とティトーという強力な指導者の存在だった。ティトー死後、各共和国の指導者がナショナリズムに訴え、さらに社会主義の枠組みが崩壊したため各地で紛争がおこった。

③開発途上国の民主化と独裁政権の動揺(p.160〜161)
①フォークランド　②アジェンデ　③アキノ　④アジア通貨危機　⑤ドイモイ　⑥ポル＝ポト　⑦中越戦争　⑧ミャンマー　⑨アウン＝サン＝スー＝チー　⑩光州事件　⑪金大中　⑫金正日　⑬李登輝　⑭陳水扁　⑮人民公社　⑯香港　⑰天安門　⑱アパルトヘイト　⑲アフリカ民族会議　⑳マンデラ

Question
(1)基本的人権の保障や、民間新聞の発行許可、共産党独裁の停止など。
(2)韓国と台湾の経済は発展し、冷戦の緩和とともに民主化が進んだが、北朝鮮は閉鎖的社会主義体制を維持した。中国は市場経済化を進めたが、共産党独裁の原則は変化せず、民主化を要求する人々を武力弾圧した。

④地域紛争の激化(p.162〜163)
①パレスチナ解放機構　②インティファーダ　③アラファト　④ラビン　⑤オスロ合意　⑥同時多発テ

ロ事件　⑦アル＝カーイダ　⑧ブッシュ　⑨ターリバーン　⑩分離壁　⑪フセイン　⑫アラブの春　⑬ルワンダ内戦　⑭国連平和維持活動　⑮アフリカ連合

Question
(1)a：ゴラン高原　b：ヨルダン川西岸地区　c：ガザ地区
経緯：イスラエルは、1967年の第3次中東戦争で、圧倒的な軍事力をもってこれらの地域を占領した。
(2)パレスチナ自治区がユダヤ人の入植地によって細分化され、さらにイスラエルが建設している分離壁によってその固定化が進み、社会が分断される状況となっている。

⑤国際社会のなかの日本①(p.164〜165)
①細川護熙　②55年　③日本社会　④村山富市　⑤日米安全保障　⑥自衛隊　⑦バブル経済　⑧平成不況　⑨独占禁止　⑩米

Question
(1)バブル期に値上がりを期待して買った株式や不動産が不良資産となり、大量の不良資産を抱えた金融機関の経営が悪化したため。
(2)金融機関は、従来の企業集団の枠をこえた合併をおこなうことで、資本力を増強して経営破綻を避けようとした。政府は、独占禁止法を改正して持株会社の設立を解禁し、金融機関の資本力増強の動きを後押しした。

国際社会のなかの日本②(p.166〜167)
①PKO協力　②自衛隊　③ガイドライン　④消費税　⑤阪神・淡路大震災　⑥オウム真理教　⑦沖縄　⑧もんじゅ　⑨小泉純一郎　⑩民主　⑪東日本大震災　⑫集団的自衛権

Question
(1)1991年の湾岸戦争勃発時、日本の貢献は資金援助中心との批判を受け、国際的にも地域紛争にPKOで対応する動きが強まっていたため。
(2)カンボジアやイラクなどで、地域の復興へとつなげるために道路整備や給水支援などにあたっている。

第10章　現代の課題
①現代世界の諸課題(p.168〜169)
①社会保障制度　②新自由主義　③サッチャー　④サブプライムローン　⑤世界恐慌　⑥ギリシア　⑦スペイン　⑧IS　⑨南スーダン　⑩国民戦線　⑪メルケル　⑫トランプ　⑬LGBT　⑭温暖化　⑮持続可能な開発　⑯リオデジャネイロ　⑰携帯電話　⑱仮想通貨

(1)リーマン＝ブラザーズは、低所得者を対象とした住宅ローン（サブプライムローン）を証券化した商品を大量に抱え込み、住宅バブル崩壊で損失がふくらんだため。

(2)アメリカやヨーロッパで銀行の破綻があいつぎ、株価が大暴落し、世界に世界恐慌以来の経済危機をもたらした。

❷現代日本の諸課題(p.170〜171)

①少子高齢化　②経済成長　③社会保障制度　④格差　⑤原子力　⑥電源三法　⑦東日本大震災　⑧クールジャパン　⑨観光立国　⑩沖縄　⑪国際紛争　⑫被爆国　⑬日本国憲法　⑭平和主義　⑮国際社会

(1)少子高齢化が進むことで、家族や地域社会の機能が縮小される。また、労働人口の減少により経済成長が阻害され、税収や保険料の減少がもたらされて、国民のセーフティーネットともいえる社会保障制度にも深刻な影響がおよぼされると想定される。

(2)少なくなる生産年齢人口を支えるために、65歳以上の高齢者や女性が働きやすい労働環境を整備すること、外国人労働者の受入れをおこなうこと、地方創生に力を入れて地方の活性化をめざすことなどが考えられる。

歴史総合 近代から現代へ ノート 解答

2022年2月　初版発行

編　者	歴史総合ノート編集部
発行者	野澤　武史
印刷所	共同印刷株式会社
製本所	有限会社 穴口製本所
発行所	株式会社 山川出版社

〒101-0047　東京都千代田区内神田1-13-13
電話　03-3293-8131（営業）／8135（編集）
https://www.yamakawa.co.jp/

ISBN978-4-634-05806-4　　　　　　　　　　　NMII0103